地方債の経済分析

持田 信樹・林 正義 編

有斐閣

は　し　が　き

　本書は，日本の地方債を対象に，理論と実際の架橋をめざした経済分析を行うことを目的としている。そもそも地方債とは，耐用年数の長い投資プロジェクトの費用を，建設時の住民ではなく，その受益者である将来の住民に負担させる資金調達手段である（第1章）。地方公共団体の収入として重要な役割を果たしている一方，市場におけるプレゼンスも重みを増している。国債を除いた資本市場の売買高でみると，地方債は，社債と並ぶ主要な構成要素となっている。

　現在，地方債市場の需給環境は良好である。民間の投資意欲が弱く，日本銀行の大規模な金融緩和策が背景となって，公債市場はかつてない超低金利水準で安定的に推移している。良好な需給関係を背景にして，地方債の対国債スプレッドもタイトな水準で推移している。地方財政の現状をみても，近年，地方債の起債総額は抑制されており，地方債残高は必ずしも大幅な増加基調にはない。プライマリー・バランスの赤字から脱却できない国の財政に比べて，地方のプライマリー・バランスはすでに保たれており，地方債は国債と比べても取り立てて問題視する状況にない。

　とはいえ，地方公共団体が地方債の発行を通じて安定的かつ効率的に資金を調達するには，いくつかの課題があるのも事実である。第1に，第2章で検討するように地方債発行の制度面では，国の関与を限定的にとどめる方向に見直しが進んできているが，一方で，地方公共団体の責任と判断に基づく財政の早期是正の促進や，地方債の安全性を確保する仕組みをいかに強化するかという課題がある。

　第2に，「市場化」と「多様化」が進む地方債において，第3章で考察するように，市場公募地方債だけを重視するのではなく，銀行等引受地方債についても，その特性を生かすことでいかに効率的かつ安定的な資金調達をめざしていくかという課題がある。そして第3に，民間資金が地方債の引受資金の中心であると考えられるなかで，保有動機が異なる多様な投資家に地方債を保有し

i

てもらうために，第4章が対象とする地方公共団体が行う地方債IRや，第6章で分析する格付けのあり方を検討する必要がある。

　本書の第1の特徴は，これまで難しいとされてきた地方債問題における経済学的分析を本格的に展開していることである。国債については分厚い研究蓄積が存在する。また地方債については第9章で詳述するように，「救済」問題や「共有資源」問題を切り口にして海外で活発な研究が行われている。しかし日本では理論・実証の両面において，地方債を対象とする経済学的な研究は圧倒的に少ない。もともと欧米で発達した地方財政理論は，地方公共団体が自由に自分の意思に従って政策を実行できるという前提のもとに議論を展開している。そこに書かれていることを，国の指示に従って活動する日本の地方財政を考えるのに役立てるわけにはいかなかった。地方債もその例外ではなかった。

　しかし，1990年代後半からの地方分権をきっかけにして地方債をめぐる環境が変化し，地方公共団体の自由度が拡大した。これを契機に，地方債を経済学的分析の対象とするのは難しいという研究者の考え方にも変化が生まれた。地方公共団体の自由度を拡大させる環境変化として，次の諸点を指摘することができる。まず地方債制度の自由化で，典型的には許可制度から協議制度，さらに届出制度の導入という動きがある。次に民間金融・資本市場における自由化あるいは市場化がある。公募債の発行条件が多様化し，銀行等引受債をめぐっても多様化の動きが出てきている。

　さらに地方の資金ソースの変化があり，公的資金から民間資金へと重心が移った。民間資金のなかでは市場公募債が非常に大きな勢いで増えてきている。公的資金の分野では財政資金のウェイトがかなり小さくなり，相対的に地方公共団体金融機構のウェイトが少しずつ大きくなっている。そして財務状況の明確化や健全化のためのインフラ整備が進んだ。地方公共団体財政健全化法が施行されたり，あるいは公会計制度のいろいろな整備が行われたりしている。

　そういう環境変化が進むなかで，地方公共団体はいままでとは違う，いろいろな面での対応が求められている。つまり金融に関する自由度や創意工夫の余地が拡大していくと，第6章で取り上げるように，たとえば格付け取得によって金融コストの削減が可能になる。あるいは金融の巧拙が財務状況に影響を与えてくることになる。一方で金融リスクも拡大していくので，従来に比べて金

融リテラシーが重要になってくる。反面で，自由化されればされるほど，市場も頻繁に変動する。とくに資金調達力があまり強くない地方公共団体にとっては，第7章で分析するように長期・低利の資金が安定的に確保できることが重要になる。

　市場化や金融に関する自由度の拡大といった変化の影響をもっとも直截に受けるのは，地方債の信用力の評価であろう。地方債の信用力は，第5章で詳述されるように各発行体の単体としての信用力の評価と，上位政府によるシステム・サポートの強固さ（信用補完に関連する地方財政制度の整備状況や間接的に財政支援を行う上位政府の能力）に対する評価の双方によって規定されている。このいずれをどの程度重視するか，上位政府による支援をどの程度強固なものとみるかによって評価が変わってくる。

　むろん，地方債のスプレッドには信用リスクだけでなく，各銘柄の流通量の多寡からくる流動性プレミアムなども反映されている可能性がある。各地方公共団体の信用力と地方債のスプレッドの間にはたして有意な関係があるのかは，すぐれて実証的な課題である。地方公共団体の信用力をめぐる議論を定量的に把握するうえで，地方債市場におけるスプレッドの動向は有益な情報を与えてくれるものと考えられる。

　第5章では空間計量経済学的な手法をもちいて，ある地方公共団体の信用リスクが変化したときに他の地方公共団体の信用にその影響が伝播するのかどうかを分析している。第8章では地方債の信用力を支えている債務の償還可能性について，計量経済学的な分析を行う。もちろん，地方債の信用力についての執筆者相互の意見の隔たりは十分には埋められていない。その主要な原因は研究対象自体が流動的な状態にあるためであって，今後の研究に残された論争的テーマとしてそれぞれの意見をそのまま提示している。

　本書の第2の特徴は，理論と実際を架橋するべく，地方債市場にかかわるさまざまなステークホルダーの生の声を反映していることである。制度設計者としての国，発行体としての地方公共団体，投資家としての金融機関など，地方債をめぐっては利害関係者が多い。たとえば，地方公共団体は償還年限の多様化か統一かで見解が分かれているのに対して，金融機関は多様化を重視している。また金融機関は地方公共団体による格付けの取得を重視しているが，地方

公共団体はそれほど積極的ではない。マクロ的な制度の変遷を追うだけではわからない点が多々ある。こうした点を看過してしまうと，効率的かつ安定的な資金調達へ向けた正しい選択肢を提示できない。

　本書は，東京大学経済学部に開設された地方公共団体金融機構寄付講座，および，日本学術振興会・科学研究費基盤研究(B)「地方債の動態的実証分析」における研究活動の成果である。東京大学経済学部と地方公共団体金融機構は2010年度から2015年度まで2期，足かけ6年半にわたって，東京大学経済学部に寄付講座を開設し，学部学生に対して地方財政に関する科目を開講するとともに，海外調査に加えて，フォーラムやシンポジウムを通じた研究活動を展開してきた。とくに，地方公務員や市場参加者を対象としたフォーラムの開催は延べ25回にわたり，シンポジウムは3回開催された。これらの企画への参加者は延べ2500人を超えている。寄付講座での研究活動を積み重ねるなかで，われわれは知の伝達が一方通行になることを是正すべく，双方向の踏み込んだ議論になるように知的交流の場を設けてきた。おそらく，この種の研究では従来にないユニークな取り組みになったと自負している。一方の科学研究費による研究「地方債の動態的実証分析」においては，地方債に関するアンケートを実施した。このアンケートは，都市銀行や地方銀行はもとより，市町村に融資している農協や信用金庫までを対象にした調査であり，これに比類する調査はこれまで行われていなかったと考える。その概要は，本書巻末に「資料編」としてまとめてある。上記の取り組みや調査の成果として，本書では個別の地方公共団体や投資家の生の声をできる限り反映させることを心がけている。

　このような形で研究成果をまとめることができたのは多くの人々や機関から得られた助言や援助のおかげである。地方公共団体金融機構には東京大学経済学部に寄付講座を開設していただき，またフォーラムにご登壇・ご参加いただいた方々には，貴重なご意見を賜った。総務省自治財政局地方債課と地方債協会調査部には，地方債の実務と制度改正についてご教示をいただいた。この場を借りて感謝申し上げたい。また，本書中で用いたスプレッドをはじめとする地方債データの蒐集については，東京大学金融教育研究センター（CARF）のリサーチ・ラボと，東京大学大学院経済学研究科博士課程の卿瑞君に大変お世話になった。もちろん，本書の内容についての責任はすべて本書の著者たちに

ある。

　本書の基礎となった研究に対しては，上記の寄付講座を通じた地方公共団体金融機構からの資金援助に加え，日本学術振興会の科学研究費助成事業（15H03359 基盤研究(B)「地方債の動態的実証分析」2015～2017 年度）から助成を受けている。さらに，本書の出版経費に対しては，平成 30 年度東京大学大学院経済学研究科・日本経済国際共同研究センター（CIRJE）の研究成果刊行助成を受けることができた。また本書の出版における企画から出版決定に至る過程では，有斐閣書籍編集第 2 部の柴田守氏に多大なご尽力をいただき，脱稿から上梓に至る過程では同・長谷川絵里氏の的確な編集作業に大きく助けられた。心から感謝したい。

　　2018 年盛夏

　　　　　　　　　　　　　　　　　　　　　　　　編　　者

執筆者紹介

持 田　信 樹（もちだ　のぶき）　　編者　第1章，第8章

1953 年生まれ。東京大学大学院経済学研究科博士課程単位取得退学，博士（経済学）
現在，東京大学大学院経済学研究科教授，経済学研究科長・経済学部長
主要著作
　『都市財政の研究』東京大学出版会，1993 年
　『地方分権の財政学——原点からの再構築』東京大学出版会，2004 年

橋都　由加子（はしづめ　ゆかこ）　　第2章，第4章（共著），資料編（共著）

1977 年生まれ。東京大学大学院経済学研究科博士課程単位取得退学
主要著作
　「WIC プログラム」渋谷博史・中浜隆編『アメリカ・モデル福祉国家 I ——競争へ
　の補助階段』昭和堂，2010 年
　「オーストラリアにおける財政再建——政府間財政の視点」井手英策編『危機と再
　建の比較財政史』ミネルヴァ書房，2013 年

天 羽　正 継（あもう　まさつぐ）　　第3章，第4章（共著），資料編（共著）

1978 年生まれ。東京大学大学院経済学研究科博士課程単位取得退学
現在，高崎経済大学経済学部准教授
主要著作
　「日米構造協議と財政赤字の形成」諸富徹編『日本財政の現代史 II ——バブルとそ
　の崩壊 1986〜2000 年』有斐閣，2014 年
　「福祉を支える政府間財政関係」高端正幸・伊集守直編『福祉財政——福祉 + α ⑪』
　ミネルヴァ書房，2018 年

石 田　三 成（いしだ　みつなり）　　第 5 章（共著），第 6 章，第 7 章，資料編（共著）

　1976 年生まれ。東京大学大学院経済学研究科博士課程単位取得退学，博士（経済学）
　現在，琉球大学国際地域創造学部准教授
　主要著作
　　「地方公務員の給与削減に関する実証分析」日本財政学会編『協働社会における財
　　　政（財政研究 第 11 巻）』日本財政学会，2015 年
　　「地方公務員の汚職と給与の関係」（共著）日本地方財政学会編『「地方創生」と地
　　　方における自治体の役割（日本地方財政学会研究叢書第 24 号）』勁草書房，2017 年

中 里　　透（なかざと　とおる）　　第 5 章（共著）

　1965 年生まれ。東京大学経済学部卒業
　現在，上智大学経済学部准教授，一橋大学国際・公共政策大学院客員准教授
　主要著作
　　「デフレ脱却と財政健全化」原田泰・齊藤誠編『徹底分析 アベノミクス——成果と
　　　課題』中央経済社，2014 年
　　「出生率の決定要因——都道府県別データによる分析」（共著）『日本経済研究』第
　　　75 号，日本経済研究センター，2017 年

林　　正 義（はやし　まさよし）　　編者　第 9 章

　1965 年生まれ。Ph.D. Queen's University at Kingston
　現在，東京大学大学院経済学研究科教授
　主要著作
　　『公共経済学』（共著）有斐閣，2010 年
　　『財政学をつかむ（新版）』（共著）有斐閣，2015 年

目　次

は し が き　　i

執筆者紹介　　vi

第1章　地方財政における地方債の意義 ——————————— 1
　　●持田信樹

は じ め に ……………………………………………………………… 1

1　地方政府の役割 …………………………………………………… 2
　1.1　安定化機能の分担　2
　1.2　所得再分配機能の分担　3
　1.3　資源配分機能と地方分権化定理　4
　1.4　「足による投票」　6

2　地方債の意義 ……………………………………………………… 8
　2.1　国債と地方債の違い　8
　2.2　地方税と地方債の「等価性」　9
　2.3　地方債の必要性　11

3　日本の地方財政 ………………………………………………… 12
　3.1　「大きい」地方歳出　12
　3.2　重複する課税ベース　14
　3.3　財政移転への依存　16

4　日本の地方債 …………………………………………………… 18
　4.1　地方債の発行　18
　4.2　地方債の消化　20
　4.3　地方債の償還　21

第2章　地方債制度と国の関与の変遷 ——————————— 27
　　●橋都由加子

は じ め に ………………………………………………………… 27

1　日本の地方債制度 ……………………………………………… 28
　1.1　地方債とは　28
　1.2　地方財政制度における地方債　30
　1.3　地方債の現状　32

2　地方債制度の見直しの流れ ……………………………………… 35
　2.1　許可制度から協議制度への移行　35
　2.2　届出制度の導入　40
　2.3　協議不要基準の緩和　45

3　地方債の安全性を確保する仕組み ………………………… 48
　3.1　地方財政再建促進特別措置法の見直し　48
　3.2　地方公共団体の財政の健全化に関する法律の枠組み　50

お わ り に …………………………………………………………… 55

第3章　地方債の市場化と多様化 ───────────── 57
●天羽正継

は じ め に ……………………………………………………………… 57

1　地方債の市場化と多様化 ……………………………………… 58
　1.1　民間資金引受と市場公募地方債の拡大　58
　1.2　統一条件交渉方式から個別条件交渉方式へ　60
　1.3　発行年限の多様化　65
　1.4　流通市場の展開　68

2　市場公募地方債の現状と課題 ……………………………… 69
　2.1　個別発行市場公募地方債　70
　2.2　共同発行市場公募地方債　75
　2.3　住民参加型市場公募地方債　78

3　銀行等引受地方債の現状と課題 …………………………… 82

お わ り に …………………………………………………………… 85

第4章　地方債の投資家とIR ──────────────── 87
●天羽正継・橋都由加子

は じ め に ……………………………………………………………… 87

1　地方債の保有構造 ……………………………………………… 88
　1.1　保有構造の推移　88
　1.2　保有資産としての地方債　95

2　投資家の特性と保有動機 ……………………………………… 98
　2.1　金融規制の影響　98
　2.2　地方債市場参加者の投資行動の特徴　101
　2.3　投資家からみた地方債　104

　　3　地方債 IR の展望 ……………………………………………………… 106
　　　3.1　地方債 IR の経緯と現状　107
　　　3.2　地方債 IR の課題と展望　109
　　お わ り に ……………………………………………………………… III

第5章　地方債の信用リスクとスピルオーバー ———————— 113
　　●石田三成・中里透

　　は じ め に ……………………………………………………………… 113
　　1　日本の地方債制度をめぐる論点 ……………………………………… 115
　　　1.1　地方債の発行状況　115
　　　1.2　地方債格付けの現状　116
　　　1.3　自治体間に信用力の格差は存在するか　119
　　　1.4　自治体の信用力と地方債のスプレッド　121
　　2　信用リスクのスピルオーバー ………………………………………… 122
　　3　推　　　定 …………………………………………………………… 124
　　　3.1　推定モデル　124
　　　3.2　空間重み行列　126
　　　3.3　デ ー タ　127
　　　3.4　推 定 結 果　128
　　お わ り に ……………………………………………………………… 132

第6章　依頼格付け取得の効果 ———————————————— 137
　　●石田三成

　　は じ め に ……………………………………………………………… 137
　　1　市場公募団体に対する格付けの現状 ………………………………… 139
　　2　先 行 研 究 …………………………………………………………… 143
　　3　推　　　定 …………………………………………………………… 146
　　　3.1　推 定 方 法　146
　　　3.2　デ ー タ　147
　　　3.3　推 定 結 果　150
　　お わ り に ……………………………………………………………… 153

第7章　銀行等引受債の経済分析 ——————————— 157

●石田三成

は じ め に …………………………………………………… 157

1　先 行 研 究 ……………………………………………… 160

　1.1　地方債に関する先行研究　160
　1.2　金融市場の地理的分断に関する先行研究　162

2　銀行等引受債の起債条件 …………………………… 165

3　銀行等引受債の金利スプレッドの地域間格差 ……… 167

4　推　　　定 ……………………………………………… 171

　4.1　推 定 方 法　171
　4.2　デ ー タ　172
　4.3　推 定 結 果　177

お わ り に …………………………………………………… 180

第8章　地方政府債務の持続可能性 ——————————— 185

●持田信樹

は じ め に …………………………………………………… 185

1　地方債の償還 ………………………………………… 186

　1.1　満期一括償還と定時償還　186
　1.2　地方債の安全性　188

2　地方公共団体の信用力 ……………………………… 189

　2.1　対国債スプレッド　189
　2.2　先 行 研 究　190
　2.3　モデルと変数の設定　192
　2.4　推 定 結 果　194

3　地方政府債務の持続可能性 …………………………… 195

　3.1　通時的な予算制約　195
　3.2　モデルの拡張　197
　3.3　推 定 結 果　199
　3.4　基礎的財政収支の要因分解　201

お わ り に …………………………………………………… 203

第9章　地方債の経済分析──展望 ──────────── 207
　　●林正義

は じ め に …………………………………………………… 207

1　公債の経済理論 ………………………………………… 209
　　1.1　リカード等価性と地方債務の資本化　209
　　1.2　課税平準化と財政移転　211
　　1.3　政治経済モデル──選挙と公債発行　212
　　1.4　政治経済モデル──政府構造と公債発行　213

2　政府間財政と地方債務 ………………………………… 215
　　2.1　政府間財政と「救済」　215
　　2.2　地方債発行と地方政府間の共有資源問題　218
　　2.3　政府間信用連関　219
　　2.4　政府間財政競争　220

3　地方債の市場整備と発行規制 ………………………… 222
　　3.1　市場整備──格付けと情報開示　223
　　3.2　地方債の規制　225

お わ り に …………………………………………………… 228

資料編　地方債の動態的実証分析──アンケート調査 ──────── 237
　　●石田三成・橋都由加子・天羽正継

1　目　　的 ………………………………………………… 238
2　調 査 項 目 ……………………………………………… 238
3　調査実施状況 …………………………………………… 238
4　地方公共団体向けアンケート結果 …………………… 239
5　金融機関向けアンケート結果 ………………………… 246

索　引　257

第1章　地方財政における地方債の意義

は じ め に

　地方債は地方政府が定められた返済スケジュールにしたがって投資家に元本と利子を返済する約束を表した債券である。地方公共団体の収入に占める割合は平均すると 12〜13％程度であり，近年では国庫支出金に匹敵するウェイトを占めている。

　地方債を発行するには，目的やその形式（公募・非公募）を決めて，国や都道府県と協議を行わなくてはならない。地方債には金融商品としての側面もあるので，金融機関との間でさまざまな交渉を行うことも多い。証券・証書の別であるとか，利率，借入期間，償還方法などについて借入先と相談して決めていくのは簡単ではない。

　一方，地方債には地方税や補助金・交付税にない固有の役割がある。それは本論で述べる予定であるが，結論をいうならば次の通りである。すなわち，耐用年数の長い投資プロジェクトの費用を，建設時の住民ではなく，その受益者である将来の住民に負担させることである。もっとも近年では，分権的な地方政府が発行する地方債には「ソフトな予算制約」という懸念も表明されている。

　本章では，地方財政における地方債の意義について標準的な解説を行う。はじめに地方政府の機能を明らかにしたうえで，地方債の位置づけについての経済学的な考え方を整理したい。次に，日本の地方財政制度の特質とそのなかで

の地方債制度の概要について，先行研究に言及しながら解説することにしたい。

1　地方政府の役割

1.1　安定化機能の分担

　政府の役割が何であるかという問いには，簡単な答えがない。しかし，大方の経済学者は，資源配分機能，所得再分配機能，そして経済安定化機能の3つが重要であると考えている。問題は，3つの機能を，中央政府と地方政府がいかに分担するのかという点にある。この点について現在，標準的な見方となっているのはオーツ（W. E. Oates）の著した「財政連邦主義」（fiscal federalism）であるので，ここではそれに沿ってやや丁寧に説明しておきたい（Oates 1972）。経済安定化機能については，分権的な地方政府よりも中央政府に優位性があるというのが，ここでいいたいことである。安定化機能を実施するには，貨幣供給をコントロールする中央銀行のような存在が必要である。けれども，個々の地方政府が中央銀行をもつことは非現実的な想定である。地方政府にとって，住民が負担する地方税によってではなくて貨幣の創出によって支出を賄うほうが楽であることは明らかである。このような理由から，貨幣供給のコントロールには中央銀行の存在が不可避である。

　したがって地方政府は，金融政策の手助けを借りずに，経済安定化のためフィスカル・ポリシーを実施しなくてはならない。しかし，フィスカル・ポリシーの守備範囲はきわめて限られている（Oates 1972, p.4）。第1に，小規模な地域経済には「開放経済」という性質があり，地域住民は財貨およびサービスの大部分を他の地域から購入する。私的消費が限界的に増えるときに，他地域への需要の漏れが大きい。その結果，単純なケインジアン体系では支出乗数は小さくなる。地方税の減税効果も弱くなる。新しく創出された所得のうち，相対的に小さな部分しか，その地域で生産された財貨とサービスの支出に向けられないからである。

　第2に，地域経済を刺激するためのケインジアン的なフィスカル・ポリシー

は，当該地域住民に負担をかける（Oates 1972, p.5）。そのような負担は中央政府が行うフィスカル・ポリシーには存在しない。このような負担は地方政府が発行する公債の性質に由来する。一国内においては，通常かなりの程度で資本移動が起こる。あるコミュニティが発行した公債は，一般的には他のコミュニティの居住者によって保有される。つまり，地方政府による公債での資金調達は「対外債務」としての性質をもつ。したがって後年度における元利償還には，コミュニティの住民から他のコミュニティへの所得移転が伴う。

　これとは対照的に国家間での資本移動は，通常は国内よりも少ないので，中央政府によって発行された公債は「内国債」としての性質をもつ。したがって中央政府は，将来対外的に所得移転をもたらすという意味での負担を社会に課すことなく，経済を刺激することができる。

　こうした論理が示唆するように，経済安定化機能に関しては，分権的な地方政府よりも中央政府の方に明らかに優位性がある。中央政府は，金融政策とフィスカル・ポリシーの両方を用いて，過度なインフレなしに完全雇用を維持できる立場にある。しかし地方政府は，その管轄権における経済活動の水準をコントロールする能力を制約されている。さらに高度に相互依存的な関係にある地方経済においては，経済活動の地域間移動は頻繁に起こっている。ある地域での収縮と拡張は，移出の減少と増大とを通じて近隣地域に波及する。経済活動の循環的運動は，基本的には全国的な性質をもつものであり，中央政府によるフィスカル・ポリシーによって最もうまく制御できる。

1.2　所得再分配機能の分担

　安定化機能の場合と同じように，分配問題に取り組むことも分権的な地方政府にとって難しい問題である（Oates 1972, p.6）。いま社会の構成員が，市場メカニズムによる所得分配よりも平等主義的な分配を望んでいるとする。さらに，社会的に望ましい所得分配は，家計の可処分所得が税・移転を通した再分配以前の所得水準のみに依存していると仮定する。このとき，望ましい所得分配を達成するには，高所得者から低所得者へのある程度の所得移転が必要になる。そして税・移転の水準は個人の所得水準のみに依存している。社会が望ましい

と考える所得分配を達成するための最も適切なプログラムは，「負の所得税」である。それによって高所得層が支払う税が政府を経由して低所得層へ給付され，所得分配の不平等が是正される。

さて問題になるのは，分権的なシステムでは，ある地方政府が単独で行う再分配政策は行き詰まってしまうことである（Oate 1972, p.7）。たとえば，あるコミュニティが，より平等主義的な所得分配を達成するために強力な「負の所得税」を採用したとする。個人の移動性が高いということを前提にするならば，そのようなプログラムは，高所得者には近隣の地方政府に流出するインセンティブを，低所得者には流入するインセンティブを与える。「負の所得税」によって平等な所得分配が生じるが，高所得者の流出と低所得者の流入をもたらして，結果的に1人当たり所得は低下してしまう。

興味深いのは，高所得者を含む全員が純粋に再分配政策によって貧困を撲滅しようとしても，こうした結果が起きてしまうということだ。すべての個人が「負の所得税」に賛成投票するにもかかわらず，自分の負担を回避しようとする個人はなくならない。ここでのポイントは，貧困を撲滅するために個人が喜んで負担しようとする額は，無視できるほど小さいということである。再分配政策の度合いはある程度までは住民の移動性によって制約され，それは管轄権が小さいほど大きくなる。国家間の移動性は一般的には国内での移動性よりも低いので，所得再分配政策は中央政府が実施する方が成功する確率が高い。

1.3 資源配分機能と地方分権化定理

次に，資源配分機能に目を転じよう。対価を支払わない人を消費から排除できない性質は「非排除性」と呼ばれる。公共財にはこのような性質があるため，「市場の失敗」が起きやすい。政府の役割は，こうした公共財を提供することにある。ある種の財貨・サービスについては，中央政府の方が分権的な地方政府よりもより効果的に適切な水準のサービスを供給することができる。これらの財貨・サービスは，国内のすべての人々に便益をもたらす性質をもつものだろう。

たとえば，すべてのコミュニティの住民に便益が行きわたるような「純粋公

共財」を考えよう。X単位の財貨を生産すると，同じX単位がすべてのコミュニティの居住者によって消費されるような公共財である。このような性質は「非競合性」あるいは「等量消費」と呼ばれている。そのような財貨の典型例は，コミュニティによって構築された迎撃ミサイル・システムである。この迎撃ミサイル・システムは，他のすべてのコミュニティに対する潜在的な侵略者に対しても抑止力として機能する。

　このような公共財を分権的な地方政府は効率的なレベルで提供できるだろうか。地域住民の厚生水準の最大化を目標とするコミュニティが，迎撃ミサイルの限界費用が，すべてのコミュニティによって評価される迎撃ミサイルの限界効用の総和に等しくなるような水準で，供給することができるであろうか。その答えは「ノー」である。なぜならば，追加的な財貨を生産するかどうかを決定するにあたって，コミュニティは地域住民が追加的な迎撃ミサイルから受け取る便益のみを考慮し，社会全体の便益を考慮しないからである（Oates 1972, p.9）。

　ここまでの議論が明らかにしたように，中央政府には分権的な地方政府に比べていくつかの優位性がある。地方政府だけが存在するシステムでは，公共部門はその経済的機能を十分に果たすことはできない。地方政府が，経済安定化機能，所得再分配，そして社会全体に便益が及ぶ公共財の効率的供給に責任を負うことは望ましくないし，できない。中央政府はこれに対してより効果的にこれらの任務を果たすことが可能である。

　にもかかわらず分権的な地方政府には，次に触れるようにいくつかの魅力的な性格がある[1]。中央政府の基本的な欠点は，さまざまな地域の住民がもつ多様な選好に鈍感なことである。もしすべての公共財が中央政府によって供給されるならば，公共サービスの水準と内容はすべての地域で画一的となる。ここでの問題は公共財の消費水準がつねに中途半端になるということである。高い水準の公共サービスを望む人もいれば，減税して少ない公共財を供給することを良しとする人もいる。全国的公共財の場合に，そのような中途半端な妥協は不可避である。しかしながら，便益が特定の地理的範囲に限定されるような公

1）　地方分権のメリットについては持田（2013）13〜16頁を参照。

共財については，公共部門の分権化によって解決するという方法がある。

　たとえば，公共財の消費はそれが生産された地域住民に限定されるような場合を考えてみよう。図書館をイメージすればよい。地方公共財を中央政府が供給するのであれば，供給水準はすべての地域で画一的なものになる。しかし，画一的な公共財の供給は効率的ではない。なぜならば，それはさまざまな地域の住民がもっている多様な選好を度外視しているからである。これに対して，コミュニティが自らの地方政府をもつ場合には，公共財の水準は地域によって異なるであろうし，それは少なくともある程度まではコミュニティの住民の選好を反映する。ここでのポイントは，社会を構成する諸個人の選好を反映した公共財を供給することを通じて，経済的効率性が達成されるということである（Oates 1972，p.11）。すべての個人が画一的な水準での公共財の消費を強要されるときには，資源配分は非効率になる。分権的な地方政府は，ある種の公共財を消費者の選好に応じて提供することを可能にし，経済的効率性を高める。これは「オーツの地方分権化定理」と呼ばれている[2]。

1.4　「足による投票」

　分権化のメリットは消費者の「足による投票」によって補強されている。ティブー（C. Tiebout）が明らかにしたように，地方政府において消費者はある程度まで彼の選好にあったプログラム・税の組み合わせを提供している地域を居住地として選択することができる（Tiebout 1956，p.420）。たとえば，それぞれのコミュニティが異なるレベルの地方公共財を供給しているとき，消費者は「足による投票」によって彼の選好を満足させるコミュニティを選択するだろう[3]。このメカニズムを通じて，公共財の効率的供給という問題に対して，市場メカニズムに類似した方法で解決することができる。したがって，分権的な地方政府はある種の公共財について，消費者の選好を満足するようなレベルで供給することができる（Oates 1972，p.11）。

---

[2]　オーツの地方分権化定理については持田（2013）60～61頁を参照。
[3]　ティブーの「足による投票」については持田（2013）62～63頁を参照。

地方分権はさらに，公共財の生産における実験と革新を促進する。財の生産者が独立して多数存在するということは，さまざまなアプローチが存在することを意味している。長期的には，これらの財貨・サービス生産における技術進歩を期待することができる。これに関連して，分権的な地方政府が存在すると競争的な圧力がかけられる。そのようなプレッシャーは最も効率的な生産技術を採用する圧力となる。たとえば，あるコミュニティの公務員が革新的手法を発見すると，近隣地域の政府は地域住民からの批判を回避するために，同じような生産技術を採用するように仕向けられる。これに対して単一の中央政府がすべての公共財を競争なしに供給している場合には，技術革新を促すような圧力はあまり強くはない。したがって，分権的な地方政府は，公共財の生産における動的な効率性を促進するだろう。分権的なシステムは効率的な公共財の生産を可能にする，と考える理由もある。歳出の決定は，そのプログラムに必要な費用と密接に結びつけられるようになる。あるコミュニティが地方税によって事業費用を賄うことが求められるならば，住民は事業が税負担に値するものであるかどうかに関心をもつようになる。これに対して事業費用が中央政府から補助金で交付されるのであれば，彼らはその事業費用のごく一部を負担すればよいのだから，事業規模をできるだけ拡大しようとする。

　要するに分権的な地方政府には，経済的にみて望ましいいくつかの性質がある。第1に，地方政府は公共財が住民の選好に応じて供給されるような仕組みを提供する。それによって経済的効率性は高まる。第2に，革新的な技術進歩を促進して，地方政府が最も効率的な生産技術を採用するような競争的な圧力をかけ，さらに公共財の生産における動学的効率性を高める。第3に，分権的な地方システムは地方税を通じて事業費用をはっきりと住民に認識させるので，責任の伴う意思決定を促す。

2 地方債の意義

2.1 国債と地方債の違い

次に，地方債の意義と役割に話題をかえよう。最初に押さえておきたいことは，中央政府が公債で資金調達する目的は，分権的な地方政府が行う場合と根本的に異なっているという点である。中央政府にとって，公債による資金調達の基本的な目的は，経済を安定化させるため総需要の水準をコントロールすることにある（Oates 1972, p.153）。総需要を刺激するために，歳出がその税収入を超過することが望ましいと判断した場合，公債を発行して財政赤字を補塡する。中央銀行は適切な範囲においてこれらの公債を購入し，それを通じて貨幣を経済に供給する。このようにして国庫と中央銀行は，公債の規模とその構成を決めている。中央政府においては，借入による資金調達は総需要の水準をコントロールする主要な手段であり，経済安定化に寄与する。

しかし地方政府では，公債による資金調達はまったく異なる役割を果たしている。先に述べたように，反循環的なフィスカル・ポリシーの機能は中央政府の役割である。地方政府の機能は，住民の選好に合わせて地方公共財を提供することにある。そしてこの目的を実施するにあたって，地方政府による公債による資金調達はきわめて有効なものである（Oates 1972, p.153）。

すなわち，地方政府は長期の公共事業のために地方債を発行すべきとされる。公共事業では，便益は現在の住民だけでなく将来の住民に及ぶ。上下水道事業や道路は，何十年にもわたってサービスを供給することが期待できる。現在の住民だけではなく将来の住民も，事業が供給するサービスの受益者となる。「将来の住民＝受益者」は事業の費用を分担すべき，と考えるのは公正である。しかし建設時は，将来の住民は存在していない。この矛盾を解決するのが地方債である。地方債は，事業の費用を耐用年数に分散して回収する手段であり，それを通して，便益と負担の一致を担保するものとなる（Oates 1972, p.154）。地方政府は事業の建設費用を地方債で賄って，その元利償還を将来，定期的に行う。これは，利用時支払（pay as you go）の原則と呼ばれることもある。

それに加えて，中央政府の公債による資金調達と地方政府の公債による資金

調達との間には，根本的な非対称性がある。国債は，主に国内居住者によって保有されるので「内国債」となる。そのような公債の発行は，それ自身として将来世代への負担転嫁は存在しない。将来の住民は元利償還の義務を負うが，しかしそれと同時に彼らは元利償還を受ける側でもある。将来世代全体としてみると，元利償還のために課税される納税者と元利償還を受ける公債保有者は同じ世代に属する。両者の間で所得再分配が行われるにすぎず，将来世代全体には負担は転嫁されない。

　これに対して市場で公募される地方債は，主に非居住者によって保有される。つまり地方債は「対外債務」であって，将来のどこかの時点で居住者から非居住者へ所得移転が生じる。地方債では国債と異なり，将来世代に実質的な負担が発生するのである（Oates 1972, p.154）。すなわち，将来の住民は地方債の元利償還費を負担する義務を負うけれども，元利償還を受け取る権利は非居住者にある。「対外債務」は，将来の住民に実質的な負担を課す。逆にいえば「対外債務」という性質のおかげで，地方債発行は公共事業の費用をその便益を受ける将来世代に公正に配分する手段となる。

2.2　地方税と地方債の「等価性」

　地方債の役割に関する標準的な見解を理解するために，ここでいま少し掘り下げておきたい。消費者が自由に地域間で移住するイメージを浮かべる。自分の好みに最もあった「個性」（税金や福祉の組み合わせ）をもった地方政府を，消費者がみつけたとする。その消費者はお目当ての地方政府に移住する。移住が止まる均衡状態においては，いかなる「個性」も地価の変化という形で「資本化」される（Oates 1972, p.155）。というのは，ある地方政府に対する住民の需要は，その地域の土地の価格を吊り上げるからだ。将来の便益（税）の割引現在価値分だけ，他の同質的な地域の地価を上回る（下回る）点で，移住は止まって均衡する。この均衡点では，地方政府の「個性」は地価の変動によって完全に相殺されているので，移住の誘因は消滅する。

　いま，2つの同質的な地域があるとする。両地域がインフラ事業を実施することを決め，かつこの事業の便益と費用はまったく同一であるとする。唯一の

相違点は，A地域は初年度の税金で公共事業の費用をすべて賄うのに対して，B地域は地方債を発行して費用負担を将来時点に分散させることにある。今年度末には，AもBも公共事業は完成し，将来この事業から等しい便益を得ると期待する。しかし，地域Aでは事業費用は完全に支払われているのに，地域Bの住民はそれと同じ額の将来の納税義務が残っている。地域Aの代表的居住者の立場と地域Bの代表的居住者の立場を比較すると，Aの方が明らかに有利のように思える。なぜならば，彼らにはB地域の代表的居住者と同じ将来の財政的便益を期待するが，それに対応する納税義務はないからだ。

　しかし，そのように考えるのは間違いなのだ。移住が自由に行われる世界では，地方政府の「個性」は「資本化」によって相殺されてしまう。地域Aの地価は，地域Bの家計が将来に追加的に支払う税金の割引現在価値だけ，地域Bの地価を上回る。「個性」が地価に「資本化」されると，公債で資金調達を行っても，B地域の住民は将来の住民に費用を転嫁できなくなる（Oates 1972, p.156）。なぜならば，将来の税負担は，B地域の地価が下がるという形を通じて「資本化」されるからである。

　同じことを別の例で説明すると次の通りである。地方政府の公債と同じ利子率で，住民が個人として資本市場から借入を行うことができるとする。このとき，家計にとっては税も地方債も無差別になる。A地域の住民が税負担を延期したいときには，資本市場から資金を借り入れて（保有公債を売却），今年の税金を支払えばよい。借入を将来返済するならば，公共事業の費用を将来に負担するB地域の住民と暮らしぶりは同じになる。これとは反対に，B地域の住民が一括して支払を済ませたいと考えているならば，公債を購入してその収益で将来の租税債務を弁済すればよいだけの話となる。

　要するに，完全な住民移動と単一の利率での資本市場へのフリー・アクセスという前提が成り立つならば，地方政府が公債によって資金調達をしようが税で資金調達しようが，住民にとって違いはなく等価である（Oates 1972, p.156）。資本市場における資産ポートフォリオを組み替えることによって，自分たちが望む支払時期を選択できる。公債による資金調達であれば，税による資金調達と違って，将来の住民に費用を転嫁することができるかといえば，そうならない。公債を通じて将来に繰り延べられた税支払は，ただちに現在の地

価下落という形で「資本化」されてしまう。

　ここで将来税負担だけではなくて，公共事業がもたらす将来便益もまた，地価に資本化されることが強調されるべきである。限界的な事業，すなわち家計が受け取る将来便益が税負担と等しい事業の場合には，地価に及ぼすネットの効果はゼロになる。この場合，地価を下げる税負担の資本化は，将来便益の資本化によって完全に相殺される。個人はたんに財政的便益に等しい税負担をするだけである。もしこの個人がコミュニティを離れるとしても，彼には損にも得にもならない。新しい住民は，残された税負担と事業の便益との差を，彼がその地域の土地に支払う価格の調整を通じて補償される。このモデルでは便益の受取りに応じて税の支払が行われる。しかし興味深い点は，公債による資金調達か税による資金調達かにかかわらず，便益と負担が一致するということにある。

2.3　地方債の必要性

　では，地方債は事業の費用を耐用年数に分散して回収する手段であり，それを通して，便益と負担の一致を担保するものという議論は成り立たないのであろうか。この疑問に答えるためには，地方税と公債の等価性という結論を導くことになる前提そのものを吟味しなければならない。すなわち，①地方政府の「個性」（税金や福祉の組み合わせ）に応じた消費者の移住によって「資本化」が完全に起こるのか，②消費者が地方政府と同じ利率で資本市場へのフリー・アクセスが可能か，③どちらが超過負担が少ないか，という３点である。

　第１に，「資本化」が存在しないのであれば，地方債に関する従来の標準的な見解は有効である。いくつかの最近の証拠によれば，同じ大都市圏内のコミュニティでは，税率と地域サービスのアウトプットの両方で地方政府の「個性」は大部分が資本化されている。小規模な地方管轄区域では，資本化という仮定は現実的であり，地方債と税は大差ない。しかし広範囲の課税管轄圏においては住民の移動は低く，したがってまた「個性」が地価に資本化される度合いは均一ではないだろう（Oates 1972, p.157）。

　第２に，どの地域の住民も，地方政府と遜色のない借入コストで資本市場に

フリー・アクセスできるだろうか。この点，同一の借入コストでの資本市場へのフリー・アクセスという仮定は，過剰に単純化されていることは明らかだ。政府部門は個人よりも低い利子率で資本市場から借り入れることができる。個人が資本市場で借入を行うコストは相対的に高い。そもそも借入を嫌う個人もいる。住民がプロジェクトの費用支払を将来に分散させたいならば，住民が個人的に金融機関から借りるよりも，地方債を通じて集団的に借りた方が有利である。利払費や取引費用の節約は，公共事業の資金調達手段としての公債をより魅力的にするだろう（Oates 1972, p.158）。

　第3に，地方債には，超過負担を回避するため，地方税の税率変動を最小にするメリットがある。大規模な投資支出は，政府支出水準の著しい不安定性の原因となる。このため，税による資金調達に依存することは，時間を通じた税率の変動を大きなものにして，超過負担を発生させる。公債による資金調達によって，地方政府は税率の変動を最小化できる。多くの有益な事業にとって，公債発行は資金調達の唯一の実践的な方法である。公共事業，すなわち道路や大学の建設は，短期間にきわめて高い費用を必要とする。このような事業を経常収入から賄うことはかなり難しい。これは公共部門に特有の問題では決してない。民間企業は，つねに長期的な投資プロジェクトについての意思決定を行っている。それに基づいて資本市場で債券を発行して，資金を調達している。家計においても，住宅の購入のように土地を担保にした借入を行っている。

3　日本の地方財政

3.1　「大きい」地方歳出

　日本では，地方歳出が国・地方を通じる歳出純計額に占める割合は58％にのぼる（総務省 2018, p.49）。もっとも，地方の事務の割合が高いといっても，国が定めた基準や義務付けも多く，国はカネと義務付けの両面で地方の仕事を縛っている。地方公共団体の自由度が少ないといってよい。このため「オーツの分権化定理」を援用して日本の地方財政を評価すると，非効率という判定に

なる。

　もっとも，地方公共団体レベルの歳出決定でも住民の選好が反映される場合があることが，少し解明されてきた。髙橋・宮本（2004）は，都道府県レベルで地方政府が裁量権をもつ「普通建設事業」に関して，中位投票者仮説が成立することを実証した。また吉田ほか（2008）は，小学校の「質」が土地価格に資本化されていることを，東京都足立区のデータを用いて実証した。吉田らの研究は地方財政そのものを対象にしたものではないが，ティブー流の地域選択メカニズムの解明に貢献している。

　しかし，どこの市町村でも税率は同じで行政内容も似たり寄ったりの日本で，「足による投票」といっても現実感に乏しいのも事実である。ただし，住民が移動しなくても，地方公共団体間の競争が実質的に働くメカニズムがある。地方政府の主体的な行動が社会的非効率を発生させるという，いわゆる財政的外部性の議論が，地方財政論の主要なテーマの1つとなっている。

　財政的外部性は，歳入に関するものと歳出に関するものとに大別され，従来は前者とくに租税の財政的外部性がその論点であった。これに対して，これまであまり議論されてこなかった後者の問題の比重が増している。この分野での先駆的業績は Besley and Case（1995）である。自地域の政策決定に他地域のそれが影響をあたえる戦略的行動をとっていること，その要因は政治家の再選動機を起因とするヤードスティック競争である可能性を示した。ここでヤードスティック競争とは，有権者が誰に投票するかを決める際，自地域の首長が設定した財政政策と他地域とのそれとを比較することにより生じる競争である。実証的には，Brueckner（2003）によって定式化された反応関数を推定して，他地域の政策水準にかかわるパラメータが有意であれば，戦略的な相互作用があると考える。

　もっとも，その要因が歳出の模倣（歳出競争）なのか，類似地域に対する住民の参照行動なのかを識別することは簡単ではない。この点，日本人の研究として注目されるのは菅原・國埼（2006）である。金田（2013）はさらに，知事の再選動機という政治的要因をモデルに投入して，地方単独事業が相互にどのような反応を示し，それらの反応の背景が歳出競争であるのか，ヤードスティック競争であるかの識別に成功している。

このように，日本の「大きい」地方歳出の決定要因についての実証研究が蓄積されてきた。しかし，オーツの「分権化定理」にせよ，ティブーの「足による投票」にせよ，もともとこれらの議論は，地域的な受益と負担の対応が明確な地方公共財（警察，消防，生活道路）を念頭に組み立てられている。そのような歳出は，いわゆる市場メカニズムになじみやすいものである。

　しかし，日本の地方財政では，林（2007）でも強調されているように，純粋公共財の供給は比較的少なく，現物給付や準私的財の供給を通じて所得再分配に大きく関与している。「現物社会移転」の分野での地方歳出は約 41.7 兆円であり，一般政府全体に占める割合は 80％となる[4]。これに対して現金給付の分野では，地方歳出の割合は 1 割前後に止まる。日本の地方公共団体は国よりも多くの事務を行っているだけではなく，現物給付や準私的財の供給を通じて所得再分配に大きく関与している[5]。それは，国が現金給付を通じて所得再分配を行っているのと対照的である。

　地方歳出の大部分が再分配的で，かつ再分配自体が国民全体の関心事である場合には，オーツ流の分権化定理を援用することは誤った判断をもたらす可能性がある[6]。こうしたことに注意しながら，実証研究がさらに進展することが期待される。

3.2　重複する課税ベース

　日本では，事務分担における地方歳出の比重の高さは，その財源調達における地方の比重には対応していない。独自財源である地方税が租税総額に占める割合は 40％であって，経費と租税の実質的な分担関係は逆転している（総務省 2018，31 頁）。

　ひるがえって地方財政理論に目を転じると，Musgrave（1983）や Oates（1972）

---

4)　現物社会移転には保険・医療，教育が含まれる。41.7 兆円は，国民経済計算の「地方政府」に計上された現物社会移転に，社会保障基金に計上されている国民健康保険や介護保険等を地方政府に振り替えた数値。持田（2013）54～56 頁を参照。
5)　地方政府による所得再分配が，現金給付ではなく現物給付を通して行われる理由については持田（2013）67～70 頁を参照。
6)　この点，持田（2017）も参照。

の財政連邦主義の議論として，早くから政府間の垂直的機能配分論が定説化していた。これを前提とすれば，所得再分配や経済安定化に合致すると考えられる税目（累進所得税，法人税）は中央政府に割り当てるべきと主張される一方，地方政府には，地域的な可動性が低い固定資産税もしくは公共サービスの受益負担である使用料が推奨されている。

　一方，アングロサクソン諸国や北欧諸国と違い，消費・所得・資産といった複数の課税客体に分散していること，国と地方が同一の課税客体に重複して課税していることが，地方税体系の特色としてあげられている。地方政府の機能がかならずしも資源配分機能のみに限定されず，範囲・規模とも拡大している現実を踏まえれば，地方企業課税や消費型付加価値税を地方税体系に取り込んでいることは不自然とはいえない。

　第1に，消費型付加価値税の課税可能性についてみてみよう。一般に売上課税は，最終消費が行われる管轄圏が課税権をもつことが望ましいとされる（仕向地原則）。しかし，国内では境界税調整（輸出免税，輸入課税）を実施するのは困難であり，消費型付加価値税は中央政府に割り当てるべしとされてきた。しかし，長年にわたる議論や EU やカナダ等での経験によって，境界税調整を必要としない仕向地原則が理論的にも制度的にも実施可能であり，かつ税率決定権も保持されることが，近年，明らかにされつつある。その先駆は，バード（R. Bird）の一連の研究であり（Bird 1999），モデル・ケースとして，ケベック売上税（QST）[7]とカナダ東部3州とオンタリオ州で採用されている協調売上税（HST）が注目されている [8]。

　日本人による貢献として，持田ほか（2010）をあげることができる。これは地方消費税を，HST にみられるマクロ税収配分方式の簡易版として位置づけたうえで，地域産業連関表等を用いて，シミュレーションを行ったものである。カナダの HST については理論的には知られていたが，その執行可能性や問題点については分析結果が示されていなかった。日本の地方消費税は，全国共通

---

7) ケベック売上税では，輸出にはゼロ税率が，輸入には消費者の販売までの繰延べ支払（deferred payment method）が適用されている。
8) 協調売上税は，個別の取引ごとに税収を清算する代わりに，いったん消費税をプールして，地域産業連関表を活用して最終消費×税率によって配分する仕組みである。

の課税標準・税率によって計算され、執行も国税庁が担当して問題が表面化しにくいが、やがて消費税の税率引上げとともに、地方分権の視点から、地方独自課税・執行の可否が検討されることになるであろう。

第2に、地方企業課税の可能性についてみてみよう。シャウプ勧告は、都道府県レベルにおける企業課税として付加価値税の導入を勧告したが実現しなかった。しかしその後も生き続け、最終的には2004年、法人事業税の外形標準化が実施された。課税ベースは、所得から利潤・資本そして付加価値の3要素を組み合わせる方式に変更された。

Musgrave（1983）や Oates（1972）の財政連邦主義では、企業課税は中央政府に割り当てるべしされてきた。しかしバードは、経済中立的な応益的地方企業課税が存在することを指摘した。所得型付加価値（消費＋投資－減価償却＝賃金＋利潤）を課税ベースにした原産地課税の企業価値税（BVT）がそれである。企業は、地方公共サービスの受益額に見合う対価を支払うと同時に、特定の生産要素に偏った課税が回避される。

もっとも日本では、加算法に基づく原産地課税であることを理由として、法人事業税が批判されることがある。原産地原則では国境税調整を執行できないため、日本の産業競争力を失わせるというのが批判の根拠である。しかし、諸富（2017）が明快に論じているように、原産地課税の法人事業税を廃止して地方消費税に置き換えることは、本来株主と従業員によって担われるべき負担を一般消費者に付け替えるという点で不公正だということができる[9]。

3.3　財政移転への依存

日本では地方の事務配分が国よりも大きいが、財源の少なからぬ部分は国からの財政移転によって支えられている。その主要なルートが、国庫支出金と地

9）　法人税は、部分的には価格上昇を通じて消費者に転嫁したり（「前転」）、賃金の引き下げによって生産要素の所有者である従業員に転嫁したりする（「後転」）。また、法人税は資本への需要を減らすことを通じて、経済全体の資本収益率を下げ、非法人部門の資本所有者に転嫁されることもある。このように、法人税の実質的な負担は、消費者・従業員・資本所有者によって分有される。

方交付税交付金である。これは中央政府の企画・統制のもと，地方政府が行政事務を執行し，それに必要なコストを中央・地方が共同負担するという日本の福祉国家システムを反映している。しかし，受益と負担の関係が曖昧になり，財政規律が緩むといった副作用があることは否定できない。

　地方交付税に関しては研究者のかなりのエネルギーが投入されてきたが，意見の一致をみていない。日本の経済学者の間では，貧しい地方公共団体は過剰な政府間財政移転を通じて，人口1人当たりでみると，豊かな団体よりもかなり多くを支出していると認識されている。

　しかし，財政移転後の1人当たり歳入が「貧しい」地方公共団体ほど大きいという事実は，必ずしも財政移転が過剰であることを意味しない。日本の地方歳出は大部分が再分配的であるため，1人当たり歳出は不利な条件におかれている個人の数が多い地域で高くなる。さらに貧しい地域は，山間地域としての特性であったり高齢者比率等の面で不利なため，サービスの単位費用は高い。貧しい地方において人口1人当たり歳出が大きくなるのは不思議ではない。政府間財政移転の適切な水準を求めるときに，移転後における1人当たり地方歳入の逆転のみに注目するのは誤解を招く。歳出水準に影響を与える地方の特性と，国レベルで設定された社会的・再分配的基準の双方を考慮した地方歳出の基準を明示することが必要である。

　これに関連して，政府間移転が「過剰」であるために地方公共団体が独自に税を引き上げる努力が損なわれると経済学者は考えている。差額補填方式をとっている地方交付税では，自主財源 T を拡大すると地方公共団体が受け取る移転額が減少する。「ホールドアップ問題」を引き起こし，地方公共団体が歳入水準を過少にするという議論がこれである。

　彼らの議論では自主財源としての地方歳入 T は選択変数とみなされているが，林（2007）が指摘するように，実際はそうでないかもしれない。以下，同論文のエッセンスを紹介する。基準財政需要を D，課税標準を b，実際の税率を t，標準税率を τ，課税標準に影響を及ぼす政策を s とすると，地方交付税の受領額は $D - 0.75\tau b(t, s)$ となる。実際の税率を上げると，課税標準が減少するので（$\partial b / \partial t < 0$），実際の税率を高くするインセンティブが働く。反対に地域振興を行うと，課税標準が拡大するので（$\partial b / \partial s > 0$），$s$ が過少になる。理論的には，

地方交付税を受領すると税を引き上げる努力が損なわれるとは一義的にいえない。

税収へのインセンティブは実証分析の成果を待つしかないが，結論は分かれている。土居（1996）は，交付税の受領団体では，固定資産税の評価率を低くすることで基準財政収入を少なくすることができると述べた。これに対して堀場ほか（2003）および持田（2004）は，固定資産税にモラル・ハザードが存在するかを制度論的に分析し，存在しないと主張した。地方自治体が固定資産税の税率・徴収率・課税標準を操作する余地はないか，操作できたとしても交付税の算定には影響がないことを示し，固定資産税と地方交付税にモラル・ハザードを発生させる余地がないと論じた。地方税の徴収率については，西川・横山（2004）は，徴収率が全国平均で決定されるという歳入最大化モデルから，交付団体が不交付団体よりも徴税インセンティブをもつとしたが，実証分析では交付団体と不交付団体に違いはないという結論を導いている。

一方，地方交付税が地域経済の活性化に及ぼす影響についての実証分析は少ない。深澤（2007）は，ある年度に地方交付税を受け取ると，その翌年度に商工費を抑制する傾向があることを計量的に示し，現行の地方交付税のもとで，地方自治体の経済活性化に向けたインセンティブが歪められてきた可能性を示唆した。しかし他方で，施策の成果を表す各種指標の伸び率は交付税受領の有無と相関がないことも指摘しており，結論の頑健性には疑問が残る。

4 日本の地方債 [10)]

4.1 地方債の発行

日本では，地方債の発行は長い間，国に統制されていたが，国の関与の縮減と地方公共団体の自由度の拡大が，一貫して政策的に推進されてきた。財政法第4条但し書に規定されているいわゆる「建設公債」のように，地方債も社会

---

10)　本節の議論は持田（2013）第11章に基づく。

資本等の建設に充当され，資産として後世代に残る事業を発行対象としている。これは「5条債」と呼ばれる。地方公共団体は，地方財政法第5条に列挙されている適債事業について，地方債を発行できる。すなわち，①交通事業，ガス・水道事業，その他の地方公営企業の経費，②出資金および貸付金，③地方債の借換え，④災害応急事業費等，⑤標準税率以上の団体における公共施設の建設事業費等である。

　しかし，日本の地方債には，地方財政法第5条に依拠しないで特別法で発行される地方債が少なくない。これは建設公債原則の例外で発行される地方債であり，歳入を補塡するために発行される「特例債」という概念に分類される。地方交付税の財源不足の肩代わりとなる臨時財政対策債や，減税補塡債などが代表的なものである。これらの地方債の残高は，地方債総残高の4割近くにも及んでいる。特例債は，地方公共団体が自らのイニシアティブで発行した地方債というよりも，地方財政計画における財源不足を十分に補塡できない地方交付税を肩代わりする役割をもっていることに注意しなくてはならない。

　地方債の発行に関する国の関与については，その縮減と地方公共団体の自由度の拡大が一貫して進められている。戦後長い間，地方債の発行は原則禁止とされ，地方団体は国に許可を得ないと発行できないという仕組み（許可制度）だった。しかし，許可制度は2006年に「地方公共団体の自主性をより高める観点に立って廃止」（地方分権推進委員会第2次勧告）され，原則として地方債の発行を自由とする「協議制度」に移行した[11]。2011年には協議制度の一部が見直されて「届出制度」が始まり[12]，2016年には協議不要基準が緩和された。

　許可制度の廃止で，地方公共団体の自由度は拡大したとはいうものの，他方で安全性，償還可能性を担保するために，財政難の地方団体には引き続き許可制度が適用されている。すなわち，財政状況がある一定の水準を超えて悪化し

11）　協議制度では，地方公共団体が都道府県知事あるいは総務大臣と発行してよいかどうかを協議する。総務大臣あるいは都道府県知事が同意した場合には同意債といい，その元利償還については地方財政計画に組み入れられることとなった。地方団体は同意がなくても地方債を発行することができるが，その場合には地方公共団体の長はあらかじめ議会に報告しなければならず，元利償還も地方財政計画に算入されない。
12）　その概要は，財政状況が普通の地方公共団体が民間資金債を発行しようとする場合には，原則として協議を不要として事前届出とすることである。

た場合には，協議制度ではなく，許可制度によって地方債の発行が統制されている。具体的には，実質公債費比率が18%を超える団体，もしくは普通税の税率が標準税率未満である地方団体は，起債に関して国の許可を得なければならないとされる（地方財政法第5条の4第4項）。許可団体の指定を受けているのは約400団体である。

4.2 　地方債の消化

2001年の財政投融資改革以降，日本では地方債引受における政府資金の割合が低下し，民間資金によってとって代わられつつある。ここでは地方債の消化面について注目すべき点をまとめる。地方債が起債されると，引受業者の手を経て金融機関や投資家によって消化・保有されていく。だが，マクロ的にみて発行予定額の合計と消化額の合計が一致するとは限らない。

両者をつなぐ「かけ橋」として，日本では地方債計画が毎年，作成されている。地方債計画は，次のように地方財政計画と密接に関連して，毎年，国によって作成されている。地方財政計画の歳出側は，一般行政，投資，給与，公債等に区分される。投資は約11.3兆円である。地方債はこの投資をファイナンスする役割を果たしている。建設公債主義に則り，この11.3兆円に見合った地方債が，地方財政計画の歳入の欄に計上される。地方債計画の総額は，地方財政計画の歳入に計上された地方債にほぼ一致する。ただし，地方債計画には，地方財政計画には含まれていない公営企業債2.2兆円も含まれているので，総額は13.7兆円となる。公営企業債を差し引いた純粋の普通会計分の地方債は，地方財政計画の地方債金額と一致する。同意を受けた地方債については，元利償還分が地方財政計画に計上される。その金額が13.2兆円となる。

このように地方債は，全体の金額が地方債計画および地方財政計画の「歳入」で決まると同時に，償還財源については，地方財政計画の「歳出」の公債費で担保されている。地方債計画（地方財政法施行令第6条第3項）とは，上記の発行総額についてどのような資金で消化するかという計画をさす。内訳は，公的資金と民間等資金の2つに分かれている。公的資金の中身は，財政融資と地方公共団体金融機構の融資である。この財政融資3.7兆円は，財政投融資計画の

地方公共団体への貸付金に一致している。もう1つの柱である地方公共団体金融機構は1.9兆円の公的資金を拠出している。

　民間の資金で注目すべき点は，市場公募債の比重が高くなりつつあることである。民間資金の内訳は，市場公募債と銀行等引受債の2種類である。伝統的に銀行等引受債が上回っていたが，2011年度以降，市場公募債の金額が銀行等引受債の金額を超えるようになっている。市場公募債は，一般投資家から広く資金を調達する地方債である。一般的には主幹事方式，シンジケート団引受方式の2つが，市場公募債の代表的な発行形式である。シ団引受方式とは，金融機関・証券会社から構成される引受シ団があらかじめ組成され，引受募集の方法により発行される方式である。また主幹事方式とは，債券発行に際して，発行体（地方公共団体）が主幹事となる金融機関を選定し，主幹事が中心となって行う投資家需要の積み上げに基づき，発行条件を発行体と協議して決定する方式をいう。

　しかし，「銀行等引受債」にも市場公募債にはない利点がある。銀行等引受債は相対取引のため，市場公募債に比べてロットが大きくない。証書形式の銀行等引受債は流動性が低いといわれる。しかし，銀行等引受債は発行方法や償還方式について商品設計の自由度が高く，発行体のニーズに応じた資金調達が可能である。たとえば，地方公共団体は指定金融機関（以下，指定金）に公金を預けているが，仮に指定金が倒産した場合，1000万円を超える公金が返ってこない可能性がある。証書形式で銀行等引受債を発行すれば，指定金からの資金を調達することで万が一指定金が倒産した場合は，預けていた公金と起債による債務を相殺できる。証書形式はいわばオーダーメイドの融資といえる。公募団体においては，市場が不安定になった場合の資金調達手段として，銀行等引受債を有効に活用することに期待が集まる。市場公募債と銀行等引受債の双方が，地方債市場を支える両輪としてますます発展していくことが期待される。

4.3　地方債の償還

　元本や利子の支払が契約どおりに期限内に行われるかどうかの確実性を「信

用リスク」という。地方公共団体が地方債について債務不履行に陥ることは少なくとも日本では考えられず，地方債の信用リスクはゼロであった。地方債の安全性を「ホショウ」しているのは，制度による「保障」である[13]。協議制度による同意を通じて，財政運営の健全性や償還確実性が確認されている。次に，地方公共団体健全化法によって，地方団体がデフォルトしないように，事前に何重ものチェックがかかる仕組みがある。さらに，国が地方に義務付けした事務事業は，国庫負担金と交付税で財源が手当てされている。このように，個別の債務保証や損失補償はないが，制度として国が自治体の破綻防止を幾重にも制度化していることが，地方債の安全性を「保障」している。

　臨時財政対策債を例にとると，この地方債は地方財政法第5条の地方債の特例として発行される。「借り手」である地方公共団体は，臨財債については国が法律で将来の償還財源を保障する点で償還確実性があるし，発行は実質公債費比率を上昇させないと考える。一方，「貸し手」である金融機関は，国の法律が将来の償還財源を確保しているといっても，その仕組み自体が変更される可能性を否定できないと考えている。

　いずれにせよ，日本においては地方自治体のデフォルトの可能性がなく，地方債の信用力の格差はないとの見解が一般的である。そのため，地方債の利回りが地方自治体の財政状況を反映しているかを実証した研究は少ない。しかし「夕張ショック」と前後して，地方公共団体は破産しうるという可能性を念頭においたうえで，地方公共団体の信用力についての議論が活発化している。この分野での先駆的業績は Poterba and Rueben（1997）である。地方自治体の破産が明確に制度化されているアメリカの地方債について，破産等の法制のあり方が地方債の利回りにいかに影響を与えるかを示した。近年では，信用連関に焦点をあてた Landon and Smith（2000）が注目される。中央政府の債務比率や加重平均された他の州の債務比率を説明変数として，「負債のスピルオーバー」

---

13)　日本語の「ホショウ」には，保証（gurantee），補償（compensation），保障（security）の3種類あり，それらを区別して議論することが望ましい。保証は，債務者が債務を履行しない場合に，それに代わって債権者に債務を履行する義務を負うことをさす。補償は，別に前提となる債務を必要とせず，契約した相手が何らかの損失を負ったときに，その損失の一部あるいは全額をつぐなうことをいう。保障は，ある状態が損なわれないように保護し守ることをいう。3つの「ホショウ」について，日本の地方財政制度上における解釈については，本書第8章を参照。

が生じている可能性が示されている。

　日本での先駆的業績は中里（2008）であり，市場公募債の流通利回りが経常収支比率や地方債現在高，財政力指数などの個別自治体の信用力に規律づけられているかを，有効求人倍率や地銀ダミー，預貸率をコントロールしたうえで分析している。地方自治体間の信用連関を分析目的とした田中（2012）は，2003～2008 年の公募債発行 18 団体をパネルデータにまとめ，地方債の流通利回りが，自身の財政状況だけではなく，他の自治体の財政状況にも有意に相関していることを明らかにした。しかし，田中（2012）も自身の信用を表す変数として用いた経常収支比率のパラメータが負で有意となっており，結論の頑健性には疑問が残る。今後，対象とする期間を広くとり，各自治体の個別効果を考慮したパネル分析が進むことを期待したい。

　通時的な予算制約を満たすために地方自治体がどのような行動をとっているかを明らかにすることも，重要なテーマとなっている。国レベルでの財政の持続可能性を検証する研究に続いて，地方債務の持続可能性に関する研究も進んでいる。持田（2015）などがその代表である。ただ，それらの研究は，通時的に地方自治体の予算制約が満たされるかどうかを考慮するものであり，持続可能性をどのように達成するかというプロセスを問うものではない。

　一方，ある財政変数に対して外的なショックが生じて財政バランスが崩れたときに，それを回復すべく，また通時的な予算制約を満たすために行う政策対応は「財政調整」と呼ばれる。この「財政調整」メカニズムを先駆的に解明したのが，Buettner and Wildasin（2006）である。日本の地方自治体にこれを初めて適用したのが Bessho and Ogawa（2015）である。Buettner and Wildasin（2006）との違いは，地方自治体による公共支出を投資的支出と経常的支出に分類している点である。日本の地方自治体は，しばしば国の景気対策と整合的に公共投資を行うよう動機づけられてきた。このような日本の特徴を的確に反映させるために，公共支出の中身を分解して，それぞれの政策手段が「財政調整」に対して果たす役割を明らかにしたことが，貢献だと考えられる。

参考文献
金田美加（2013）「わが国の政策競争における相互作用の識別——普通建設事業単独事業

　　費を用いた実証分析」『大都市制度・震災復興と地方財政』日本地方財政学会研究叢
　　書第 20 号，勁草書房，103〜124 頁

菅原宏太・國埼稔（2006）「財政競争の実証分析──日本の都道府県のケース」『経済論集』
　　（愛知大学）第 171 巻，1〜29 頁

総務省（2018）『平成 30 年度版 地方財政の状況』（地方財政白書）

髙橋春天・宮本由紀（2004）「地方歳出における中位投票者仮説の再検証──都道府県別
　　パネルデータによる推計」『日本経済研究』第 50 号，88〜104 頁

田中宏樹（2012）「地方債をめぐる自治体間信用連関──市場公募債パネルデータを用い
　　た実証研究」『証券経済研究』第 78 号，69〜79 頁

土居丈朗（1996）「日本の都市財政におけるフライペーパー効果──地方公共財と国税減
　　税の等価性の検証」『フィナンシャル・レビュー』第 40 号，95〜119 頁

中里透（2008）「財政収支と債券市場──市場公募債を対象とした分析」『日本経済研究』
　　第 58 号，1〜16 頁

西川雅史・横山彰（2004）「地方政府の徴税インセンティブ──徴収率の格差と地方交付
　　税制度」『日本経済研究』第 50 号，165〜179 頁

林正義（2007）「『日本の地方分権──なぜ行き詰まっているのか』に対するコメント」（橋
　　都由加子訳）貝塚啓明，アン・O・クルーガー編『日本財政 破綻回避への戦略』日
　　本経済新聞社

深澤映司（2007）「地方自治体の経済活性化策に対する地方交付税制度の影響」『レファレ
　　ンス』9 月号，107〜125 頁

堀場勇夫・持田信樹・深江敬志（2003）「地方交付税制度とモラルハザード──固定資産
　　税制度との関連で」『青山経済論集』第 54 巻第 4 号，27〜58 頁

持田信樹（2004）『地方分権の財政学──原点からの再構築』東京大学出版会

持田信樹・堀場勇夫・望月正光（2010）『地方消費税の経済学』有斐閣

持田信樹（2013）『地方財政論』東京大学出版会

持田信樹（2015）「地方政府債務の持続可能性」『協働社会における財政』財政研究第 11
　　巻，日本財政学会，141〜165 頁

持田信樹（2017）「地方財政研究の潮流──一財政学者の覚書」『貧困を考える──人生
　　前半の社会保障と財政』財政研究第 13 巻，日本財政学会，92〜102 頁

諸富徹（2017）「付加価値税としての企業課税──地方企業課税に関する日米比較研究」
　　『「地方創生」と地方における自治体の役割』日本地方財政学会研究叢書第 24 号，勁
　　草書房，57〜80 頁

吉田あつし・張璐・牛島光一（2008）「学校の質と地価──足立区の地価データを用いた
　　検証」『住宅土地経済』第 68 号，10〜18 頁

Besley, T. and A. C. Case (1995) "Incumbent Behavior: Vote-Seeking, Tax-Setting, and
　　Yardstick Competition," *The American Economic Review*, 85(1), pp.25-45.

Bessyo, S. and H. Ogawa (2015) "Fiscal Adjustment in Japanese Municipalities," *Journal of
　　Comparative Economics*, 43(4), pp.1053-1068.

Bird, R. M. (1999) "Rethinking Subnational Taxes: A New Look at Tax Assignment," *IMF
　　Working Paper*, WP/99/165.

Brueckner, J. K. (2003) "Strategic Interaction Among Governments: An Overview of

Empirical Studies," *International Regional Science Review*, 26, pp.175–188.

Buettner, T. and D. E. Wildasin (2006) "The Dynamics of Municipal Fiscal Adjustment," *Journal of Public Economics*, 90(6–7), pp.1115–1132.

Landon, S. and C. E. Smith (2000) "Government Debt Spillovers and Credtworthiness in a Federation," *Canadian Journal of Economics*, 33(3), pp.634–661.

Musgrave, R. (1983) "Who Should Tax, Where and What?," Charles E. McLure, Jr. ed., *Tax Assignment in Federal Countries*, Centre for Research on Federal Financial Relations, Australian National University.

Oates, W. E. (1972) *Fiscal Federalism*, Harcourt Brace Jovanovich.（米原淳七郎・岸昌三・長峰純一訳『地方分権の財政理論』第一法規出版，1997 年）

Poterba, J. M. and K. S. Rueben (1997) "State Fiscal Institutions and the U.S. Municipal Bond Market," *NBER Working Paper Series*, No.6237.

Tiebout, C. M. (1956) "A Pure Theory of Local Expenditure," *Journal of Political Economy*, 64 (5), pp.416–424.

（持田信樹）

第2章　地方債制度と国の関与の変遷

は じ め に

　日本では，地方公共団体の地方債発行に対して長く許可制度が続いていたが，2000年代に入ってから，地方公共団体の主体的・機動的な資金調達を推進するよう，地方債の起債手続きについて制度面の改革が行われてきた。具体的には，2006年度に許可制度から協議制度に移行し，2012年度には協議制度が一部見直されて届出制度が導入された。さらに2016年度には協議不要基準が緩和され，協議対象であった範囲が原則として届出対象化された。このように，地方債発行の制度面では国の関与を限定的にとどめる方向に見直しが進んできている。

　一方で，地方公共団体の責任と判断に基づく財政状況の早期是正が促進され，地方債の安全性を確保する仕組みも強化されている。2007年には「地方公共団体の財政の健全化に関する法律」（健全化法）が制定され，2009年度に全面施行された。また，財政状況について一定の基準を満たさない地方公共団体は引き続き許可制度の対象とされており，バーゼル規制のもとでの地方債のリスク・ウェイトをゼロとする取り扱いを維持している。

　本章では，近年の地方分権改革の流れをふまえ，地方債に関する制度改革の背景や改革が意図したメリットを概説するとともに，改革が地方公共団体の行動にどのような影響を及ぼしたかについても検討する。本章の構成は以下の通

りである。まず，第1節では，地方債制度の概要について述べる。地方債の法的根拠や類型，地方財政制度において地方債がどのように取り扱われているか，また，近年の地方債の発行額や地方債現在高から，地方債の現状を確認する。第2節では，地方債の発行における許可制度から協議制度への移行，届出制度の導入，協議不要基準の緩和という制度面の改革について，その意図や内容を整理する。第3節では，地方財政再建促進特別措置法の見直しが行われた経緯と，これを全面的に改正して制定された健全化法の枠組みを確認し，健全化法の施行による地方公共団体の財政への影響を確認する。

1 日本の地方債制度

1.1 地方債とは

地方債とは，地方公共団体が資金調達のために金銭を借り入れ，または債券を発行することで負担する債務であり，その返済が1会計年度を越えるものをいう。返済が会計年度を越えない，一時的な資金繰りのための債務は一時借入金と呼ばれ，地方債とは区別される。また，地方債の発行は，債券発行で借入を行う証券方式と，借入先に借用証書を差し入れて借入を行う証書方式のいずれをも含む。この点は，国について債券発行による国債と，証書借入による借入金を区別する規定があるのとは異なっている。

地方債の発行の根拠は，地方自治法第230条に「普通地方公共団体は，別に法律で定める場合において，予算の定めるところにより，地方債を起こすことができる」と規定されていることにある。地方財政法第5条の但し書きには，地方債で財源を調達することができる経費が列挙されており，それらの経費に充てられる地方債は5条債と呼ばれる。

地方債の対象とすることができる経費として限定列挙されているのは，次の5つである。①公営企業に要する経費，②出資金および貸付金，③地方債の借換えに要する経費，④災害応急事業費，災害復旧事業費および災害援助事業費，⑤公共施設または公用施設の建設事業費および土地の購入費等[1]。つまり，地

方財政法第 5 条の本文では，地方公共団体の歳出は，地方債以外の歳入をもってその財源とすることが原則とされているが，交通，ガス，水道等事業を行う公営企業のように事業収入で償還財源が賄われるものや，過去に起こした地方債を借り換えるために，実質的には新しい債務を負わないもの，災害発生時のように臨時突発的な事業を行わなければいけないもの，事業の効果が将来におよぶために後年度の住民にも負担を求めることが公正と考えられたり，事業の実施によってその地域に経済発展がもたらされ，将来の地方税の増収によって間接的に償還財源が確保されたりするものといった経費については，地方債を財源とすることが認められている。

　なお，地方債には，地方財政法第 5 条に基づいて発行されるもの以外の地方債もある。それらは，特定目的事業の財源として発行される地方債と，地方財政対策のための地方債に分けることができる。

　前者は，災害対策や地震対策，過疎対策などの特定の施策を推進するために，国が個別の立法を行うことで発行が認められている地方債であり，過疎対策事業債，辺地対策事業債などがその例である。

　後者は地方税の減収を補填するなどのために起こされる地方債である。このなかには，地方債の充当率を通常分に比べて引き上げることで発行され，元利償還金の大部分が地方交付税の基準財政需要額に算入される財源対策債や，人件費の一種である退職手当の一時的な増加分に充てるための退職手当債，行政改革実績の範囲内で通常の地方債の充当部分を対象に発行される行政改革推進債のように，緩やかに使途の範囲が定められている地方債もある。一方で，一般財源と同様に使途が限定されていない地方債もあり，地方交付税の算定後に生じた地方税の減収相当額を対象とする減収補填債や，地方交付税の不足分を国と地方が折半して補うために発行される臨時財政対策債などがこれにあたる。

1）　この項目の経費を対象とする地方債については，普通税のいずれかが標準税率未満である地方公共団体は発行に許可を要することになっている（地方財政法第 5 条の 4 第 4 項）。

1.2 地方財政制度における地方債

　地方債は，地方財政計画や地方債計画を通じて，償還財源が確保され，発行予定額が消化される仕組みが設けられている。

　地方財政計画とは，地方交付税法に基づいて国が作成する，翌年度の地方財政全体の歳入歳出総額の見込みである。地方財政計画は，実際の収支見込額の推計ではなく，通常の水準における歳出と歳入を表しているが，地方債の新規発行額は，地方税，地方交付税，国庫支出金とともに地方財源を構成するものとして歳入に計上される。また，公債費（地方債の元利償還金）の総額が歳出に計上される。地方財政計画の作成の過程で収支に不足が生じることが明らかになれば，歳入と歳出を均衡させるように，国の責任において財源不足を補塡する対策を講じる必要があり，これを地方財政対策という。地方財政対策では，とくに地方交付税の必要額を確保することで，地方財政全体に対するマクロベースでの財源保障が行われる。

　地方交付税は，国税の一定割合を財源として，国から地方公共団体へ財政資金移転を行い，地方公共団体の財源とする制度であるが，近年は，国税の一定割合で決まる額が，地方財政計画における財源不足額に対して不足する状況が続いている。この財源不足額を解消する方法としては，国の一般会計からの操出による地方交付税財源への加算（既往法定分）や，地方債の起債充当率の臨時的な引き上げ分に相当する地方債である，財源対策債の発行があげられるが，これらの方法を用いても残る財源不足額への対応は，折半ルールと呼ばれる考え方に沿って行われる。

　折半ルールとは，財源不足額を国と地方で折半して引き受けるものである。かつては，国の交付税及び譲与税配付金特別会計（交付税特別会計）による借入とその償還を通じて折半ルールが適用されていたが，2001年度以降は，臨時財政対策債が活用されている。具体的には，折半対象財源不足額のうち，半分について国が国債発行による一般会計からの加算を行う一方で，地方公共団体は臨時財政対策債の発行で財源を調達するとした。

　臨時財政対策債は，地方財政計画で発行可能額が定められ，その分，基準財政需要額が圧縮される。その代わりに，各地方公共団体が発行した臨時財政対

策債の元利償還金の全額が，後年度の地方交付税の基準財政需要額に算入される。つまり，地方公共団体が地方債の発行によって地方交付税の財源不足を肩代わりし，その元利償還の負担は後年度の地方交付税で手当てする仕組みである。

　また，ミクロベースにおいても，各地方公共団体の財政について，地方債の元利償還が順調に進むことを国が担保している。地方交付税は各団体の標準的な財政需要額（基準財政需要額）から標準的な財政収入額（基準財政収入額）を差し引いて求められる財源不足額について，財政資金を交付する仕組みであるが，基準財政需要額の算定に際して，地方債の元利償還金の一部または全部が算入されているからである。ただし，元利償還金の基準財政需要額に算入されない部分については，直接的に償還財源が確保されているとはいえず，留保財源（基準財政収入額に算入されない地方税収入額）等で対応することが想定されている。

　次に，地方債計画とは，国の策定する地方債の年度計画であり，地方債発行額の見込みを定めて，必要な地方債資金を確保し，地方債資金の配分を見通す目的で策定されている。地方債計画における地方債発行額の見込みは，地方財政計画の歳入に計上された地方債の新規発行額をもとに定められている。

　地方債計画と地方財政計画との関係を表した図2−1を確認すると，地方財政計画は地方公共団体の普通会計を対象としているため，地方財政計画の歳入における地方債が，地方債計画の普通会計分に対応している。地方債計画の対象となる地方債は，普通会計分のほかに地方公営企業会計等分もあり，資金需要側である総額は，この両方を合わせたものである。

　地方債の資金供給側を示す資金区分は，公的資金である財政融資資金と地方公共団体金融機構資金，民間資金である市場公募資金と銀行等引受資金の4つに分かれている。財政融資資金とは，国が政策目的の達成のため，財投債の発行などにより調達して貸し付ける資金であり，地方公共団体金融機構資金は，地方公共団体金融機構が全地方公共団体の信用によって資本市場から調達して貸し付ける資金をいう。一方で，民間資金は各地方公共団体が資本市場から調達する資金である。市場公募資金とは，広く投資家に購入を募る方法により調達する資金をいい，銀行等引受資金とは，金融機関等から，借入または引受により調達する資金をいう。地方債計画では，この資金需要側と供給側が均衡す

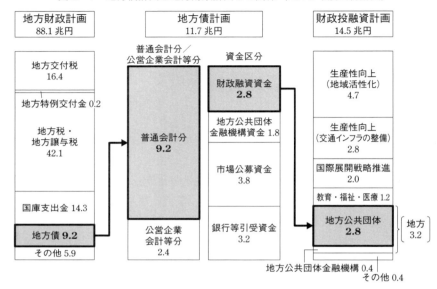

図2-1　地方債計画と地方財政計画との関係（2018 年度当初計画）

（出所）　財務省ウェブサイト「地方債制度の概要」2018 年 9 月 26 日閲覧。

るように，資金配分計画が立てられている。

1.3　地方債の現状

　近年の地方債の発行状況を確認すると，2016 年度決算における地方債収入額は 10.7 兆円であった。遡って 1980 年代の地方債の発行額は年間 5 兆円程度であったが，1990 年代に入ると，バブル崩壊後の景気対策として公共事業の拡大が図られたことなどにより，地方債が増発された。とくに，地方単独事業が公共事業拡大の主な政策手段とされたため，この財源を賄うための地方債の発行が増大して，発行額は 1995 年度には約 17 兆円に上った。その後の発行額は地方公共団体の財政健全化の取り組みに等より縮小し，2006 年度から 2008 年度の各年度における発行額は 10 兆円を下回り，その後は 11，12 兆円前後の水準にとどまっている。

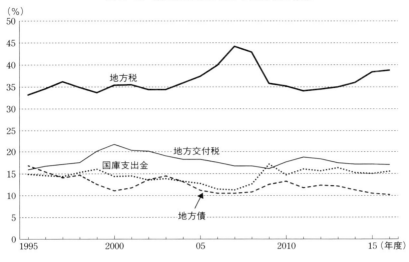

図2-2 歳入決算額に占める地方債の推移

（出所）『地方財政白書』各年版。

　図2-2で，地方歳入のうち，地方債発行による収入が占める割合（地方債依存度）の推移を確認すると，1995年度には16.8％と，地方交付税や国庫支出金の割合よりも大きかったものが，1996年度から2000年度までは低下傾向にあった。しかし，2001年度に臨時財政対策債の発行が開始されると，地方債の構成比は上昇している。臨時財政対策債は，それまで地方交付税の財源不足を交付税特別会計による借入で補っていた方式に代えて，各地方公共団体の交付必要額と実際の交付額の差額を地方債の発行で賄うものであることから，他方の地方交付税が歳入に占める割合の動きをみると，1996年度から2000年度まで上昇していたのが，2001年度から低下の傾向に転じていることがみてとれる。その後，臨時財政対策債の発行額や普通建設事業費の減少により，2004年度から地方債依存度は低下したが，2008年度以降，臨時財政対策債の増加等により再び拡大している。とくに，2010年度の地方債依存度は13.3％で，臨時財政対策債が歳入に占める割合も7.3％に上った。2011年度以降の依存度は緩やかに低下の傾向にあり，2016年度は10.2％であった。

図2-3 地方債現在高の目的別構成

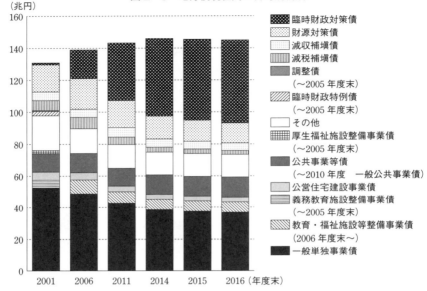

（注）1 地方債現在高は，特定資金公共投資事業債を除いた額である。
　　　2 財源対策債は，一般公共事業債または公共事業等債にかかる財源対策債等および他の事業債にかかる財源対策債の合計である。
　　　3 地方債現在高には満期一括償還地方債の元金償還に充てるための減債基金への積立額相当分は含まれていない。
（出所）『地方財政白書』各年版。

　また，地方債現在高は2016年度末時点で144.9兆円である[2]。上に述べたように，1990年代に地方債が増発されたことから，地方債現在高は1991年度末に58.7兆円であったものが，1996年度末には103.3兆円，2001年度末には130.8兆円と膨れ上がったが，2004年度末に140兆円台に達した後は，増減を繰り返しながらもおおむね安定的に推移している。

　図2-3は，地方債現在高の内訳を表したものである。2016年度末の地方債

2）　地方債現在高は，普通会計債に関する数値であり，地方公共団体のすべての債務を表したものではない。地方公共団体の普通会計が負担すべき借入金としては，ほかに，交付税及び譲与税配付金特別会計借入金の地方負担分や，公営企業において償還する企業債のうち普通会計がその償還を負担するものなどがある。

は，割合の大きい順に臨時財政対策債（地方債現在高の35.8％），一般単独事業債（25.3％）となっている。一般単独事業債は，普通建設事業のうち，国が事業費の一部の補助や負担をせず，地方公共団体が独自に行う事業に充てられる地方債であり，2001年度末では地方債現在高の40.1％と，最も大きな割合を占めていたが，普通建設事業費の減少に伴い，構成比も縮小していく。一方で，2001年度に発行が開始された臨時財政対策債の割合は，同年度末に0.9％であったものが，2006年度末には12.9％，2011年度末には25.2％と大きく拡大している。

　続いて構成比の大きいものに，普通建設事業のうち，国庫補助・交付金事業と国直轄事業の地方負担分に充てられる地方債である公共事業等債（2010年度以前は一般公共事業債）があるが，これは2001年度末から現在まで8〜9％の割合を占めている。また，財源対策債は，地方債の充当率を通常分に比べて引き上げることで発行され，元利償還金の大部分が地方交付税の基準財政需要額に算入されるものであるが，地方の財源不足に対する措置として多用されてきたことから，地方債現在高に占める割合も大きく，2006年度末には13.9％を，2016年度末においても8.6％を占めている。

2　地方債制度の見直しの流れ

2.1　許可制度から協議制度への移行

　地方公共団体の地方債発行に，戦後，暫定的な許可制度が設けられて以来，これが長い期間続くことになったが，2000年代に入ってから，地方公共団体の主体的・機動的な資金調達を推進するよう，制度面の改革が行われてきた。

　地方公共団体の起債に対しては，国の関与を限定的にとどめる方向に見直しが進んできている。地方公共団体の地方債発行は，2005年度までは許可制度のもとで運用され，国などの許可を得て地方債を発行するという仕組みであったが，2006年度に協議制度へ移行した。

　協議制度の導入は，1995年の地方分権推進法の制定から本格化した地方分

権化の流れに位置づけられる。地方分権推進法に基づいて，内閣総理大臣の諮問機関として地方分権推進委員会が設置され，この委員会での議論や答申をふまえて，1998 年 5 月に地方分権推進計画が閣議決定されると，1999 年 7 月には「地方分権の推進を図るための関係法律の整備等に関する法律」（平成 11 年法律第 87 号，地方分権一括法）が成立した。これにより，機関委任事務の廃止や地方公共団体に対する国の関与の見直しが実施されることになった。

　地方分権化に向けた議論のなかで，地方財政のあり方は重要な論点であり，地方分権推進委員会は 1997 年の第 2 次勧告において，「地方債許可制度については，地方公共団体の自主性をより高める観点に立って廃止し，地方債の円滑な発行の確保，地方財源の保障，地方財政の健全性の確保等を図る観点から，地方公共団体は国又は都道府県と事前協議を行うこととする」と述べている。これを受けて，1998 年の地方分権推進計画において，国庫補助負担金の整理合理化などとともに地方債許可制度の廃止の見直しが盛り込まれた。

　地方分権推進委員会の第 2 次勧告とこれを受けた地方分権推進計画のなかで，「少なくとも財政構造改革期間中においては，国及び地方の財政赤字の縮小のため財政健全化目標が設定され，地方公共団体の歳出の抑制が求められていることに鑑み，許可制度を維持することとする」と述べられたことから，協議制度の開始時期は 2006 年度とされ，導入の決定から実施まで数年を隔てた。

　地方分権一括法において，地方財政法と地方自治法の改正が行われ，また，協議の相手先やスケジュール等の協議手続き等の枠組み，許可団体への移行基準やその算定方法を定める地方財政法施行令の一部を改正する政令が 2006 年 2 月に公布されるなど，各種法令の施行や通知による諸準備を経て，2006 年度に許可制度が廃止され，地方債発行の手続きは協議制度に移行した。

　それまで許可制度を規定していた法律は，地方自治法であった。1947 年に施行された同法では，基本的には地方公共団体が自由に起債を行えることを建前としながらも，当分の間の措置として許可制度が定められていた。同法第 230 条第 1 項は，「普通地方公共団体は，別に法律で定める場合において，予算の定めるところにより，地方債を起こすことができる」と定め，地方公共団体の自由な起債を認めている。

　しかし同時に，同法の第 250 条は，「地方債を起こし並びに起債の方法，利

率及び償還の方法を変更しようとするときは，当分の間，政令の定めるところにより，自治大臣又は都道府県知事の許可を受けなければならない」と定めていた。このため，許可制度のもとでは地方債の発行は原則として禁止され，許可によって解除される仕組みであった。また，この許可制度は「当分の間」の措置であったため，法令上の手当が必ずしも十分でなく，閣議決定や実務上の必要に基づく慣行により運用されている面が多かった。地方分権一括法により，地方自治法第250条に定められていた従来の規定が削除されると，新たに導入される協議制度は地方財政法で規定されることになった。

　地方債の協議等に関する規定は，地方財政法第5条の3に定められている。地方公共団体が地方債を発行する場合には，都道府県・政令指定都市は総務大臣に，市町村・特別区等は都道府県知事に協議しなければならない。協議の対象は，地方債の起債の目的，限度額，起債の方法，資金，利率，償還の方法などの項目である。

　協議制度においては，地方債の発行自体には総務大臣または都道府県知事の同意は不要で，協議すれば起債が可能となるが，協議において同意を得る場合と得ない場合では財源措置や手続きに違いがある。まず，同意を得ずに地方債を発行する場合には，地方公共団体の長はあらかじめ議会に報告する必要がある。次に，同意を得た地方債についてのみ，財政融資資金などの公的資金を借り入れることができる。また，同意が得られた地方債についてのみ，元利償還金が地方財政計画に算入される。地方財政計画は，地方交付税法第7条に基づく「翌年度の地方団体の歳入歳出総額の見込額に関する書類」であり，国会に提出され，公表されるが，同意を得た地方債は，元利償還金が地方財政計画に算入されることで，マクロレベルで地方債の償還財源が確保される。一方で，同意を得ない地方債については，地方交付税制度を通じた財源措置は行われない。

　また，許可制度のもとでの地方債許可の運用は，毎年度，旧自治省と旧大蔵省の協議によって定められる地方債計画，地方債許可方針，地方債運用方針等に基づいて行われていたが，これらの文書は法定化されていなかった。協議制度への移行後は，地方債の同意等の審査において質的基準として機能する地方債同意等基準と，各年度の地方債発行額についての量的基準である地方債計画を総務省が作成し公表することが，地方財政法に規定された。

なお，地方分権推進委員会の第2次勧告のなかで，「元利償還費や決算収支の赤字が一定水準以上となった地方公共団体等については，当該地方公共団体の住民に対する基礎的行政サービスを確保するためのみでなく，地方債全体の信用を維持し，民間引受の地方債のリスク・ウェイトがゼロとされてきた現行の取扱いを維持していくためにも，地方債の発行自体を禁止することとし，特定の場合にはそれを例外的に解除する手法として許可制度を設けることとする」とされたことから，協議制度においても，地方債への関与の特例として，次の場合について引き続き許可制度が設けられた（地方財政法第5条の4）。

　第1は，赤字団体等で，①実質赤字額が一定水準以上の地方公共団体，②実質公債費比率が一定水準以上の地方公共団体，③地方債の元利償還金の支払を遅延している地方公共団体，④過去に支払を遅延した地方公共団体のうち将来において遅延するおそれのあるもの，⑤協議をせずまたは許可を受けずに地方債を発行した地方公共団体，⑥協議または許可にあたり不正な行為をした地方公共団体，⑦赤字が一定以上の公営企業を経営する地方公共団体，があげられている。これらの団体が地方債を発行する場合には，総務大臣または都道府県知事の許可を受けなければならないとした。

　第2は，標準税率未満の課税を行っている団体である。普通税の税率が標準税率未満の地方公共団体は，公共施設等の建設事業の経費の財源とする地方債を発行する場合に，総務大臣または都道府県知事の許可を受けなければならないとした[3]。

---

3)　許可制度のもとでは，普通税の税率が標準税率未満の地方公共団体は地方債の発行を許可されていなかった。これは，地方債を発行しようとする団体は，少なくとも標準的な水準までは税収を確保すべきとの考え方によるもので，深澤（2012）によると，当時の自治省はその理由として，①現在の住民が，過度な地方債発行を通じて将来の住民に税負担を転嫁するのは望ましくないこと，②地方税率を過度に引き下げた自治体の財政状況が悪化し，国がその地方の元利償還金を肩代わりしなければならないような事態が生じれば，他の地域の住民に税負担を転嫁する結果になるおそれがあること，をあげている。
　　協議制度への移行後は，標準税率未満の課税を行う団体は許可制度のもとにおかれることになったが，総務省は地方債同意等基準のなかで，そのような団体による地方債の発行については，地方公共団体の歳出は地方債以外の歳入をもってその財源としなければならないとする地方財政法第5条本文の趣旨をふまえ，標準税率未満の税率を設定していることに伴う世代間の負担の公平性に対する影響や，地方税収の確保の状況等を勘案して，起債を許可するかどうかの判断を行うと告示している。

このうち，②の実質公債費比率は，2005年度までの許可制度のもとで用いられていた起債制限比率に，厳格化，透明化の観点から一定の見直しを加えたものであるが，公債費による財政負担の度合いを客観的に示す指標として新しく導入され，その枠組みも地方財政法に定められた。具体的には，実質的な公債費に費やした一般財源の額が標準財政規模に占める割合を表している。

　従来の起債制限比率には，一般会計の債務だけを含み，地方公営企業などの一般会計以外の債務を含めた全体を反映しないという問題があった。実質公債費比率が起債制限比率と異なる点は，実質的な公債費を把握するために，公営企業の元利償還金への一般会計からの繰出を算入し，PFIや一部事務組合の公債費への負担金等の公債費類似経費を原則導入する点や，満期一括地方債の減債基金積立額を統一ルールにより算入し，積立不足額がある場合は反映するとした点などである。この実質公債費比率が18％以上の地方公共団体が地方債を発行する場合には，協議制度においても引き続き許可が必要となった。

　実質公債費比率が18％以上の地方公共団体は公債費負担適正化計画の策定を促されるが，このうち同比率が25％未満の団体は，この適正化計画の策定を前提に，一般的な許可基準により起債を許可されることとされた。また，地方債同意等基準のなかで，実質公債費比率が25％以上35％未満の団体は一般単独事業債等，35％以上の団体は一般公共事業（災害関連事業を除いた事業），教育・福祉施設等整備事業等にかかる地方債を起こすことができないとされた。

　①の一定以上の実質赤字額は，地方公共団体の標準財政規模の額に応じて段階的に設定され，基準額は都道府県，政令指定都市および標準財政規模500億円以上の市は標準財政規模の2.5％，標準財政規模200億円以上の市町村は標準財政規模の5％，標準財政規模50億円未満の市町村は標準財政規模の10％とされている。

　⑦の赤字が一定以上の公営企業は，繰越欠損金がある事業または営業収益に対する資金不足額の割合が10％を超える事業が許可対象とされている。

　それまで，地方債の発行が原則として禁止され，それを例外的に解除する手法として許可制度が設けられていたのに対し，協議制度の導入により，発行が原則として自由とされたのは，大幅な制度改正であったが，移行に伴って大きな混乱は起きず，市場の反応も比較的緩やかであった。その理由として，神

野・小西（2014，158～159頁）は，許可制度のもとでも，昭和50年代から手続きの簡素化などの弾力運用が徐々に拡大しており，協議制度が開始される前にも，地方財政法の改正趣旨を一部先取りするかたちで，2000年度から許可方針等の大幅な緩和の方向での見直しが開始され，実質的に協議制度を先取りした運用が行われたために，2006年度からの制度の切り替えは運用面では大きな変化とはならなかったと述べている。

　また，協議制度の導入以降現在に至るまで，総務省の同意を得ない，いわゆる不同意債の発行実績もないが，この理由について小西編著（2011）は，起債の充当率を引き上げるメニューが豊富であるので発行する必要がなく，「予算審議とは別に議会報告が求められる不同意債の発行は，さすがに敷居が高く，発行しづらいという心理も働いていると思われる」と述べている（166頁）。

　前述の許可制度の対象となる基準のうち，③の地方債の元利償還金の支払を遅延しているものについては，これまでに該当する地方公共団体はなく，①の実質赤字額が一定水準以上と②の実質公債費比率が一定水準以上についても，該当団体数は減少する傾向にある。実質赤字額が一定以上であることによる許可団体数は，2006年度は11団体であったが，年々減少し，2011年度には0団体となっている。また，実質公債費比率が18%以上であることによる許可団体数は，2006年度は416団体と，全団体の22.0%であったのが，2007年度に514団体（全団体の27.4%）に増加したが，その後は減少し，2011年度は175団体，2015年度は29団体であった。

2.2　届出制度の導入

　協議制度への移行後，制度が安定的に運営されてきたことなどもふまえて，国による地方公共団体への関与を縮減し，地方債の発行における地方公共団体の自主性・自立性をさらに高める観点から，2012年度より，一定の要件を満たす地方公共団体が民間資金債を発行しようとする場合には，原則として総務大臣または都道府県知事との協議を不要とし，事前の届出のみで地方債を発行することができる届出制度が導入された。

　民主党政権下で，地域のことは地域に住む住民が決める「地域主権」を早期

に確立するために地域主権戦略会議が設置され，地域主権改革の向こう2，3年の取り組みとしてまとめられた地域主権戦略大綱が，2010年6月に閣議決定された。これをふまえて基礎的自治体への権限移譲や，義務付け・枠付けの見直しと条例制定権の拡大を内容とする「地域の自主性及び自立性を高めるための改革の推進を図るための関係法律の整備に関する法律」（平成23年法律第105号，第2次一括法）が2011年8月に成立し，地方財政法の一部を改正することで，地方債協議制度が見直された。

　民間資金の借入において協議が不要となる地方公共団体を協議不要対象団体と呼ぶが，地方公共団体が協議不要対象団体とされるためには，実質公債費比率，実質赤字額，連結実質赤字比率，将来負担比率および協議不要基準額にかかる次の5つの基準を満たす必要がある。

①実質公債費比率が16％未満（2012年度は14％未満）であること。

②実質赤字額がゼロを超えないこと。

③連結実質赤字比率がゼロを超えないこと。

④将来負担比率が，都道府県および政令指定都市は300％以下，一般市区町村は200％以下であること。

⑤地方公共団体が起こす当該年度の地方債のうち，協議をした地方債，届出をした地方債および許可を得た地方債の合計額（臨時財政対策債等の総務省令で定める地方債のうち協議等をしたものの合計額を除く）が，協議不要基準額（標準財政規模および公営企業の事業の規模の合計額の当該年度前3年度平均の25％）以下であること。

ただし，協議不要対象団体であっても，資金の不足のある公営企業にかかる地方債を発行する場合は，協議を行う必要がある。

　上記5つの要件のうち，主要な指標は①の実質公債費比率である。総務省の地方債課長（当時）は，当時の実質公債費比率の全国平均が14％に近かったことから，これを下回る全国平均並の団体に段階的に届出制度の利用を認め，許可制度の基準となる18％と全国平均に近い14％の間をとった16％が，2013年度からの本則の基準とされたと述べている。また，許可団体に移行した団体の状況を調べると，実質公債費比率が16％未満の団体の数値が18％以上に急に悪化することは少ないと説明している[4]。

また，実質公債費比率以外の補完的な指標のうち，③の連結実質赤字比率と，④の将来負担比率は，次節で説明する「地方公共団体の財政の健全化に関する法律」（健全化法）で 2007 年に新しく規定された比率である。

　第 2 次一括法が国会審議された際，衆議院・参議院の両総務委員会で，地方債の発行にかかる事前届出制の導入にあたっては，「リスク・ウェイトを零とする現行の地方債の取扱いを堅持する」ことが附帯決議されていた。届出制度を利用可能な協議不要対象団体を財政状況が良好な団体に限ることで，それらの団体に対する国の関与をさらに薄めた一方で，実質公債費比率が 18％以上等の地方公共団体等に対しては，関与の特例としての許可制度を維持し，起債制度の緩和が地方債の信用力に影響を及ぼさないようにされた。

　協議不要対象団体が事前届出を選択できる対象の地方債は，民間資金債，つまり銀行等引受資金や市場公募資金にかかる地方債である。一方で，公的資金（財政融資資金，地方公共団体金融機構資金および国の予算等貸付金債）については，届出制度の対象とはされなかった。有限の公的資金について地方公共団体の資金調達能力，財政状況や財政運営の健全性等をふまえた適切な資金配分を行う必要があり，また，国が配分調整を行うことで，資金の融資手続の簡素化を図ることができる等がその理由である。

　また，届出された地方債のうち，協議を受けたならば同意をすると認められるものは，協議で同意を得た地方債と同様に，その元利償還金を地方財政計画に算入し，その予定額を地方債計画に計上することとしており，マクロレベルでの地方債の償還財源が確保される仕組みになっている。

　届出制度の導入による実務面でのメリットは，第 1 に，地方債発行タイミングの自由度の拡大があげられる。協議制度のもとでは，手続き上，起債計画書の提出などの協議の準備から同意まで 4，5 カ月を要していたが，地方公共団体は届出後，総務大臣や都道府県知事との協議や同意を待たずに地方債を発行することができるようになることから，事業の円滑な推進のために従来よりも発行時期を前倒しすることや，市場動向に応じて起債時期を選択し，機動的に

---

4)　2012 年 2 月 9 日に開催された，東京大学大学院経済学研究科・地方公共団体金融機構寄付講座（第 1 期）第 8 回フォーラムにおける報告での発言。地方公共団体金融機構寄付講座（2014）69 頁。

資金調達を行うことが可能となる。また，金利変動リスクを軽減するために，年度を通じた地方債の発行量の平準化も行いやすくなると考えられた。

第2に，届出制度の活用により事務手続きが簡略化された。協議制度のもとでは，地方公共団体と総務大臣等との間で，起債予定額の提出・同意等予定額の通知と，協議・同意の通知という2往復の手続きが必要であったが，届出制度を利用すると，届出の手続きのみで地方債を発行できることから，事務手続きの負担が軽減される。

届出制度の利用実績を確認すると，届出制度導入の翌年度（2013年度）について，協議不要対象団体数は，都道府県で33団体（全団体の70%），政令指定都市で19団体（95%），市区町村で1564団体（91%）であったが，そのうち届出を実施した団体数は，それぞれ22団体（協議不要対象団体の67%），14団体（74%），263団体（17%）であり，協議不要対象団体であっても，実際に届出を実施しているのは都道府県や政令指定都市が多く，市区町村の利用は比較的少ない。

都道府県，政令指定都市の届出制度の活用状況については，地方債協会が2012年8月に行ったアンケート調査の結果をまとめている（2013，43〜46頁）。調査時点で届出を済ませていた団体が，届出制度を活用した起債の発行時期を選択した理由として，「発行時期の市場環境が良好であったため」，「年度前半でスポット発行を積極的に行ったため」など，届出制度の導入により発行時期の自由度が高まり，市場動向に応じた起債運営が可能になったことをあげたと述べている。また，届出制度の活用を検討している団体が，地方債を発行する場合の発行時期を選択する理由として，「資金需要が高い時期を選定」，「発行計画に基づいた結果」との回答が多かったことから，従来通りの発行計画に基づく起債であっても，届出制度の利用で事務手続きの負担の軽減を図ろうとする団体が多いと述べている。

また，同アンケートでは，届出制度を利用して市場公募債を発行した団体にその理由を尋ねた回答として，「競合の少ない時期に公募による金利メリットを享受するため」，「投資家層を広げるため」などがあげられたとしているが，実際に図2-4で届出制度導入前の2011年度と2014年度の市場公募地方債の月別発行実績を確認すると，届出制度導入後は，とくに全国型市場公募地方債

図 2 - 4　市場公募地方債の月別発行実績の変化

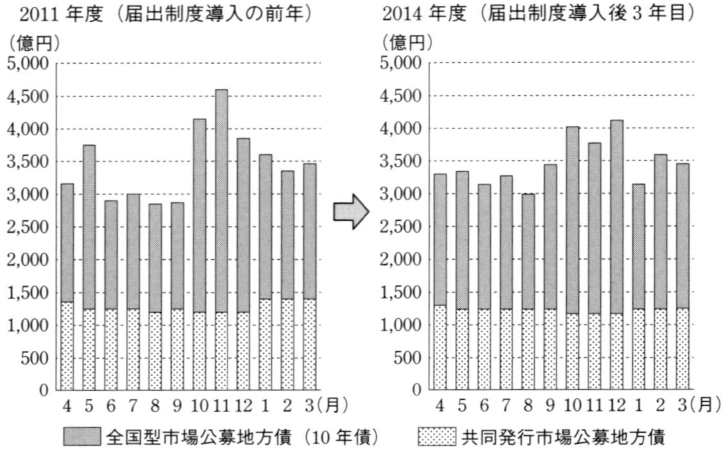

2011 年度（届出制度導入の前年）　2014 年度（届出制度導入後 3 年目）

全国型市場公募地方債（10 年債）　共同発行市場公募地方債

（出所）　地方債協会ウェブサイト「発行情報（条件等）」のデータより筆者作成。

について，年度を通じた発行時期の平準化が進んだことが確認できる。

　同様に，中核市および特例市の届出制度の活用状況についても，地方債協会
（2013）が，岐阜県各務原市が 2012 年 8 月に行ったアンケート調査の結果を引
用している。アンケート調査に回答のあった協議不要対象団体のうち，届出制
度を活用した，または予定している団体は，その理由として，「資金繰りの状
況を見ながら柔軟なタイミングで借入が可能なため」，「事務の簡素化が見込ま
れるため」などをあげた一方で，届出制度を活用しない団体は，「借入時期を
早める予定はなく，かつ起債事務手続きに届出制度を活用しても，公的資金分
は協議しなければならないなど，協議制度とほぼ同等の事務量があると見込ま
れるため」，「起債事務処理の手続きがかえって煩雑（資金区分によって協議と届
出が分離）となることが予想され，届出制度を採用するメリットが感じられな
いため」，「借入が確定するのが 1 月から 3 月なので，協議でも特に支障がない
ため」などの理由をあげたとしている（地方債協会 2013，46〜49 頁）。

　都道府県や政令指定都市と比較して市区町村の届出実施の割合が低いのは，
市区町村は借入先においても公的資金の占める割合が高いため，民間資金に限

れば届出制度の利用は従来の協議制度よりも実務上のメリットがあるものの，公的資金や民間資金の借入が混在するなかでは，従来の協議事務に届出事務が重なり，事務が繁雑化するおそれがあるからと考えられる。

　また，総務省の地方債課長（当時）は，市区町村で届出制度の利用が進んでいない理由として，「平準化メリットは，ある程度のロットを年に何回か出さないと出ませんから，もともと起債の絶対額が低いのに無理に分割をしたり，補助事業などの関係で，実際の資金需要が年度の後半なのに無理に年度の前半に借りたりする必要もないのだろうと思います」と述べて[5]，地方債の発行規模の小さい団体には届出制度を利用するメリットが乏しいことを指摘している。

2.3　協議不要基準の緩和

　届出制度の導入を定めた第2次一括法は，附則第123条に，届出制度の開始から3年経過した場合において，地方債発行に関する国の関与のあり方について抜本的な見直しを行い，その結果に基づいて必要な措置を講ずる検討規定を置いている。2014年11月に総務省に設置された「地方財政の健全化及び地方債制度の見直しに関する研究会」では，この附則第123条の規定を勘案し，地方財政の健全性の確保に留意しつつ，地方公共団体の自主性・自立性を高める観点と，地方債のリスク・ウェイトがゼロとされている取り扱いを維持し，金融市場における地方債全体に対する信用を維持するという観点から，地方債発行に関する国の関与のあり方について検討が行われた。

　この研究会の報告書の提言をふまえて，2016年度には地方債発行の協議不要基準が緩和されて，従来協議対象であった範囲が，原則として届出対象とされた。その背景として，報告書では，届出団体と協議団体との間でスプレッドが拡大したり，協議を受けたならば同意をすることとなると認められない地方債が発行されたりすることもなく，届出制度の導入後の地方債制度が安定的に運用されており，また，市場では協議不要基準は許可基準ほど信用力の観点か

---

5)　2015年2月20日に開催された，東京大学大学院経済学研究科・地方公共団体金融機構寄付講座（第2期）第6回フォーラムにおける報告での発言。地方公共団体金融機構寄付講座（2016）157頁。

ら強く意識されておらず，協議不要基準を緩和しても市場における信用が十分維持されると考えられることが説明されている。

　具体的には，前項で，届出制度を利用可能な協議不要対象団体の要件としてあげた5項目のうち，①の実質公債費比率について，旧協議対象の範囲をすべて届出対象とするよう，基準が16％未満から18％未満へと緩和された。

　また，④の将来負担比率についても，協議対象の範囲が原則としては届出対象化された。ただし，財政状況が悪化し，健全化法のもとで財政健全化計画の策定を義務付けられる早期健全化団体まで協議不要対象とすることは，地方債全体に対する信用維持の観点から問題がないとはいえないことから，早期健全化基準以上は，引き続き協議の対象とされた。このため，協議不要の基準は，都道府県および政令指定都市は400％未満，市区町村は350％未満に緩和された。

　一方で，⑤の協議不要基準額は廃止された。廃止をする理由について，上記の研究会報告書では，「協議不要基準については，届出制度導入により国等の関与が縮減されることによって，地方債発行が急増し，急激に財政状況が悪化する地方公共団体が発生する可能性を考慮し，地方債全体に対する信用維持の観点から，補完的に設けられたものである。しかしながら，同制度導入後，急激な財政悪化を招くような過度な地方債発行はなされておらず，また，市場関係者も，地方公共団体の財政状況については実質公債費比率等で十分チェックできること，議会や住民のチェックにより過度な地方債発行がなされる心配は低いと考えられること，万一過度な地方債発行をしようとすれば，スプレッドが拡大するなど，市場のチェックが適切に働くと考えられることなどから，同基準額を融資判断にほとんど活用していない状況にあるので，当該要件は廃止する」と述べられている。

　②の実質赤字比率と③の連結実質赤字比率の基準，また，資金の不足のある公営企業にかかる地方債は協議を必要とするという規定については，赤字や資金不足が発生している団体まで協議不要対象とするのは適当でないとの意見が市場関係者の大多数であるため，地方債の信用維持の観点から，基準の緩和は行われないこととされた。

　一方で，地方財政法第5条の4で定められた地方債の発行にかかる許可基準

図2-5 地方債協議制度・届出制度の概要

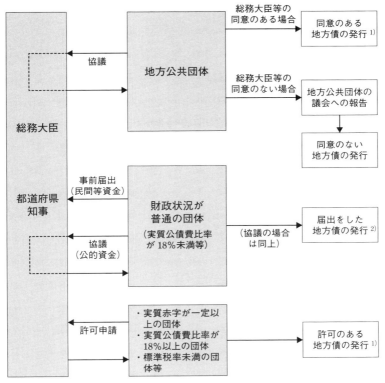

（注）1 総務大臣等の同意（許可）のある地方債に対し，公的資金の充当，元利償還金
　　　　の地方財政計画への算入。
　　　2 届出をした地方債（民間資金）のうち，協議を受けたならば同意をすると認め
　　　　られるものに対し，元利償還金の地方財政計画への算入。
（出所）総務省資料。

は，財政状況が悪化した場合に国の関与は重要であることや，地方債のリス
ク・ウェイトに影響を及ぼしうるため，変更しないこととされた。

　また，届出制度の対象は引き続き民間資金債が中心である。ただし，公的資
金債の一部である特別転貸債と国の予算等貸付金債については，他団体や他事
業と配分調整を行う必要がないことから，新たに届出制度の対象とされた。

　2016年度からの協議不要基準の緩和により，現行の地方債の協議制度と許

可制度，届出制度の関係は図 2-5 のように表される。また，これらの見直し
について，金融庁は「今回の見直し内容であれば，現行のバーゼル規制を前提
とすると，リスク・ウェイト・ゼロの取り扱いを変更することはない」として
いる（地方公共団体金融機構寄付講座 2016, 21頁）。

3 地方債の安全性を確保する仕組み

3.1 地方財政再建促進特別措置法の見直し

　前節でみたように，地方債の発行について協議制度を導入することで，国の
関与が縮減し，地方公共団体の自由度は拡大したが，並行して地方債の安全性
を確保するための仕組みも準備された。それが，2007年6月に制定された「地
方公共団体の財政の健全化に関する法律」（平成19年法律第94号，健全化法）で
ある。健全化法は，それまで地方公共団体の財政再建について規定をしていた，
「地方財政再建促進特別措置法」（昭和30年法律第195号，再建法）を50年ぶり
に全面的に改正したもので，地方公共団体の財政に関する新たな財政指標の整
備と公表の制度を設け，その指標に基づいて財政状況の悪化した地方公共団体
に早期の是正努力を促す仕組みが作られた。
　再建法の見直しの直接の契機は，小泉内閣の竹中総務大臣が設置した私的諮
問機関である地方分権21世紀ビジョン懇談会が，国と地方の責任分担をどう
定めるべきかという視点から再建法の見直しを提唱し，2006年7月に公表し
た報告書で，「再生型破綻法制」検討の早期着手，3年以内の整備を結論とし
たことであった。しかし，平嶋（2010）は，「それ以前から，地方分権推進委
員会第2次勧告で地方債許可制度の廃止と地方債協議制度への移行が勧告され
て以降，再建法制の見直しが必要と考えられていたこと，さらに研究会等で新
たな財政指標や再建法制の見直しの検討が行われていた事実は，認識されてお
いてよいことであろう」と述べ，第2次勧告後に総務省に設置された研究会や，
許可制度の廃止と協議制度への移行，そのための準備作業として行われた検討
が，健全化法のスキームに大きく寄与したと説明している（14頁）。

また，北海道夕張市の財政状況の悪化が深刻であることが 2006 年に明らか
になり，2007 年 3 月に，福岡県赤池町以来 15 年ぶりに準用財政再建団体に指
定された「夕張ショック」も，再建法の見直しを加速させた。財政状況が極端
に悪化しているにもかかわらず表面化していない団体が夕張市以外にもあるの
ではないかとも懸念されたことから，地方債制度に対する市場からの信頼を取
り戻すためには，地方公共団体の財政状況を十分に測る財政指標が必要とされ
た。

　健全化法が施行されるまでの地方公共団体に関する財政再建制度としては，
再建法が適用される，主として普通会計を対象とした地方公共団体の財政再建
制度と，1966 年に地方公営企業法に追加された地方公営企業の準用再建に関
する規定が適用される公営企業の財政再建制度が設けられていた。

　再建法に基づく財政再建には，本再建と準用再建，自主再建の 3 種類がある
が，再建法が 1954 年度の赤字団体の財政再建のための手続（本再建）を中心と
した特別措置法であったことから，1955 年度以降の赤字団体の財政再建は，
準用再建（本再建の規定の一部を準用して行う再建）と自主再建（自己努力による財
政再建）の 2 種類であった。地方公共団体が財政再建の対象となるかどうかを
決める指標は実質収支比率で，実質収支の赤字の比率が標準財政規模に占める
割合が，市町村は 20%，都道府県は 5%以上の団体が対象とされた。地方公共
団体は，準用再建を選択する場合には財政再建計画を策定し，総務大臣の承認
を得て，計画に基づいて財政再建をはかる。自主再建を選択する場合は，公共
施設の整備にかかる地方債の発行ができない等の起債制限が定められていた。

　地方分権 21 世紀ビジョン懇談会の報告書が，現行の再建制度が地方自治体
経営のゆがみと財政規律の緩みに対する是正機能を発揮していないと指摘し，
「経済財政運営と構造改革に関する基本方針 2006」においても「再建法制等も
適切に見直す」とされたことをふまえて，総務省は「新しい地方財政再生制度
研究会」を設置し，2006 年 12 月に報告書がまとめられた。研究会報告書では，
再建法における再建制度の課題について，次の 4 点があげられている。
①各団体において，常日頃から，早期是正・再生という観点を念頭に置いた
　わかりやすい財政情報の開示がなされていないこと。また，財政指標およ
　びその算定基礎の客観性・正確性等を担保する手段が十分でないこと。

②再建団体の基準しかなく，早期に是正を促していく機能がないこと。この
　ため，本来早期に財政の健全化に取り組むことにより対処すべきものが，
　事態が深刻化し，結果的に長期間にわたる再建に陥ってしまいかねないこ
　と。また，このことにより，最終的に住民に過大な負担を求めることにな
　りかねないこと。
③実質収支（赤字）比率（フロー指標）のみを再建団体の基準に使っているた
　め，たとえば実質公債費比率など他の指標が悪化した団体や，ストック・
　ベースの財政状況に課題がある団体が対象にならないこと。また，主とし
　て普通会計のみを対象とし，公営企業や，地方公社等との関係が考慮され
　ていないこと。
④再建を促進するための仕組みが限定的であること。
　この研究会報告書を受けて，健全化法の法制化作業が進められ，健全化法の
附則第3条により再建法は廃止された。健全化法は，健全化判断比率および資
金不足比率の公表等に関する規定の 2008 年 4 月からの施行と 2007 年度決算か
らの適用という一部施行を経て，2009 年 4 月から全面的に施行されている。

3.2　地方公共団体の財政の健全化に関する法律の枠組み

　再建法と比べたときの健全化法の大きな特徴は，第 1 に，地方公共団体の財
政状況を「健全段階」「財政の早期健全化」「財政の再生」の 3 つの段階に分類
し，財政の健全化のスキームとして，国が関与して計画的に財政の健全化を図
る「財政の再生」だけではなく，住民のチェック機能を働かせ，地方公共団体
に自主的な改善努力を促す「早期健全化」を合わせた 2 段階が導入されている
ことである。「財政の早期健全化」は，地方債協議制度における許可基準より
も財政悪化が進んでいるが，再生段階に至ることの防止に有効なレベルに設定
されている。
　第 2 に，地方公共団体の財政状況を判断するための 4 つの健全化判断比率を
定め，公表を義務付けていることである。この比率は，一般会計だけでなく，
特別会計，公営企業会計および土地開発公社や第三セクター等を対象に含めて
いる。また財政指標の正確性を期するため，健全化判断比率の公表に際しては，

その算定資料とともに監査委員の審議に付したうえで議会に報告することとされている。

　4つの健全化判断比率のうちのいずれかが，早期健全化基準以上の場合には，地方公共団体は財政健全化団体として，財政健全化計画を策定し，議会の議決を経て公表することが義務付けられている。また，計画の実施状況を毎年度議会や総務大臣または都道府県知事に報告することとされている。

　さらに，健全化判断比率のうち将来負担比率を除いた3つの指標のいずれかが財政再生基準以上の場合には，地方公共団体は財政再生団体として，財政再生計画を作成し，議会の議決を経ることが義務付けられている。また，財政再生計画について総務大臣に協議し，その同意を求めることができる。また，総務大臣は，財政運営が財政再生計画に適合しない場合や財政の再生が困難であると認められる場合には，予算の変更や財政再生計画の変更などを勧告することができる。

　旧制度との違いは，再建法では，財政再建計画の策定は地方公共団体の申出によるとされ，財政状況が一定水準よりも悪化した場合でも策定は義務付けられていなかったが，健全化法では「財政の再生」段階にある団体は財政再生計画の策定を義務付けられている。また，再建法では財政再建計画の策定は総務大臣の同意を得ることが要件とされていたが，健全化法では，総務大臣の同意は必ずしも計画策定の要件となっておらず，総務大臣の同意のない財政再生を行うことが可能になっている。ただし，総務大臣の同意を得ない財政再生計画に基づいて財政再生を行う場合には，災害復旧事業等を除き，地方債の起債ができず，逆に，総務大臣の同意が得られれば，収支不足額を再生振替特例債に振り替えて計画的に償還を進めることが認められている。

　財政健全化団体，財政再生団体に対する起債の許可基準については，地方債同意等基準において，財政健全化計画または財政再生計画の内容が適当なものであり，また，その実施が着実に行われている地方公共団体については，とくに制限する必要があるものを除き，同意基準と同様の内容の許可基準によって許可を行い，計画の内容に問題がある，または実施が着実に行われていない地方公共団体については，その内容に応じて，地方債の発行を制限するとされている。

地方公共団体の財政状況を判断するための健全化判断比率は，①実質赤字比率，②連結実質赤字比率，③実質公債費比率，④将来負担比率の4つである。このうち，①と②が資金不足を示す指標，③が実質的な債務の重さを償還のフロー・ベースで示す指標，④が実質的な将来の債務の重さをストック・ベースで示す指標である。早期健全化基準は，4つの指標のすべてについて，また，財政再生基準は①から③の3つの指標について定められている。

　①の実質赤字比率は，一般会計の実質赤字の標準財政規模に対する比率で，一般会計の資金不足を示す。再建法で財政再建の基準とされていたものであるが，地方公共団体の財政の主要な部分を範囲とする基幹的な指標であることから，健全化法においても第1の指標として引き継がれた。

　実質赤字比率にかかる財政再生基準は，財政規律を確保するうえで事実上の規範として定着していた再建法の起債制限の基準を用いて，市町村は20％，都道府県は5％とされ，また，早期健全化基準は，地方債協議制度における許可制度移行基準と財政再生基準の中間の値をとり，市町村は財政規模に応じて11.25〜15％，都道府県は3.75％とされた。

　②の連結実質赤字比率は，全会計を対象とした実質赤字の標準財政規模に対する比率で，公営企業会計や国民健康保険等の特別会計を連結して，地方公共団体全体としての財政運営の深刻度を示す。地方公共団体の会計のなかには，実質赤字比率では捉え切れていなかった会計もあることから，健全化法で新たな指標として導入された。

　早期健全化基準は，実質赤字比率の早期健全化基準に，公営企業会計等における経営健全化の状況等をふまえて5％ポイントを加算し，市町村は財政規模に応じて16.25〜20％，都道府県は8.75％とされた。また，財政再生基準は，実質赤字比率の財政再生基準に10％ポイント加算し，市町村は30％，都道府県は15％とされた。なお，連結実質赤字比率は健全化法で新しく導入された指標であることから，財政再生基準については，2009年度〜2011年度の3年間は経過的な基準（10％ポイント〜5％ポイントの引き上げ）が設けられた。

　③の実質公債費比率は，一般会計等が負担する元利償還金および準元利償還金の標準財政規模（補正値）に対する3カ年平均の比率で，借入金の返済額とこれに準じる負担額の大きさを指標化し，資金繰りの危険度を示す。2006年

度からの地方債協議制度の開始の際に導入され，許可団体への移行基準，起債制限の基準として地方財政法に定められている指標であり，財政運営において実質的な公債費が重要であることから，健全化判断比率にも用いられることになった。また，政令指定都市等地方公共団体の要望をふまえて，実質公債費比率の算定上，都市計画税を特定財源として考慮する措置が講じられた。

早期健全化基準については，市町村・都道府県ともに，地方債協議制度において一般単独事業の許可が制限される基準の25％とされた。また，財政再生基準は，市町村・都道府県ともに，地方債協議制度において，一般公共事業等の許可が制限される基準の35％とされた。同時に，財政健全化計画の内容が地方公共団体の自主性にゆだねられていることもふまえて，地方債同意等基準における実質公債費比率25％，35％以上の団体に対する事業区分に応じた起債制限措置は撤廃された。

④の将来負担比率は，一般会計等が将来負担すべき実質的な負債の標準財政規模（補正値）に対する比率で，地方公共団体の一般会計の借入金や将来支払っていく可能性のある負担等の現時点での残高の程度を指標化し，将来財政を圧迫する可能性が高いかどうかを示す。これは，中長期的な財政の健全性の確保を目的に，健全化法で新たに導入されたストック指標である。地方公共団体が債務を実質的に負担する可能性のある範囲を算定対象とすることから，対象は広く，すべての会計と一部事務組合・広域連合，土地開発公社，住宅供給公社および第三セクター等の債務保証，損失補償契約による負債やそれに準じるものから，地方交付税でカバーされる部分を除いて算出される。

早期健全化基準については，実質公債費比率の早期健全化基準に相当する将来負担額の水準と平均的な地方債の償還年数を勘案し，市町村は350％，都道府県および政令市は400％とされた。一方で，財政再生基準は設けられていない。財政再生基準に将来負担比率を用いない理由について，「新しい地方財政再生制度研究会」報告書では，「ストック指標は，将来のフロー悪化の可能性を捉えているものの，それ自体では直ちに財政悪化が切迫した状況とは必ずしも言えないことから，当面再生段階の基準としてはフロー指標のみを用いる方向で検討すべきである」と述べられている。

また，健全化法では，公営企業についても会計単位での経営健全化の仕組み

が導入された。公営企業を経営する地方公共団体は，企業会計ごとに資金不足比率を監査委員の審査に付したうえで議会に報告し，公表しなければならず，この比率が経営健全化基準以上に悪化した場合には，経営健全化計画の策定が義務付けられる。

　経営健全化基準の指標となる資金不足比率は，公営企業の資金不足を，公営企業の事業規模と比較して指標化し，経営状況の深刻度を示すもので，公営企業ごとの資金の不足額の事業の規模に対する比率である。経営健全化基準は，地方債協議制度における許可制度移行基準の2倍である20％とされた。ただし，健全化法に基づく資金不足額と，協議制度における許可制度移行基準の資金不足額では，その内容が若干異なっている。

　健全化法の施行によって，地方公共団体は財政の実態を適切に把握し，財政状況を全体として分析して，財政の健全化に取り組むことが期待されたが，実際に財政健全化団体等の数の推移を確認すると，健全化法が本格的に導入された2008年度決算に基づく指標では，健全化判断比率が早期健全化基準以上の団体は22団体にのぼっていたものが，翌年度決算では14団体，2010年度決算では7団体，2011年度決算では3団体と減少し，直近では2016年度決算では1団体のみとなっている。このうち財政再生基準以上の団体は健全化の施行以来，夕張市のみである。つまり，地方公共団体の大部分は「健全段階」に属しており，健全化法により財政の健全化や財政再生への取り組みを強制させられるような，例外的に財政状況が悪化した団体は当初から少なかったものが，さらに減少している。

　また，これまで早期健全化団体となった団体は，多くが実質公債費比率によるものであった。2008年度決算については，実質赤字比率によるものが2団体，実質公債費比率によるものが20団体，将来負担比率によるものが3団体で，ほとんどが実質公債費比率の面で早期健全化基準以上と判断されている。実質公債費比率が，地方債協議制度だけではなく健全化法に基づく健全化判断比率に用いられることで，地方公共団体の財政運営上，重視されるようになってからは，地方公共団体全体としても比率が低下して，債務の面で財政の健全性が高まる傾向がみられる。2008年度決算での団体別の実質公債費比率の平均は，都道府県が12.8％，市町村合計が11.8％であったが，2016年度決算での値は

それぞれ 11.9％と 6.9％である。なお，将来負担比率についても同様の傾向が
みられ，2008 年度決算での団体別の将来負担比率の平均は，都道府県が 219.3
％，市町村合計が 100.9％であったのが，2016 年度決算ではそれぞれ 173.4％
と 34.5％まで低下している。

　また，経営健全化基準に達する公営企業は，2008 年度決算では 7345 会計中
61 会計あり，事業別の内訳をみると，宅地造成事業が 12 会計，観光施設事業
が 12 会計と最も多く，続いて病院事業 10 会計，交通事業 10 会計，下水道事
業 6 会計等であった。この経営健全化基準に達する公営企業数も年々減少し，
2016 年度決算では 6688 会計中 9 会計となっている。

お わ り に

　本章では，日本の地方債制度の概要を示した後，2000 年代の地方債に関す
る制度改革を取り上げ，地方債の発行については国の関与を限定的にとどめ，
地方公共団体の自由度を拡大する方向に見直しが進んできたことをみてきた。
一方で，償還財源を確保し，地方債の安全性を守る仕組みも整えられており，
地方財政制度のなかで，地方財政計画を通して地方債の元利償還に要する財源
が確保されているほか，早期是正措置としての起債許可制度は維持され，さら
に，健全化法の施行により，地方公共団体の財政に関する指標の整備と情報開
示の徹底が行われ，自主的な改善努力による財政健全化が促されるとともに，
財政が悪化した地方公共団体については国の関与による確実な再生が行われる
仕組みが作られたことが確認された。実際に，健全化法の施行後の地方公共団
体の財政状況をみると，財政の健全性が高まる傾向がみられている。

参考文献
石川達哉（2016）「地方債の発行と償還――統計の裏にある真実を探る」『ニッセイ基礎研
　　究所・ニッセイ基礎研レポート』2016-12-30 号
小西砂千夫編著（2011）『市場と向き合う地方債――自由化と財政秩序維持のバランス』
　　有斐閣
神野直彦・小西砂千夫（2014）『日本の地方財政』有斐閣

田中信孝（2003）「地方債とその多様化」林健久編『地方財政読本（第5版）』東洋経済新報社

地方公共団体金融機構寄付講座（2014）「地方債市場の現状と展望」東京大学大学院経済学研究科・経済学部，地方公共団体金融機構寄付講座（第1期）研究報告書，2014年10月

地方公共団体金融機構寄付講座（2016）「自治体資金調達の新地平」東京大学大学院経済学研究科・経済学部，地方公共団体金融機構寄付講座（第2期）研究報告書，2016年3月

地方債協会（2013）「民間資金調達手法の多様化と今後の発展に向けて──地方債届出制の導入も踏まえて」平成24年度「地方債に関する調査研究委員会」報告書

平嶋彰英（2010）「地方公共団体財政健全化法成立から三年を経て──制度設計を振り返り，影響を検証する」『地方財政』第49巻第7号，10〜39頁

深澤映司（2012）「地方税の標準税率と地方自治体の課税自主権」『レファレンス』4月号，39〜53頁

（橋都由加子）

第 3 章 地方債の市場化と多様化[*]

は じ め に

　本章の目的は，2000 年代以降における地方債が，市場化し，かつ多様化していった経緯を追うとともに，その現状と課題について論点を提示することである。2000 年代以降，地方債の引受資金において，それまで多くを引き受けてきた政府資金の割合が低下し，その代わりに民間資金の割合が上昇していった。そしてその過程で，地方債の条件決定に市場原理をより反映させる改革が行われるとともに，それまでにはなかった新たなタイプの地方債が登場することとなった。このように，2000 年代以降における地方債の変化は「市場化」と「多様化」という 2 つのキーワードで特徴づけることができるのである。

　なお，一般的に地方債といった場合，政府資金引受によるものも含まれるが，本章では上記のように，地方債の市場化と多様化という点について論じるため，民間資金引受による地方債，すなわち市場公募地方債と銀行等引受地方債のみを取り上げることとする。

　本章は以下のように構成される。まず第 1 節では，2000 年代以降における地方債の引受資金の変化を確認した後，地方債の条件決定に市場原理をより反

---

　[*]　本章の執筆にあたり，青木世一氏（一般財団法人地方債協会上席研究員）より貴重なコメントをいただいた。記して感謝申し上げたい。

映させる改革が行われたことと，実際に地方債市場に生じた変化についてみていく。続く第2節では，市場公募地方債の現状と課題について論点を提示する。具体的には，市場公募地方債は従来から発行されている個別発行市場公募地方債と，2000年代に新たに登場した共同発行市場公募地方債および住民参加型市場公募地方債から構成されるので，それらについてみていくこととする。最後に第3節では，市場公募地方債の割合が上昇する2000年代以前において，民間資金引受による地方債の大部分を占めていた銀行等引受地方債の現状と課題について，論点を提示する。

1　地方債の市場化と多様化

1.1　民間資金引受と市場公募地方債の拡大

　はじめに，地方債の引受資金の構成が2000年代以降にどのように変化したのかについてみていくこととする。表3−1は，1965年度から2017年度，すなわち高度成長期から現在までにおける，資金別の地方債計画の推移を示したものである。まず政府資金の推移に注目すると，1970年度まで，すなわち高度成長期においては約6割もの地方債を引き受けていたが，その後その割合は低下し，一時的に6割近くにまで再び上昇することもあったものの，2007年度には26.2％にまで低下している。2008年度以降は財政融資資金と名を変えるが，その割合は近年に至るまで，ほぼ2割台後半で推移している。

　ちなみに，政府資金による地方債の引受割合のこのような低下の背景には，2001年度に実施された財政投融資改革（財投改革）がある。すなわち，上記の政府資金の大部分は，郵便貯金等を原資とする「財政投融資資金」であったが，財投改革をめぐる議論において「地方公共団体の財政運営の自律性を高める観点から，地方公共団体の資金調達に占める財政投融資資金の比率を引き下げ，民間金融市場からの自主的な資金調達を促すことが適当である」といったことが主張され（小西編著 2011，184頁），その結果，政府資金による地方債の引受割合の低下と，民間資金による引受割合の上昇がもたらされることとなったので

ある。

　政府資金とともに「公的資金」をなす公庫資金，すなわち公営企業金融公庫
による引受割合は，2007年度までほぼ1割台で推移している。2008年度には，
同年に設立された地方公営企業等金融機構とあわせて10.7％を占め，さらに地
方公営企業等金融機構が公営企業金融公庫の資産・債務を継承し，2009年に
改組されて発足した地方公共団体金融機構の引受割合は，2009年度の12.9％
から，2012年度と2015年度には15.9％に上昇している。

　このように，財政融資資金と地方公共団体金融機構資金を合計した公的資金
の引受割合は，2009年度以降は4割台で推移しているが，2003年度までは財
政融資資金の前身である政府資金だけで4割以上を引き受けていたことを考え
れば，その割合はかつてと比べて明らかに低下しているといえる。

　一方，公的資金にかわって地方債の引受割合を上昇させているのが民間等資
金である。民間等資金は，地方公共団体が市場において金融機関や投資家等か
ら調達するものであるが，表3-1に示されているように，わずかな例外であ
る外貨資金を除き，市場公募資金と銀行等引受資金から構成されている。後に
くわしくみていくこととなるが，市場公募資金とは，起債市場において公募さ
れる地方債によって調達される資金であり，銀行等引受資金とは，地方公共団
体が金融機関や各種共済組合等から調達する資金である（地方債協会 2017，注
釈4頁）。

　民間等資金の引受割合は，1990年代初めまでは，4割台に達する年度もあっ
たもののほぼ3割未満，2003年度まででも5割未満で推移してきたが，翌年
度以降はほぼ5割台後半以上で推移し，2005～2008年度には6割を超えている。
さらにその内訳についてみてみると，2010年度までは銀行等引受資金の割合
が市場公募資金の割合を常に上回っていたが，翌年度以降は後者が前者を上回
って推移している。これより，2000年代における民間等資金による地方債の
引受割合の上昇が，主として市場公募地方債の割合の上昇によってもたらされ
たことが明らかであろう。

表 3-1　地方債計画

年度	総額		政府資金		特定資金		公庫資金	
1965	546	100.0	338	61.9	–	–	55	10.1
1970	926	100.0	557	60.1	–	–	103	11.1
1975	4,216	100.0	2,080	49.3	–	–	272	6.4
1980	7,068	100.0	3,116	44.1	–	–	1,143	16.2
1985	6,635	100.0	3,798	57.2	–	–	1,122	16.9
1990	8,974	100.0	4,319	48.1	1,079	12.0	1,028	11.5
1995	21,065	100.0	9,830	46.7	–	–	2,220	10.5
2000	17,320	100.0	8,180	47.2	–	–	2,065	11.9
2001	17,951	100.0	8,110	45.2	–	–	1,960	10.9
2002	17,934	100.0	7,600	42.4	–	–	1,900	10.6
2003	18,485	100.0	7,690	41.6	–	–	1,780	9.6
2004	17,976	100.0	5,850	32.5	–	–	1,614	9.0
2005	15,864	100.0	4,720	29.8	–	–	1,533	9.7
2006	13,947	100.0	3,850	27.6	–	–	1,406	10.1
2007	12,511	100.0	3,280	26.2	–	–	1,350	10.8

年度	総額		公的資金		財政融資資金		公営企業金融公庫資金	
2008	12,478	100.0	4,573	36.6	3,240	26.0	210	1.7

年度	総額		公的資金		財政融資資金		地方公共団体金融機構資金	
2009	14,584	100.0	6,147	42.1	4,264	29.2	1,883	12.9
2010	16,379	100.0	6,758	41.3	4,549	27.8	2,209	13.5
2011	14,914	100.0	6,804	45.6	4,641	31.1	2,163	14.5
2012	15,385	100.0	6,913	44.9	4,474	29.1	2,440	15.9
2013	14,783	100.0	6,547	44.3	4,258	28.8	2,289	15.5
2014	13,408	100.0	5,769	43.0	3,662	27.3	2,107	15.7
2015	12,729	100.0	5,548	43.6	3,525	27.7	2,023	15.9
2016	12,975	100.0	5,607	43.2	3,644	28.1	1,962	15.1
2017	11,645	100.0	4,680	40.2	2,868	24.6	1,812	15.6

（注）　1　2012 年度以降は通常収支分，東日本大震災復旧・復興事業，緊急防災・減災事業（2012
　　　　2　2016 年度までは最終計画，2017 年度は当初計画。
（出所）　地方債協会（2017）11～13 頁を一部修正。

1.2　統一条件交渉方式から個別条件交渉方式へ

　日本の地方債は長らく，基本的に民間の金融市場から切り離されるかたちで
運営が行われてきた。その典型が，いまみた政府資金中心の引受・保有構造と，
本項でみる市場公募地方債の統一条件交渉方式である。しかし，こうした運営

の推移（資金別）

（単位：10億円，％）

民間等資金		市場公募資金		外貨資金		銀行等引受資金	
153	28.1	47	8.6	10	1.8	96	17.6
267	28.8	62	6.7	–	–	205	22.1
1,865	44.2	260	6.2	–	–	1,605	38.1
2,808	39.7	725	10.3	–	–	2,083	29.5
1,715	25.9	660	9.9	–	–	1,055	15.9
2,548	28.4	700	7.8	–	–	1,848	20.6
9,015	42.8	1,488	7.1	–	–	7,527	35.7
7,075	40.8	1,700	9.8	–	–	5,375	31.0
7,881	43.9	1,690	9.4	10	0.1	6,181	34.4
8,434	47.0	1,940	10.8	10	0.1	6,494	36.2
9,015	48.8	2,400	13.0	–	–	6,615	35.8
10,512	58.5	3,160	17.6	–	–	7,352	40.9
9,611	60.6	3,300	20.8	–	–	6,311	39.8
8,691	62.3	3,500	25.1	–	–	5,191	37.2
7,881	63.0	3,400	27.2	–	–	4,481	35.8

地方公営企業等金融機構資金		民間等資金		市場公募資金		銀行等引受資金	
1,123	9.0	7,905	63.4	3,400	27.2	4,505	36.1

民間等資金		市場公募資金		銀行等引受資金	
8,437	57.9	3,670	25.2	4,767	32.7
9,621	58.7	4,300	26.3	5,321	32.5
8,110	54.4	4,200	28.2	3,910	26.2
8,472	55.1	4,440	28.9	4,032	26.2
8,236	55.7	4,440	30.0	3,796	25.7
7,639	57.0	4,260	31.8	3,379	25.2
7,182	56.4	4,000	31.4	3,182	25.0
7,368	56.8	3,690	28.4	3,678	28.3
6,965	59.8	3,820	32.8	3,145	27.0

年度），全国防災事業（2013～2016 年度）の合計値。

のあり方は 2000 年代に入ってから徐々に改革されることとなった。

　統一条件交渉方式とは，市場公募地方債の発行条件を，幹事役の金融機関と地方公共団体の代表である総務省が交渉して決定するというものである。その結果，すべての地方公共団体の市場公募地方債は同一条件で発行されてきた（小西編著 2011，8 頁）。同時に，第 2 章で述べられているように，日本では長

らく，地方自治体が地方債を発行するにあたっては国の許可を得なければならないという起債許可制度が続いてきたが，統一条件交渉方式は起債許可制度と並び，地方債発行時に国が関与する制度であった。

統一条件交渉方式は，地方公共団体の信用力は国と同じで，団体間で差はないという総務省の考えに基づいて行われてきたものであるが，たとえば2001年7月の報道によれば，流通市場ではすでに，人気や発行量による流動性の差，一部の地方公共団体の財政悪化に対する懸念により，市場公募地方債の利回りに格差が発生していた。さらに，この方式のもとでは引き受けた途端に含み損を抱える銘柄もあり，証券会社などには不満の声があった[1]。

そこで2002年4月に，市場公募地方債を東京都とその他の地方公共団体に分けて発行条件の交渉を行う「2テーブル方式」が導入された。東京都債が別格となった理由として，発行額が多く，市場での人気が高いことに加えて，東京都がかねてより，他の地方公共団体と同一の条件で発行させられることに不満を表明していたことがあった[2]。しかし，2テーブル方式はあくまでも統一条件交渉方式を前提としており，総務省が事前調整を行うという点は従来と変わらなかった（地方債協会 2007，7頁；小西編著 2011，169頁）。

その後，2004年4月には東京都と横浜市が，独自に条件交渉を行う「個別条件交渉方式」に移行したが，その他の地方公共団体は引き続き統一条件交渉方式を採用し続けた。2006年4月には神奈川県と名古屋市が個別条件交渉方式に移行し，翌月には統一条件交渉方式の見直しが行われ，発行条件の交渉窓口をそれまでの総務省から市場公募地方債を発行する地方公共団体とする「合同条件交渉方式」へと移行した。さらに同年9月には，市場公募地方債を発行するすべての地方公共団体が個別条件交渉方式に移行することとなった（地方債協会 2007，7頁）。図3−1は，以上の推移を示したものである。

それでは実際に，統一条件交渉方式から個別条件交渉方式への移行は，市場公募地方債の発行条件にどのような影響を与えたのであろうか。表3−2は，2000年1月から2006年12月における，市場公募地方債（新発債）の応募者利

---

1) 『日本経済新聞』2001年7月8日朝刊。
2) 『日本経済新聞』2002年5月27日朝刊。

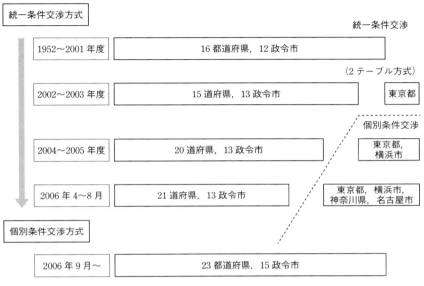

図3-1 市場公募地方債の発行条件決定方式の変遷

統一条件交渉方式

統一条件交渉

| 1952〜2001 年度 | 16 都道府県，12 政令市 | |

（2 テーブル方式）

| 2002〜2003 年度 | 15 道府県，13 政令市 | 東京都 |

個別条件交渉

| 2004〜2005 年度 | 20 道府県，13 政令市 | 東京都，横浜市 |

| 2006 年 4〜8 月 | 21 道府県，13 政令市 | 東京都，横浜市，神奈川県，名古屋市 |

個別条件交渉方式

| 2006 年 9 月〜 | 23 都道府県，15 政令市 | |

（出所） 地方債協会（2010）80 頁。

回りの推移を示したものである。同表に示されているように，2002年3月まで，すなわち2001年度まで，すべての地方公共団体の地方債は各月同一の応募者利回りで発行されているが，2テーブル方式が導入された2002年4月に発行された東京都債の応募者利回りは1.501％と，同月における「その他」の地方公共団体の1.534％を下回る水準となっている。その後，同年8月まで，東京都以外の地方債が各月同一の応募者利回りで発行されているのに対して，東京都債はそれを下回る水準で発行されている。しかし，翌月以降は2004年3月まで，東京都債を含めたすべての地方債が同一の応募者利回りで発行されている。

　先にみたように，2004年4月には東京都と横浜市が個別条件交渉方式に移行するが，実際に同年11月に発行された横浜市債の応募者利回りは1.488％と，同月の東京都債の1.536％を下回る水準となっている。さらにその後，2006年4月には神奈川県と名古屋市も個別条件交渉方式に移行するが，同年5月に発

表 3-2 市場公募地方債(新発 10 年債)応募者利回りの推移(2000 年 1 月～06 年 12 月)

(単位：%)

		1 月	2 月	3 月	4 月	5 月	6 月	7 月	8 月	9 月	10 月	11 月	12 月
2000年	東京都	1.822	1.787	1.988	1.900	1.888	1.822	1.800	1.877	1.900	2.043	1.988	1.822
	横浜市		1.787		1.900		1.822		1.877		2.043		1.822
	神奈川県				1.900			1.800		1.877		1.988	
	名古屋市			1.988		1.888			1.877				
	その他	1.822	1.787	1.988	1.900	1.888	1.822	1.800	1.877	1.900	2.043	1.988	1.822
2001年	東京都	1.743	1.622	1.540	1.497	1.432	1.400	1.328	1.529	1.400	1.525	1.472	1.411
	横浜市		1.622		1.497		1.400		1.529		1.525		1.411
	神奈川県				1.497			1.328					
	名古屋市			1.540		1.432					1.525		
	その他	1.743	1.622	1.540	1.497	1.432	1.400	1.328	1.529	1.400	1.525	1.472	1.411
2002年	東京都	1.421	1.511	1.586	1.501	1.518	1.475	1.392	1.360	1.317	1.306	1.138	1.154
	横浜市						1.482			1.317			1.154
	神奈川県					1.551		1.398				1.138	
	名古屋市			1.586		1.551					1.306		
	その他	1.421	1.511	1.586	1.534	1.551		1.398	1.366	1.317	1.306	1.138	1.154
2003年	東京都	0.974	0.985	0.803	0.709	0.640	0.545	1.142	0.969	1.679	1.492	1.595	1.554
	横浜市		0.985			0.640			0.969				1.554
	神奈川県	0.974				0.640		1.142		1.679		1.595	
	名古屋市			0.803		0.640							
	その他	0.974	0.985	0.803	0.709	0.640	0.545	1.142	0.969	1.679	1.492	1.595	1.554
2004年	東京都	1.448	1.382		1.588	1.521	1.822	1.836	1.836	1.565	1.515	1.536	1.418
	横浜市		1.382									1.488	
	神奈川県	1.448			1.593			1.841	1.841	1.587	1.635		
	名古屋市			1.419				1.841	1.841				
	その他	1.448	1.382	1.419	1.593	1.600	1.623	1.841	1.841	1.587	1.635	1.575	1.498
2005年	東京都	1.407	1.458	1.536	1.359	1.373	1.289	1.311	1.500	1.411	1.600	1.526	1.591
	横浜市		1.401			1.374			1.340			1.607	
	神奈川県	1.463		1.581	1.429		1.323		1.446		1.612		1.529
	名古屋市			1.581				1.311		1.406			
	その他	1.463	1.397	1.581	1.429	1.374	1.323	1.311	1.446	1.406	1.612	1.635	1.529
2006年	東京都	1.459	1.636	1.739	2.002	1.972	1.868	2.005	2.040	1.811	1.905	1.831	1.791
	横浜市		1.541				1.920			1.831			1.871
	神奈川県		1.617	1.700		1.948		1.948		1.977		1.952	1.775
	名古屋市			1.700			1.900			1.827			1.811
	その他	1.517	1.617	1.700	1.895	2.018	2.012	2.124	2.106	1.949	1.929	1.945	1.839

(注) 「その他」は，東京都，横浜市，神奈川県，名古屋市以外の地方公共団体の発行額による加重平均値。

(出所) 『地方債月報』各月版より筆者作成。

行された神奈川県債の応募者利回りは 1.948％と，同月の東京都債の 1.972％を下回り，また，翌月に発行された名古屋市債の応募者利回りは 1.900％と，同月の横浜市債の 1.920％を下回っている [3]。そして同年 9 月には，市場公募地

方債を発行するすべての地方公共団体が個別条件交渉方式に移行するが，同月および同年 12 月に発行された東京都，横浜市，神奈川県，名古屋市および「その他」の市場公募地方債の応募者利回りはすべて異なっている。以上のように，統一条件交渉方式から個別条件交渉方式への移行はたしかに，市場公募地方債の発行条件を地方公共団体ごとに異ならしめることとなったのである。

　なお，第 2 章で述べられているように，2006 年 4 月には地方債許可制度が協議制度へ移行しているが，これは同年 9 月における個別条件交渉方式への全面的な移行の背景となった。さらに，個別条件交渉方式への全面的な移行の背景には，統一条件交渉方式は公正な取引に適わないという，竹中平蔵総務大臣（当時）の意向もあった（小西編著 2011，168 頁）。

1.3　発行年限の多様化

　2000 年代には発行年限の多様化も進むこととなった。表 3-3 は，全国型市場公募地方債（後述）の年限別発行団体数および発行額の，2005 年度以降における推移を示したものである。ここに示されているように，5 年債，10 年債，20 年債，30 年債は毎年度発行され，15 年債も 2007～2009 年度を除いて毎年度発行されている。しかし，これらに加えて，統一条件交渉方式個別条件交渉方式に全面的に移行した 2006 年度には 7 年債，2008 年度には 3 年債，2009 年度には 2 年債，2012 年度には 6 年債と 12 年債，2014 年度には 18 年債，2016 年度には 25 年債と，多様な年限の全国型市場公募地方債が発行されている。

　第 4 章で述べられるように，地方債の発行年限の多様化は，引受側である金融機関によっても重視されている。すなわち，2000 年代に地方公共団体は，発行年限の多様化という市場の側のニーズに応えることで効率的な資金調達を試みようとしたのであり，こうした側面においても，同年代において地方債の市場化が進んでいったといえるのである。

　3）ただし，上記の各月において応募者利回りが異なっている背景としては，（発行は同じ月であっても）条件交渉日が異なっているということもあることに注意が必要である。

表３-３　全国型市場公募地方債の年限別

年度	10年債				2年債		3年債		5年債		6年債		7年債	
	個別発行		共同発行											
	団体数	発行額	団体数	発行額	団体数	発行額	団体数	発行額	団体数	発行額	団体数	発行額	団体数	発行額
2005	29	29,100	27	13,080					24	13,020				
2006	32	26,500	29	13,240					25	10,550			1	400
2007	34	24,400	28	12,140					26	10,650			1	200
2008	37	26,550	30	12,300			2	750	25	11,580				
2009	39	32,100	33	13,900	1	280	2	800	27	14,080				
2010	43	31,250	35	16,200	1	200	4	700	31	14,920			1	500
2011	45	26,180	35	15,360	2	500	2	200	32	13,260			2	300
2012	46	26,160	36	15,150	2	700			33	12,300	2	300	4	600
2013	49	28,730	36	15,170	1	900	2	450	32	12,580	2	200	6	810
2014	48	26,930	36	14,740	1	900	2	260	32	12,120			4	700
2015	50	27,100	36	14,210	1	600			32	11,710			3	600
2016	50	25,790	36	12,040					31	10,100				
2017	50	22,410	36	12,060					33	10,600				

（出所）　地方債協会（2018）10頁。

表３-４　公社債種類別

年	総　計	国　債	国債以外合計		地方債		公募地方債		非公募地方債	
2000	320,164	306,315	13,849	100.0	4,100	29.6	1,143	8.3	2,957	21.4
2001	265,285	248,689	16,596	100.0	5,217	31.4	941	5.7	4,276	25.8
2002	268,527	249,448	19,078	100.0	4,976	26.1	2,806	14.7	2,171	11.4
2003	407,429	386,072	21,357	100.0	6,770	31.7	4,482	21.0	2,289	10.7
2004	551,081	524,580	26,501	100.0	8,372	31.6	5,735	21.6	2,638	10.0
2005	606,026	581,753	24,272	100.0	6,229	25.7	4,439	18.3	1,790	7.4
2006	834,006	818,799	15,207	100.0	5,306	34.9	3,272	21.5	2,034	13.4
2007	947,414	931,962	15,452	100.0	6,204	40.1	5,054	32.7	1,150	7.4
2008	872,462	860,866	11,596	100.0	2,164	18.7	1,303	11.2	861	7.4
2009	742,670	734,239	8,431	100.0	1,972	23.4	1,490	17.7	482	5.7
2010	655,534	647,888	7,646	100.0	1,596	20.9	1,319	17.3	276	3.6
2011	659,655	650,363	9,292	100.0	1,605	17.3	1,449	15.6	156	1.7
2012	584,958	577,428	7,530	100.0	1,338	17.8	1,209	16.0	129	1.7
2013	754,610	747,473	7,137	100.0	1,085	15.2	943	13.2	142	2.0
2014	880,728	871,290	9,438	100.0	2,720	28.8	2,229	23.6	491	5.2
2015	854,003	843,892	10,111	100.0	4,355	43.1	3,705	36.6	651	6.4
2016	834,389	828,473	5,916	100.0	1,437	24.3	1,281	21.6	157	2.7
2017	847,574	841,262	6,312	100.0	1,956	31.0	1,794	28.4	162	2.6

（注）　数値は各年12月現在。
（出所）　日本証券業協会「公社債種類別店頭売買高」（http://www.jsda.or.jp/shiryo/toukei/shurui/

発行団体数・発行額（含借換債）の推移

（単位：億円）

超長期債												合　計	
12 年債		15 年債		18 年債		20 年債		25 年債		30 年債			
団体数	発行額	団体数	発行額	団体数	発行額	団体数	発行額	団体数	発行額	団体数	発行額	団体数	発行額
		1	200			9	2,350			4	700	35	58,450
		1	100			15	3,600			5	700	38	55,090
						19	4,950			10	1,790	42	54,130
						19	7,780			10	1,850	44	60,810
						20	8,260			9	1,700	47	71,120
		1	400			22	6,590			11	1,620	49	72,380
		6	1,200			22	6,090			10	1,400	51	64,490
1	280	5	1,270			24	6,060			6	920	52	63,740
2	370	6	1,420			23	6,300			8	1,900	54	68,830
1	200	10	2,240	1	150	23	7,690			10	1,800	54	67,730
1	120	7	1,400			24	8,000			13	2,590	55	66,330
		4	500			26	8,870	1	150	22	4,770	55	62,220
		5	600			34	10,350	1	150	23	4,760	55	60,930

店頭売買高の推移

（単位：10 億円，％）

政府保証債		財投機関債等		金融債		社　債		その他	
2,631	19.0	−	−	2,623	18.9	3,445	24.9	1,050	7.6
2,137	12.9	111	0.7	4,643	28.0	3,648	22.0	841	5.1
3,586	18.8	304	1.6	3,741	19.6	5,517	28.9	954	5.0
4,138	19.4	746	3.5	3,116	14.6	5,298	24.8	1,290	6.0
6,215	23.5	1,105	4.2	3,175	12.0	5,675	21.4	1,959	7.4
6,775	27.9	1,603	6.6	2,338	9.6	5,870	24.2	1,457	6.0
3,611	23.7	1,334	8.8	1,327	8.7	2,838	18.7	792	5.2
2,381	15.4	1,391	9.0	1,004	6.5	3,306	21.4	1,166	7.5
1,658	14.3	1,130	9.7	874	7.5	4,705	40.6	1,065	9.2
1,575	18.7	735	8.7	1,171	13.9	2,377	28.2	602	7.1
1,133	14.8	618	8.1	718	9.4	3,193	41.8	390	5.1
1,177	12.7	1,633	17.6	780	8.4	3,725	40.1	373	4.0
1,555	20.6	947	12.6	863	11.5	2,473	32.8	354	4.7
1,561	21.9	760	10.6	991	13.9	2,296	32.2	444	6.2
2,039	21.6	712	7.5	870	9.2	2,281	24.2	817	8.7
1,798	17.8	1,027	10.2	718	7.1	1,630	16.1	582	5.8
2,060	34.8	897	15.2	195	3.3	1,149	19.4	178	3.0
1,243	19.7	713	11.3	133	2.1	1,979	31.4	289	4.6

index.html）より筆者作成。

1. 4　流通市場の展開

　ここまでは主として，地方債の発行市場における変化についてみてきたが，一般的に債券について考える場合，発行市場とともに流通市場についてもみることが重要である。それでは2000年代において，地方債の流通市場はどのように展開したのだろうか。

　表3-4は，地方債を含む債券（公社債）の店頭売買高の推移を示したものである。まず一見して明らかなように，一貫して国債が全体の売買高の圧倒的大部分を占めている。そこで，国債を除いた売買高における構成比をみてみると，地方債は最高で43.1%（2015年），最低で15.2%（2013年）の割合を示しているが，一貫した傾向があるようには思われない。しかし，とくに近年においては政府保証債および社債と並んで，国債を除く債券市場の主要な構成要素となっていることは明らかである。また，地方債の内部では，2001年までは非公募が売買高の大部分を占めていたのが，2002年には公募が非公募を逆転して上回り，それ以降は公募が売買高の大部分を占めるようになったことも確認される。そしてその要因は，先にみたように，発行市場における市場公募地方債の割合の上昇であると考えられる。

　さらに，1990年代末から2000年代にかけての地方債流通市場においては，対国債スプレッドが乱高下するという現象が起きた[4]。まず，1990年代後半における日本の債券市場全体は，金融危機などを背景に不安定に推移したが，地方債流通市場では1998年に東京都，神奈川県，愛知県，大阪府といったいくつかの地方公共団体が財政危機宣言を行ったことなどにより，対国債スプレッドが乱高下した。その後，全体の債券市場とともに地方債流通市場も落ち着き，対国債スプレッドも低位で安定して推移した。

　しかし，2006年度に入ってから様相が大きく変化した。すなわち，2006年6月に北海道の夕張市が財政再建団体の指定を総務省に申請する方針を正式表明したこと，2006年上半期に開催された「地方分権21世紀ビジョン懇談会」において「再生型破綻法制」が検討されたこと，2006年7月の日本銀行によ

---

4)　本段落および次の段落の記述は，江夏（2009）153～155頁に基づく。

るゼロ金利政策解除前後において金利が上昇し，スワップ・スプレッドも拡大したことなどを背景に，2006年春から夏にかけて地方債の対国債スプレッドが大きく拡大した。また，地方債の銘柄間のスプレッド格差も拡大する傾向がみられた[5]。

　以上のように，2000年代において地方債流通市場は，さまざまな出来事やショックに対して大きく反応するように変化した。すなわち，地方債はこの時期，発行市場とともに流通市場においても市場化が進行したのである。

2　市場公募地方債の現状と課題

　前節では2000年代において，地方債の引受における民間資金の拡大，なかでも市場公募資金の割合の拡大とともに，発行市場と流通市場において市場化が進行していったことを確認した。そこで本節では，市場公募地方債の現状と課題について，「地方債の動態的実証分析」（文部科学省研究費〔基盤研究B〕）のアンケート調査や地方公共団体金融機構寄付講座（東京大学大学院経済学研究科・経済学部）での成果等を参照しつつ，考えていくこととする。

　さて，市場公募地方債は，全国の投資家を対象とした全国型市場公募地方債と，発行する地方公共団体の区域内住民をおもな対象として発行される住民参加型市場公募地方債に分類され，前者はさらに，地方公共団体が個別に発行する個別発行市場公募地方債と，複数の地方公共団体が共同して発行する共同発行市場公募地方債とに分類される（地方債協会 2017，注釈4〜5頁）。そこで以下では，個別発行市場公募地方債，共同発行市場公募地方債，住民参加型市場公募地方債の順にみていくこととする。

---

5)　大山ほか（2006）は，2006年春以降の地方債流通市場が，全銘柄の対国債スプレッドを押し上げる要因と，銘柄間のスプレッド格差を拡大させる要因に直面していたと分析している。

2.1 個別発行市場公募地方債

2017 年度現在，全国型市場公募地方債を発行しているのは 35 の都道府県と 20 の指定都市である。表 3－5 は発行団体の推移を示したものであり，1952 年度には 8 団体に過ぎなかった団体数が，徐々に増えていったことがわかる。とくに 2003 年度以降は，2014 年度を除いて毎年度新規に発行団体が加わっており，2000 年代に地方債の「市場公募化」が進んでいったことがわかる。また，図 3－2 は都道府県，指定都市別にみた個別発行市場公募地方債（以下，個別債）の発行額の推移を示したものである。全体の発行額は 2000 年度の 2.3 兆円から 2009 年度には 5.9 兆円に達し，その後も 5 兆円前後で推移しているが，その大部分は都道府県が占めている。都道府県の割合は 2000～2002 年度までは 6 割台であったが，その後は 7 割台で推移し，2012 年度には 85.4％に達している。

さて，「地方債の動態的実証分析」のアンケート調査では，個別債について，地方公共団体と金融機関の双方に対して質問を行っているので，以下ではそれについてみていくこととしたい[6]。

まずは地方公共団体に対する質問であるが，個別債の引受・借入先の選定で重視している点は何かについて尋ねたところ，「市場公募債の発行実績はない」（82.2％）を除くと，最も多かった回答は「調達コストを重視（金利・利回り等）」（10.1％）で，「資金調達の安定性と調達コストをバランスさせること」（5.0％）と「資金調達の安定性を重視」（1.7％）がそれに続いており，個別債を発行している団体に限定すれば，調達コストが圧倒的に重視されていることがわかる。

次に，個別債の金利軽減の手段として有効と思われるものについて尋ねたところ（複数回答可），「特になし」（34.3％）を除くと，最も多かった回答は「入札方式の採用」（31.0％）で，「償還年限の多様化（中期債，長期債，超長期債の発行）」（25.6％）がそれに続いている。しかし，「償還年限の統一（5 年や 10 年といった投資家ニーズの高い年数に揃える）」（17.4％）という回答がさらに続いており，償還年限をめぐっては地方公共団体の見解が分かれていることが示されている。

---

6) 以下，巻末の資料編「地方債の動態的実証分析――アンケート調査」を参照。

表 3-5　全国型市場公募地方債発行団体の推移

年度	団体数	新規公募化団体
1952	8	東京都，大阪府，兵庫県，横浜市，名古屋市，京都市，大阪市，神戸市
1973	18	北海道，神奈川県，静岡県，愛知県，広島県，福岡県，札幌市，川崎市，北九州市，福岡市
1975	22	宮城県，埼玉県，千葉県，京都府
1982	23	広島市
1989	27	茨城県，新潟県，長野県，仙台市
1994	28	千葉市
2003	29	さいたま市
2004	33	福島県，群馬県，岐阜県，熊本県
2005	35	鹿児島県，静岡市
2006	38	島根県，大分県，堺市
2007	42	山梨県，岡山県，新潟市，浜松市
2008	44	栃木県，徳島県
2009	47	福井県，奈良県，岡山市
2010	49	三重県，相模原市
2011	51	滋賀県，長崎県
2012	52	熊本市
2013	54	高知県，佐賀県
2015	55	秋田県

（出所）　地方債協会（2018）9頁。

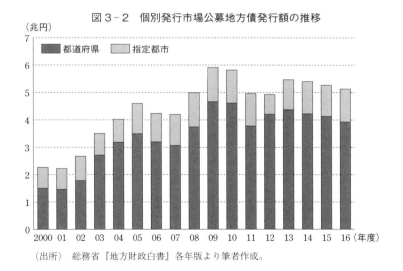

図 3-2　個別発行市場公募地方債発行額の推移

（出所）　総務省『地方財政白書』各年版より筆者作成。

　最後に，個別債の安定的な資金調達の手段として有効と思われるものについ
て尋ねたところ（複数回答可），「特になし」（34.6%）を除くと，「償還年限の多

様化（中期債，長期債，超長期債の発行）」（29.2％）と「償還年限の統一（5年や10年といった投資家ニーズの高い年数に揃える）」（24.2％）が比較的近い割合で続いており，ここでもやはり償還年限をめぐって，多様化か統一かで地方公共団体の見解が分かれていることが示されているのである。

　続いて，金融機関に対する質問についてみていこう。まず，過去5年間における個別債に対する投資額の変化について尋ねたところ，回答が「増加傾向にある」（24.6％），「あまり変化はない」（24.4％），「減少傾向にある」（21.8％），「市場公募債は引き受けていない」（29.2％）にほぼ均等に分かれる結果となった。また，今後5年間の個別債に対する投資予定について尋ねたところ，「あまり変化させない」（43.9％）が最も多く，「市場公募債を引き受ける予定はない」（28.7％）がそれに次ぐ結果となった。

　次に，地方公共団体が個別債の金利を軽減する手段として有効と思われるものについて尋ねたところ（複数回答可），「償還年限の多様化（中期債，長期債，超長期債の発行）」（43.2％）が最も多く，「格付けの取得」（33.5％）がこれに続く結果となった。ちなみに，地方公共団体に対する質問では「償還年限の多様化」に次ぐ割合を占めていた「償還年限の統一（5年や10年といった投資家ニーズの高い年数に揃える）」は，ここでは18.1％という割合で，金融機関もそれなりに重視しているようではあるが，「償還年限の多様化」と比べるとかなり差があり，金融機関は地方公共団体のように，多様化か統一かで見解が分かれておらず，多様化のほうを重視しているようである。

　地方公共団体が個別債によって安定的に資金を調達する手段として有効と思われるものについて尋ねたところ（複数回答可），やはり「償還年限の多様化（中期債，長期債，超長期債の発行）」（51.7％）が最も多く，「格付けの取得」（35.7％）と「償還年限の統一（5年や10年といった投資家ニーズの高い年数に揃える）」（28.5％）がそれに続く結果となり，ここでもやはり，金融機関が償還年限の多様化を重視する傾向にあることが示されたといえよう。

　また，以上のように，金融機関は地方公共団体による格付けの取得を重視しているが，そのことは，個別債へ投資するにあたって格付けの取得状況を重視するかという質問に対して，「重視する」（44.7％）が最も多かったことからも裏付けられる。さらに，投資してもよいと考える格付けと利率・利回りの関係

について尋ねたところ，「どちらかと言えば，高格付け，低利率・低利回りの市場公募債を選好」（57.4％）という回答が圧倒的で，「どちらかと言えば，低格付け，高利率・高利回りの市場公募債を選好」（24.5％）の2倍以上であり，金融機関が個別債への投資について，リターンよりも償還可能性の高さを重視していることがわかる。

さらに，個別債へ投資するにあたって償還年限を重視するかという質問に対しては，「重視する」（69.3％）が7割近くで最も多く，「非常に重視する」（23.5％）がそれに次いでおり，金融機関が償還年限を重視している事実が浮き彫りとなった。また，最も魅力的と考える償還年限について尋ねたところ，「10年」（64.8％）が最も大きな割合を占める結果となった。これは先にみたように，償還年限の統一よりも多様化を重視する姿勢とはやや矛盾する結果といえるかもしれない。

以上のアンケート結果より，個別債をめぐっては，①地方公共団体は償還年限の多様化か統一かで見解が分かれているのに対して，金融機関は多様化を重視している，②金融機関は地方公共団体による格付けの取得を重視している，という2点が主要な論点として明確になった。それではこうした論点について，地方公共団体金融機構寄付講座ではどのような議論が行われたのであろうか。

まず①についてであるが，第8回フォーラム（第2期，2015年10月）において愛知県の担当者は，10年債を毎月発行する理由について「現状では10年債を好む投資家さんが多く，最も投資家層が厚い」と述べている。しかし，それと同時に「10年債に続く基幹債と言われる5年債，20年債，30年債についても定期的に発行していき」，「そのことで流動性を確保し」，「10年債とは異なる投資家層のお客さんをつかんでいきたい」と述べている。さらに，「年限の多様化のために，15年債を年2回発行して」いるが，その理由については「現状，金利が大変低いので，10年債では利回りが出」ず，「したがって，年限を延ばしたいけれども，20年では長過ぎるという方が多いと聞いておりますので，中間の15年という商品を作」ったと述べている。そして，債券の種類を多様化する狙いについては，「環境変化に対する耐性を強化していくために，（中略）商品性もある年限に偏ることなく，様々な年限，発行方法，条件を考えて，多様性を持った取り組みをしている」と説明している（地方公共団体金融機構寄付

講座 2016，184〜185頁）。

　以上のように，愛知県は償還年限の多様化に積極的に取り組んでいるのであるが，これにはもちろん，愛知県の市場公募地方債の発行額が多く，その信用力も高いため，多くの投資家が見込まれるということが大きく関係していると考えられる。

　これに対して，金融機関は地方債の償還年限の多様化についてどのように捉えているのであろうか。第3回シンポジウム（2015年12月）では対照的な見解が示された。すなわち，都市銀行の担当者は「投資家動向はいろいろございますけれども，幅広い投資家が参加しうる年限というのは，やはり今でも10年債だと思っております。基幹年限としての10年債を中心とした安定的な発行が継続されることが望ましいと考えております」と述べ（同上，18頁），これに対して生命保険会社の担当者は「市場公募化が推進されたことで発行年限が大幅に多様化されたことを評価しております。特に，20年，30年といった超長期債の発行が増えてきておりますので，生命保険会社としてはALMの観点から運用ニーズの高い年限の発行が増えることは大歓迎ですし，今後も継続的に発行されることを期待しております」と述べている（同上，25頁）。

　先にみたアンケート調査では，金融機関は年限の統一よりも多様化を求める傾向が強いことが示されたのであるが，ここでは，都市銀行でも10年債中心の発行を望む場合があることと，生命保険会社は長い償還年限を望むことが示されたといえよう。

　次に②であるが，地方債の格付けについては第4回フォーラム（第1期，2011年6月）でテーマとして取り上げられており，そこでは静岡県の担当者が，格付けを取得している地方公共団体として説明を行っている。まず，同県は安定的な資金調達のために投資家層の拡大を図っており，格付けの取得はそうした多くの投資家の参加を得るという目的で行っている。なぜなら，格付けは「発行団体からすると，市場から資金調達をする上で，投資家に的確な判断情報を提供するための一つの手段」であり，「投資家にとっては，買ったものについて，管理していく上での一つの指標にな」るからである。また，「機関投資家の中には，投資をおこなう際には地方債も民間の社債と同じように例外なく格付取得を必須とするところもある」ので，「格付けを取得することが投資

家層を拡大するため必要であると考え」ているということである（地方公共団体金融機構寄付講座 2014，178 頁）。

　格付けのメリットとしては「信用力の評価を専門とする格付機関によって中立的な立場でされた評価であること」と，「地方財政に影響を与える要因について，格付機関からタイムリーな情報提供がなされる点」を挙げており，一方でデメリットとしては費用が発生することを挙げている。後者のデメリットに関しては，「格付取得に関するコストを（議会や庁内，県民に：引用者注）説明するのがなかなか難しい」が（同上，178 頁），「格付けを取得することが，本県債の需要に厚みを増すということになって，長い目で見れば発行コストを縮減することにつながっていくと思います」と述べている（同上，182 頁）。

2.2　共同発行市場公募地方債

　共同発行市場公募地方債（以下，共同債）は，全国型市場公募地方債を発行する 36 の地方公共団体が共同して発行する地方債で，2003 年 4 月から毎月発行しているものであり，次のような 3 つの特徴を備えているとされる[7]。

　第 1 に，地方財政法第 5 条の 7 に基づき，36 の地方公共団体が毎月連名で，発行額の全額について連帯債務を負う方式により発行されることである。実際には資金を調達する団体は毎回変わるが，資金調達の有無にかかわらず，毎回全 36 団体の連帯債務方式で発行され，各団体が発行額の全額について償還の責任を負うこととなっている。

　第 2 に，発行団体に災害等に伴う不測の事態があっても，遅滞なく元利償還を行うため，連帯債務とは別に各団体の減債基金の一部を募集受託銀行に預け入れるかたちで，流動性補完を目的とするファンドを設置していることである。具体的には，36 団体の合計で，その年度において元利金の支払額が最も多い月の金額の 10 分の 1 程度を積み立てることとしている。

　第 3 に，毎月 1000 億円程度（2018 年度）の発行があり，そのためロットが

---

7)　共同発行 36 道府県・政令指定都市／地方債協会「共同発行市場公募地方債――Joint Local Government Bond」。

表3-6　共同発行市場公募地方債の発行団体数および発行額の推移

年度	団体数	発行額（億円）	新規参加団体	脱退団体
2003	27	8,470	北海道，宮城県，茨城県，埼玉県，千葉県，神奈川県，新潟県，長野県，静岡県，愛知県，京都府，大阪府，兵庫県，広島県，福岡県，札幌市，仙台市，千葉市，川崎市，横浜市，名古屋市，京都市，大阪市，神戸市，広島市，北九州市，福岡市	
2004	27	12,430		
2005	27	13,080		
2006	29	13,240	熊本県，鹿児島県	
2007	28	12,140	大分県，静岡県	
2008	30	12,300	岐阜県，新潟市	福岡県，横浜市，名古屋市
2009	33	13,900	福島県，岡山県，徳島県	
2010	35	16,200	三重県，奈良県	
2011	35	15,360		
2012	36	15,150	福井県	
2013	36	15,170		
2014	36	14,740		
2015	36	14,210		
2016	36	12,040		
2017	36	12,060		

（出所）　地方債協会（2018）11頁。

大きく，流動性が高い債券であることである。

　共同債の発行は，以上のような特徴を有することにより，優れた商品性を実現し，安定的な資金調達を行うことを目的としている。さらに，地方債市場の「ベンチマーク債」として定着し，地方債市場全体の発展に資することも期待されている[8]。

　表3-6は，共同債の発行団体数および発行額の推移を示したものである。制度発足当初の2003年度に27であった発行団体数は，その後脱退する団体があったものの，2012年度に36に達して現在に至っている。表3-5に示されているように，現在，全国型市場公募地方債を発行している地方公共団体の数は55なので，その約6割強が共同債の発行に参加しているということになる。また，発行額は2003年度の0.8兆円から2010年度には1.6兆円に達したが，

---

8)　同上。

その後は減少傾向をたどり，2016年度および2017年度の発行額は1.2兆円となっている。

　「地方債の動態的実証分析」のアンケート調査では共同債について尋ねていないが，地方公共団体金融機構寄付講座のフォーラムおよびシンポジウムではテーマとして取り上げられているので，以下ではそこで提示された論点についてみていくこととしたい。

　第16回フォーラム（第1期，2013年2月）ではシンクタンクの研究員が，共同債が日本の地方債市場のベンチマーク債として定着した理由について，フランスやドイツでも同様の「共同発行の地方債」は存在するものの，「各団体が持ち分に応じて償還義務を負う方式になっており，連帯債務方式ではない」のに対して，日本の共同債が「連帯債務方式や流動性補完措置等も含めて信用力の点でとても魅力ある商品設計となって」いることをあげている（地方公共団体金融機構寄付講座 2014，84頁）。

　ただし，共同債の制度創設以来，最大の財政力をもつ地方公共団体である東京都は参加していない。この点はヨーロッパにおいて，最大の経済大国であるドイツが共同債の発行に反対している状況に似ており，これをどのように考えるかということが論点になるという指摘が，第12回フォーラム（第1期，2012年7月）ではシンクタンクのエコノミストから，第2回シンポジウム（2013年9月）では大学教授から，それぞれなされている（同上，51，254頁）。

　さらに，表3-3で示されているように，制度創設以来，共同債の発行年限は10年のみであり，しかもすべて満期一括償還である。これについては，第2回フォーラム（第2期，2014年1月）において総務省の地方債課長が「5年にしたらどうかとか，いろいろな意見はありますが，分かりやすく10年満期で全部統一されているからこそ，ベンチマーク的なポジションにあるのだと言っている人もいるので，これをさらに多様化するべきか，議論のあることかと感じています」と述べている（地方公共団体金融機構寄付講座 2016，58頁）。

　一方，第3回シンポジウムで生命保険会社の担当者は，定時償還方式で共同債を発行することを提案している。すなわち，「共同発行債とすることで1銘柄あたりの発行量を増やせば，一定の流動性が期待できることや，銀行等引受債で一般的となっている定時償還方式のベンチマークとしての機能を果たすこ

とができます。また，減債基金の運用難で超長期債の発行に消極的な団体にも
参加しやすいスキームを提供することになる」ということである（同上，25頁）。

2.3 住民参加型市場公募地方債

　住民参加型市場公募地方債（「ミニ公募債」とも。以下，住民参加債）は「債券
発行によって資金を調達する『市場公募地方債』の一類型」であり，「購入者
を『当該債券の発行団体内に居住する個人・法人』に限定する銘柄が多い点が
特徴」とされる。この制度が創設された目的は「住民の行政参加意識高揚」，
「住民に対する施策の PR」，「資金調達手法の多様化」，「個人金融資産の有効活
用」，「市場公募化のためのノウハウ習得」等であり，第 1 号案件は 2002 年 3
月に群馬県が発行した「愛県債」である[9]。
　表 3-7 は，住民参加債の発行団体数および発行額の推移を示したものであ
る。合計欄をみると，2001 年度には 1 であった発行団体数は，翌年度には 34
に増え，2006 年度には 123 に達している。しかし，翌年度以降はほぼ一貫し
て減少し，2017 年度の発行団体数はわずか 13 となっている。発行額も，2001
年度の 10 億円から 2006 年度の 3513 億円に増加しているが，やはり翌年度に
減少に転じ，2017 年度には 182 億円となっている。また，発行団体別にみると，
2001 年度および 2002 年度を除いて，発行団体数で最も多いのは市区であるが，
発行額で最も多いのは一貫して都道府県である。いずれにしても以上より，住
民参加債の発行のピークは 2000 年代半ばであり，それ以降は発行団体数およ
び発行額ともに，急速に減少していったことが明らかとなった。
　「地方債の動態的実証分析」のアンケート調査では，地方公共団体に対して
住民参加債について尋ねており，以下ではその結果をみていくこととする。ま
ず，住民参加債の発行額が近年減少している理由について尋ねたところ（複数
回答可），「住民参加債発行にかかわるコストに見合う効果が得られないと想定
されるため」（52.9％）が最も多く，「低金利等により個人投資家の投資意欲が

---

9)　総務省自治財政局地方債課「住民参加型市場公募地方債について——商品性，市場動向，今後
　の課題」2017 年 8 月。

表3－7　住民参加型市場公募地方債の発行団体数および発行額の推移

（単位：億円）

年度	都道府県		指定都市		市　区		町　村		合　計	
	団体数	発行額	団体数	発行額	団体数	発行額	団体数	発行額	団体数	発行額
2001	1	10							1	10
2002	17	1,420	5	140	12	76			34	1,636
2003	30	2,195	9	310	37	172	3	6	79	2,682
2004	31	2,679	8	360	53	218	2	2	94	3,276
2005	32	2,769	8	380	61	292	5	5	106	3,445
2006	31	2,428	10	728	75	351	7	7	123	3,513
2007	27	2,012	11	742	77	323	7	6	122	3,083
2008	25	1,678	12	710	63	259	2	3	102	2,650
2009	21	1,550	11	704	55	233	1	1	88	2,488
2010	22	1,491	12	714	55	233	2	3	91	2,441
2011	17	1,380	12	554	49	203	2	0	80	2,137
2012	18	1,331	11	523	47	173	2	2	78	2,028
2013	17	1,217	11	509	45	136	2	2	75	1,864
2014	15	1,067	11	539	39	139	1	1	66	1,746
2015	16	980	9	394	36	110	1	0	61	1,484
2016	6	271	3	30	22	72	1	0	32	373
2017	2	110	2	25	9	47	0	0	13	182

（注）　都道府県と市区町村による共同発行の発行額は都道府県の発行額に含めている。
（出所）　地方債協会（2018）12頁。

減退しているため」（44.9％）がそれに次いだ。現在の金融環境では，住民参加債は資金調達手段としての魅力が相対的に薄いと考える地方公共団体が多いとみられ，自由回答欄における「入札で借入した方が，低金利」「ふるさと納税やクラウドファンディングの普及」といった声からも，そのことがうかがえる。その他の回答としては，「住民参加債発行にふさわしい事業が減少しているため」（20.3％）も一定割合を占めた。

　次に，住民参加債の購入促進を図るために実施した，または実施を予定している具体策について尋ねたところ（複数回答可），「住民参加債発行の実績はない」（86.8％）が圧倒的に多かったが，それ以外の回答で最も多かったのは「金利を上乗せし，他の金融商品より優位性をもたせる」（7.4％）であり，「特産物等商品を住民参加債の購入者全員に，または抽選でプレゼントする」（2.0％）もあった。また，自由回答欄には，購入限度額の引き上げや購入可能金額の小口化，販売エリア拡大等，購入条件の緩和があげられていた。住民参加債は通常，住民の行政参加意識高揚という観点から購入対象者を限定したり，より多

くの住民に購入を促す観点から購入限度額を設定することが多いが，安定的な消化を促すために，こうした条件の緩和が実施または予定されていることがうかがわれる結果となった。

住民参加債については，地方公共団体金融機構寄付講座のフォーラムおよびシンポジウムでも取り上げられているので，以下ではそこにおける議論についてみていくこととする。まず，住民参加債の発行額が近年減少している要因について，第18回フォーラム（第1期，2013年7月）において鶴岡市（山形県）の担当者は「ミニ公募債の目新しさが薄れたことに加えて，（中略）利息以外の手数料などのコストが発生する上に，ポスターやパンフレットの制作，各種事務手続きの手間が増えるといったこともあるのではないのか」と述べている（地方公共団体金融機構寄付講座 2014，126〜127頁）。住民参加債の発行コストが高いという認識は，第5回フォーラム（第2期，2014年11月）において川崎市の担当者も示しており，「川崎市の発行コストで比べると，一般の市場公募債，5年債などと比較して，個人向けの窓口販売が中心になるためにコストが高く，職員の負荷も大きくなっています」と述べている（地方公共団体金融機構寄付講座 2016，138頁）。

それでは，住民参加債の発行額の減少という現状に対して，どのような取り組みが必要となるのだろうか。上記の鶴岡市の担当者は「他の金融商品と比較しての魅力，いわゆるスプレッドの面などで購買意欲をかき立てるということが一般的ではないかと思いますが，住民が応援したい，この事業のためなら一肌脱ぎたいと思えるような共感できる事業をいかに選定するかが重要であろう」と述べている（地方公共団体金融機構寄付講座 2014，127頁）。また，第2回シンポジウム（2013年9月）において大学教授も「これだけ『借り手優位』の時代になりますと，調達コストの低減や分散投資を謳うだけではミニ公募債は売れない」，「復興公債があれだけ売れたというのは，地方債においてもある程度，使途を特定していくことが参加意識を高める点で重要だという点を示唆しているのではないか」と述べている（同上，50〜51頁）。以上から，使途の特定により購入者の参加意識を高めていくという方策が示されたといえよう。

先にみたように，「地方債の動態的実証分析」のアンケート調査の回答で，住民参加債の購入促進のための方策として購入条件の緩和があげられていた。

鶴岡市は 2012 年 4 月に，水族館の改築工事の財源調達のために住民参加債を発行しているが，その際，購入対象者を市内に限定するという制約は設けなかった。その理由について同市の担当者は「本市の場合市政参加意識の高揚という意味では地域の方だけではなくて水族館に思いを寄せる人たちからも広く応援してもらい，また全国に注目していただきたくさんの観光客に来ていただきたいという思いがございましたので」と述べている（同上，126，130 頁）。その他の緩和策として購入可能金額の小口化も考えられるが，上記第 18 回フォーラムにおいて兵庫県の担当者は，10 万円以上という要件を 1 万円以上にすることを検討したものの，「小口の件数が増え販売金融機関の負担が増えるだけであまり効果がないだろうということで，これはお蔵入りをするということになりました」と述べている（前掲，135 頁）。

　また，アンケート調査の回答でもあったように，特典を付与するということも購入促進策の 1 つと考えられる。たとえば，兵庫県は住民参加債に，希望者は県の施設の運営モニターになれるという特典を付与し（同上，134 頁），北九州市は，市制 50 周年の記念事業として建設する太陽光発電所の建設費用を調達するために発行した住民参加債に，希望者は発電所敷地内の表示板に氏名を掲載してもらえるという特典や，10 万円以上の購入者に対して発電所等の施設の見学会を実施するという特典を付与した（地方公共団体金融機構寄付講座 2016，123 頁）。この北九州市の特典は，先にもみたように，購入者の参加意識を高めるという，住民参加債の目的にも適うものである。

　さらに，北九州市は住民参加債の発行にあたり，ユニークな条件決定を行っている。具体的には「通常ですと，まずは償還年限を事前に決定しまして，次に条件決定日に，事前に決定したその年限に準ずる国債の市場金利を考慮して金利を決定」するが，これに対して「金利を事前に 0.50 ％と決定いたしました後に，条件決定日において，事前に決定したこの利率に準ずる国債の残存年限を考慮して償還年限を決定する」，すなわち「金利を設定しておいて年限が伸び縮みする」という「逆転の発想」に基づく条件決定方法を採用したのである。ちなみにこの 0.50 ％という金利は「50 周年のイメージを喚起」するために設定したものであり，商品設計における「こだわり」の 1 つであった（同上，121 〜122 頁）。

以上，住民参加債に関する地方公共団体の取り組みについて，いくつかの事例をみてきたが，ここからわかることは，住民参加債には他の地方債にはない，ユニークな商品設計が可能であるということである。現在，金利の低下やふるさと納税との競合により，発行額がピーク時から大きく落ち込んでいる。今後は商品設計を工夫することで魅力を高めることにより，住民の購入意欲を喚起していけるかということが，住民参加債を「消滅の危機」[10]から救うために重要になるだろう。

3　銀行等引受地方債の現状と課題

　表3-1で銀行等引受地方債（表中では銀行等引受資金。以下，銀行等引受債）の推移について確認すると，発行額が最も多かったのは1995年度の7.5兆円であり，地方債の発行総額に占める割合は35.7％であった。この割合が最も高かったのは2004年度の40.9％であり，発行額は7.4兆円となっている。

　続いて2009年度以降の推移についてみてみると，発行額は同年度の4.8兆円から翌年度には5.3兆円に増加しているものの，その後はほぼ一貫して減少し，2017年度には3.1兆円となり，地方債の発行総額に占める割合も32.7％から27.0％に低下している。また，表3-1には示されていないが，民間等資金に占める銀行等引受債の発行額の割合が最も高かったのは1975年度の86.1％であり，1995年度においても83.5％であったが，2009年度以降は，同年度の56.5％から2017年度の45.2％に低下している。これに対して，表3-1に示されているように，2011年度以降は市場公募地方債（市場公募資金）の発行額が銀行等引受債のそれを上回って推移している。

　以上のように，近年，銀行等引受債の発行額は減少し，それが全体および民間資金引受による地方債の発行額に占める割合も低下傾向にある。銀行等引受債の実証分析については第7章に譲ることとして，以下では「地方債の動態的事象分析」のアンケート調査と地方公共団体金融機構寄付講座のフォーラムお

10）『日本経済新聞』2018年2月26日朝刊。

よびシンポジウムから，銀行等引受債をめぐる現状と課題について論点を探ることとしたい。

　銀行等引受債についてのアンケート調査は地方公共団体と金融機関の両方に対して行われており，まずは地方公共団体に対する調査からみていくこととする。はじめに，銀行等引受債の引受・借入先の選定頻度について尋ねたところ，「発行の都度，借入先の金融機関を選定している」（82.5％）が圧倒的に多く，2番目に多い「指定金融機関からの借入と決めている（決まっている）」でも7.1％にすぎなかった。多くの地方公共団体は借入先となる金融機関をあらかじめ決めているわけではなく，状況に応じて選定しているようである。

　次に，引受・借入先の選定で重視している点について尋ねたところ，「調達コストを重視（金利・利回り等）」（69.5％）が最も多く，「資金調達の安定性と調達コストをバランスさせること」（11.6％）がそれに続いた。前者の点についてさらに詳しく検討するため，金利軽減の手段としてとくに有効と思われるものについて尋ねたところ（複数回答可），「入札や見積り合わせの実施」（89.8％）が圧倒的に多く，「償還年限や据置期間の短期化（借換債の利用等）」（31.9％），「変動金利方式，利率見直し方式の採用」（22.3％）がそれに続いた。さらに，銀行等引受債による安定的な資金調達手段としてとくに有効と思われるものについて尋ねたところ（複数回答可），「指定金融機関からの優先的借入」（35.4％），「指定代理・収納代理金融機関からの優先的借入」（21.7％）がおもに選ばれた。最後に，10年物の銀行等引受地方債のうち，定時償還に係る利率は何を基準に決めているか尋ねたところ，「入札」（65.5％）が最も多い結果となった。

　続いて，金融機関に対する調査についてみていこう。まず，地方公共団体に対して行ったのと同様に，地方公共団体が銀行等引受債の金利を軽減する手段としてとくに有効と思われるものについて尋ねたところ（複数回答可），「入札や見積り合わせの実施」（43.5％）が最も多く，「償還年限や据置期間の短期化（借換債の利用等）」（27.6％）と「変動金利方式，利率見直し方式の採用」（19.4％）がそれに続き，地方公共団体に対して行ったときと同じ順序での回答結果となった。ただし，先にみたように，「入札や見積り合わせの実施」という回答を選んだ地方公共団体の割合は約9割であり，それに比べると，この回答を選んだ金融機関の割合はかなり低い。

同様に，地方公共団体が銀行等引受債によって安定的に資金を調達する手段
としてとくに有効と思われるものについて尋ねたところ（複数回答可），「指定
金融機関からの優先的借入」（30.6%）と「シンジケートローンの採用」（28.0%）
がおもな回答として選ばれた。2位以下の結果は，地方公共団体に対して尋ね
た場合と異なるが，指定金融機関からの優先的な借入が安定的な資金調達手段
であるという認識は，地方公共団体と金融機関の間で共通しているようである。
また，銀行等引受債に対する要望を尋ねる質問では（複数回答可），「銀行等引
受地方債の金利設定方式の見直し・金利引上げ」（53.0%）が最も多い結果とな
った。

　それでは次に，地方公共団体金融機構寄付講座のフォーラムとシンポジウム
における議論をみていくこととしよう。銀行等引受債については第7回フォー
ラム（第1期，2011年12月）と第14回フォーラム（第1期，2012年11月）でテ
ーマとして取り上げられている。

　第7回フォーラムでは神奈川県と秋田県の担当者が報告を行っているが，神
奈川県の担当者は銀行等引受債の特徴として，償還年限等を自由に設定できる
といったことをあげる一方で，難しい点として，投資家の動向がほぼ同じで，
起債運営も標準化されている市場公募地方債とは異なり，引き受ける銀行によ
って「得意な分野」が異なることをあげている。償還年限については，5年や
10年の定時償還債で市場公募地方債の補完をしたり，あるいは，市場公募地
方債の借換の繰り返しによる端数の年限の埋め合わせをするために，多様な年
限を設定できるだろうと述べている（地方公共団体金融機構寄付講座 2014，147
頁）。一方，秋田県の担当者は，銀行等引受債を証券形式と証書形式のどちら
で発行するかについて，「銀行等引受債が多額に上り，地元金融機関が多額の
資産を抱えるということもなかなか難しいということがあるので」，「できるだ
け金融機関の事情に配慮して」事前に十分協議のうえ，その都度決定している
と述べている（同上，156頁）。

　第14回フォーラムでは，討論者である川崎市の担当者が，「市場の予期せぬ
環境変化」といった「市場リスク回避の観点からも，川崎市では銀行等引受債
をセーフティーネットと位置づけ，一定程度のシ団引受を行っております」と
述べている（同上，169頁）。この点については第2回シンポジウムで大学教授も，

リスクの連鎖が起きやすい「直接金融の世界からある程度遮断された状態を作っておくこと」が「重要な予防装置」となり、それは証書形式の銀行等引受債の役割ではないかと述べている（同上，51頁）。また，川崎市の担当者は，同じ第2回シンポジウムにおいて，証書形式の銀行等引受債の課題として「国債を基準金利とするような債券とは異なり，確立された条件決定方法がないところ」をあげている（同上，27頁）。この点は，先にみた神奈川県の担当者の指摘のように，銀行等引受債を引き受ける銀行の側の得意分野が異なることも要因と考えられる。

　ともあれ以上より，銀行等引受債については，自由な設計が可能であり，かつ，マーケットのリスクの連鎖をある程度避けながら安定した資金調達が期待できるというメリットがある一方で，確立された条件決定がないという課題が浮かび上がった。しかし，確立された条件決定がないということは，それだけ自由な設計が可能ということの裏返しであるとも考えられ，今後もさまざまな状況に応じて，発行側の地方公共団体と引受側の金融機関との間における創意工夫が期待されよう。

おわりに

　本章では2000年代以降の地方債の変化を，主として「市場化」と「多様化」という観点からみてきた。すなわち，2001年度の財政投融資改革以降，地方債の引受において政府資金の割合が低下し，他方で民間資金，とくに市場公募地方債の割合が上昇していった。市場公募地方債は，2000年代半ばに行われた統一条件交渉方式から個別条件交渉方式への移行によって，団体間で発行条件が異なるようになるとともに，流通市場においても団体間で利回りに大きな差が生じる場面がみられた。また，市場のニーズに対応して，多様な年限での発行も行われた。さらに，市場公募地方債の発行額が増加するだけでなく，それを発行する地方公共団体の数も増えるとともに，共同発行市場公募地方債や住民参加型市場公募地方債といった，それまでになかった新しいタイプの地方債も登場した。

このように，2000 年代以降における地方債の主役は市場公募地方債であったといってよい。しかし，住民参加型市場公募地方債の発行額が近年大きく減少するなど，課題も抱えている。一方，市場公募地方債とともに民間資金を構成する銀行等引受地方債は，近年では発行額が市場公募地方債を下回っているとはいえ，依然としてそれに匹敵する割合を占めており，また，リスクが連鎖する危険性のある市場公募地方債とは異なり，安定した資金調達が期待できるという大きなメリットも有している。

　かつてのように政府資金の大幅な増加が見込めない以上，今後も地方債は民間資金による引受が中心となろう。しかし，その場合でも，市場公募地方債だけを重視するのではなく，銀行等引受地方債についてもその特性を生かすことで，効率的かつ安定的な資金調達をめざしていくことが重要になるであろう。

参考文献

江夏あかね（2009）『地方債の格付けとクレジット』商事法務

大山慎介・杉本卓哉・塚本満（2006）「地方債の対国債スプレッドと近年の環境変化」日本銀行ワーキングペーパーシリーズ，No.06-J-23

小西砂千夫編著（2011）『市場と向き合う地方債——自由化と財政秩序維持のバランス』有斐閣

地方公共団体金融機構寄付講座（2014）「地方債市場の現状と展望——地方公共団体金融機構寄付講座（第1期）研究報告書」東京大学大学院経済学研究科・経済学部 地方公共団体金融機構寄付講座

地方公共団体金融機構寄付講座（2016）「自治体資金調達の新地平——地方公共団体金融機構寄付講座（第2期）研究報告書」東京大学大学院経済学研究科・経済学部 地方公共団体金融機構寄付講座

地方債協会（2007）『協議制移行期における地方債の市場化推進と基盤整備』平成18年度「地方債に関する調査研究委員会」報告書，地方債協会

地方債協会（2010）『金融市場環境の変化を受けた地方債投資ニーズの動向と資金調達方法の変化』平成21年度「地方債に関する調査研究委員会」報告書，地方債協会

地方債協会（2017）『平成29年版 地方債統計年報』第39号，地方債協会

地方債協会（2018）『大規模な金融緩和政策下における地方債の発行の現状と課題』平成29年度地方債に関する調査研究委員会報告書，地方債協会

（天羽正継）

第4章　地方債の投資家とIR*

は じ め に

　第3章で述べられているように，2000年代以降，地方債の引受資金における政府資金の割合が低下し，民間資金の割合が上昇した。今後も民間資金が地方債引受資金の中心にあると考えられるなかでは，地方債の引受主体，すなわち投資家がどのような動機で地方債を保有しているのかを理解したうえで，そうした投資家に保有してもらうために，地方公共団体側が情報公開やPRを積極的に行うことが重要になると考えられる。そこで本章では，地方債を保有する投資家の特性と保有動機を明らかにするとともに，投資家に地方債を保有してもらうために地方公共団体が行う地方債IRについて，その意義と課題を明らかにすることを目標とする。

　本章は以下のように構成される。まず第1節では，地方債がどのような主体によって保有されているのか，すなわち地方債の保有構造について，総務省『地方財政白書』および日本銀行『資金循環統計』を用いて明らかにする。続く第2節では，地方債を保有する投資家である金融機関が，どのような動機に基づいて地方債を保有しているのか，また，金融機関が地方債の商品性をどの

＊　本章の執筆にあたり，青木世一氏（一般財団法人地方債協会上席研究員）より貴重なコメントをいただいた。記して感謝申し上げたい。

ように評価しているのかについて明らかにする。最後に第3節では，地方債
IR について，その意義と課題を明らかにする。

1　地方債の保有構造

1.1　保有構造の推移

　ここでは，ストックとしての地方債がどのような経済主体によって保有され，
さらにその保有構造がどのように推移してきたのかについて，総務省『地方財
政白書』および日本銀行『資金循環統計』という，2つの代表的かつ基本的な
統計から確認する。これらの統計には，前者が証券および証書という，すべて
の形式の地方債に関する統計であるのに対して，後者は証券形式の地方債のみ
に関する統計であるという違いがあり，そのことがこの後みていくように，保
有構造の大きな違いをもたらしている。なお，本章で考察対象とする期間は，
第3章と同様に 2000 年代以降とする。
　図4−1は，『地方財政白書』および『資金循環統計』から作成した，地方債
残高の推移を示した図である。図中の「地方債」の折れ線グラフは『地方財政
白書』から作成したもので，証券および証書という，すべての形式の地方債の
残高の推移を示したものである。これに対して，「地方債（証券）」の折れ線グ
ラフは『資金循環統計』から作成したもので，タイトルの通り，証券形式の地
方債のみの残高の推移を示したものである。同図に示されているように，前者
の「地方債」残高は 2002 年度の 140 兆円弱（134.9 兆円）から 2016 年度の 140
兆円強（144.9 兆円）へと，約 10 兆円の増加であるのに対し，後者の「地方債
（証券）」残高は 2002 年度の約 60 兆円（60.3 兆円）から 2016 年度の 80 兆円弱（75.4
兆円）へと，約 15 兆円の増加である。すなわち，それだけ全体の地方債残高
に占める証券形式の地方債の割合が上昇したということであり，これは第3章
で確認したように，2000 年代以降に市場公募地方債の発行額が増加したこと
によるものと考えられる。
　それでは地方債の保有構造について，まずは『地方財政白書』の統計から確

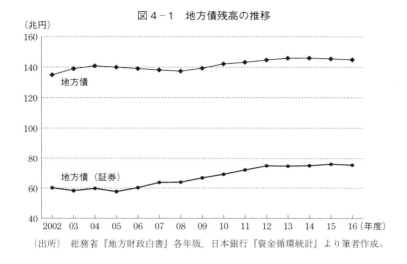

図4-1　地方債残高の推移

（兆円）

地方債

地方債（証券）

（出所）　総務省『地方財政白書』各年版，日本銀行『資金循環統計』より筆者作成。

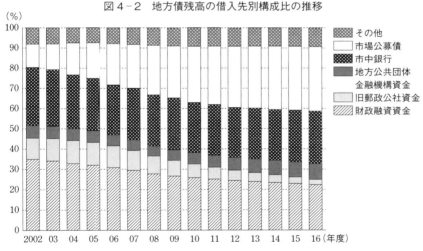

図4-2　地方債残高の借入先別構成比の推移

（％）

その他
市場公募債
市中銀行
地方公共団体
金融機構資金
旧郵政公社資金
財政融資資金

（注）　地方公共団体金融機構資金は，2007年度以前は公営企業金融公庫資金。
（出所）　総務省編『地方財政白書』各年版より筆者作成。

認しよう。図4-2は，同統計から作成した，借入先（保有者）別の地方債残高の構成比の推移を示したものである。まず明らかなように，2002年度に3割以上（34.9％）であった財政融資資金の割合はその後低下し，2016年度には2

割をわずかに超える水準（22.3％）となっている。これはいうまでもなく，第3章で確認したように，2001年度の財政投融資改革以降，地方債の引受資金における財政融資資金の割合が低下してきたことの結果である。また，旧郵政公社資金の割合も，ほぼ一貫して低下している（2002年度10.5％→2016年度2.6％）。

次に，地方公共団体金融機構資金の割合は，2002年度から2008年度にかけて低下した後，再び上昇している（2002年度6.3％→2016年度7.8％）。なお，注にもあるように，地方公共団体金融機構資金は，2007年度以前については公営企業金融公庫資金となっている。公営企業金融公庫は1957年に設立された，国が全額出資する特殊法人であり，貸付対象は基本的に公営企業のみであったが，その後，政策金融改革によって廃止されることとなり，すべての地方公共団体の出資により2008年8月に設立された地方公営企業等金融機構が，その資産・負債を継承した。地方公営企業等金融機構は，公営企業だけでなく一般会計への融資が可能になったものの，限定付きで十分ではなかった。しかし，2009年6月に同機構が改組されて発足した地方公共団体金融機構は，貸付対象を広く一般会計にまで拡大することとなった[1]。

以上の財政融資資金，旧郵政公社資金および地方公共団体金融機構資金を合わせて「公的資金」とすれば，その割合は2002年度の51.7％から2016年度の32.7％に低下している。これに対して，「民間資金」である市中銀行と市場公募債の割合はどのように推移しているのだろうか。まず市中銀行であるが，その割合は2002年度の28.7％から2016年度の26.0％へとわずかに低下しているにすぎず，ほぼ安定している。ちなみにこの市中銀行とは，資金別の地方債計画の推移（フロー）を示した第3章の表3-1における「銀行等引受資金」（銀行等引受地方債）のことと考えられる。次に，市場公募債の割合は2000年代に大きく上昇し，その後は2010年代を通じて3割程度で推移している（2002年度11.5％→2016年度31.9％）。ちなみに，市中銀行と市場公募債を合わせた割合は，2002年度の40.2％から2016年度の57.9％へ上昇している。

以上より，2000年代において，公的資金，とくに財政融資資金の割合の低下と，民間資金，とくに市場公募債の割合の上昇という，地方債保有構造の変

1）小西編著（2011）190頁，地方公共団体金融機構（2017）54頁。

表 4 - 1　地方債（証券）の保有者別構成比の推移

（単位：%）

年　度	2000	2005	2010	2011	2012	2013	2014	2015	2016
金融機関	89.8	80.5	75.7	76.9	77.3	77.0	76.1	78.3	79.9
預金取扱機関	46.4	43.0	42.6	44.0	44.2	44.4	43.7	45.0	46.8
銀行等	28.7	27.9	42.6	44.0	44.2	44.4	43.7	45.0	46.8
国内銀行	18.2	15.5	18.8	19.4	18.9	18.5	16.8	16.2	18.1
在日外銀	0.3	0.1	0.1	0.1	0.0	0.0	0.0	0.0	0.0
農林水産金融機関	3.4	3.8	3.9	3.8	3.8	3.7	3.7	3.6	3.4
中小企業金融機関等	6.9	8.6	19.8	20.8	21.5	22.1	23.2	25.2	25.3
郵便貯金	17.7	15.1	－	－	－	－	－	－	－
合同運用信託	0.0	0.0	0.0	0.0	0.0	0.0	0.0	0.0	0.0
証券投資信託	1.4	0.3	0.4	0.3	0.3	0.3	0.4	0.7	1.5
保険・年金基金	41.7	36.1	32.5	32.3	32.6	31.9	31.7	32.3	31.4
保　険	37.2	33.5	29.8	29.6	29.7	28.9	28.8	29.5	28.7
年金基金	4.5	2.6	2.6	2.7	2.9	3.1	3.0	2.8	2.7
その他金融仲介機関	0.1	0.2	0.2	0.2	0.2	0.2	0.2	0.2	0.2
うち公的金融機関	0.1	0.2	0.2	0.2	0.2	0.2	0.2	0.2	0.2
財政融資資金	0.0	0.0	0.0	0.0	0.0	0.0	0.0	0.0	0.0
政府系金融機関	0.1	0.2	0.2	0.2	0.2	0.2	0.2	0.2	0.2
非仲介型金融機関	0.2	0.9	0.0	0.0	0.0	0.0	0.0	0.0	0.0
公的専属金融機関	－	0.0	0.0	0.0	0.0	0.0	0.0	0.0	0.0
非金融法人企業	0.6	1.8	3.3	2.6	2.3	2.3	2.2	1.6	1.3
一般政府	6.1	9.9	12.7	12.9	13.8	15.4	15.8	16.2	16.2
中央政府	0.2	0.2	0.2	0.2	0.2	0.2	0.2	0.2	0.2
地方公共団体	0.0	0.8	1.2	1.9	2.6	3.8	4.1	4.6	5.2
社会保障基金	5.9	8.8	11.3	10.9	11.0	11.4	11.5	11.4	10.8
家　計	2.1	2.0	2.0	1.7	1.5	1.4	1.3	1.2	0.9
対家計民間非営利団体	1.5	5.8	6.2	5.6	4.8	3.7	4.3	2.3	0.9
海　外	0.0	0.0	0.2	0.2	0.2	0.3	0.3	0.5	0.8
合　計	100.0	100.0	100.0	100.0	100.0	100.0	100.0	100.0	100.0

（注）　中小企業金融機関等は 2007 年度以降，ゆうちょ銀行を含む。
（出所）　日本銀行「資金循環統計」より筆者作成。

化が確認された。これは第3章でみたように，毎年度におけるフローベースでの地方債引受資金の構造変化によってもたらされたものである。

　次に，『資金循環統計』に基づいて地方債の保有構造の推移をみていこう。表4-1は同統計から作成した，2000年度以降における地方債の保有者別構成比の推移を示したものである。先に述べたように，同統計における地方債は証券形式のものに限られる。保有者は大きく「金融機関」，「非金融法人企業」，「一般政府」，「家計」，「対家計民間非営利団体」および「海外」から構成されているが，そのなかで圧倒的に大きな割合を占めているのは金融機関であり，

それ以外は一般政府を除き，一貫して 1 割に満たない水準である。具体的には，金融機関の割合は 2000 年度の 89.8％から 2016 年度の 79.9％へと低下しているものの，2010 年度以降は一貫して 8 割弱で推移しており，一般政府の割合は 2000 年度の 6.1％から 2016 年度の 16.2％へと約 1 割上昇している。一方，非金融法人企業，家計，対家計民間非営利団体および海外の割合は，途中高まった時期があるものの，2017 年度においてはいずれも 1％前後の水準であり[2]，とくに海外の割合は徐々に高まりつつあるとはいえ，一貫して 1％未満にすぎない。そこで以下では，証券形式の地方債の主たる保有者であるところの金融機関と一般政府について，その保有構造をさらにくわしくみていくこととしたい。

　まず金融機関であるが，これはさらに「預金取扱機関」，「証券投資信託」，「保険・年金基金」，「その他金融仲介機関」，「非仲介型金融機関」および「公的専属金融機関」から構成されており[3]，そのなかで預金取扱機関と保険・年金基金が一貫して最も主要な保有者である。具体的には，預金取扱機関の割合は 2000 年度の 46.4％から 2016 年度の 46.8％へと，途中変動しつつも 45％前後で推移している。これに対して，保険・年金基金の割合は 2000 年度の 41.7％から 2016 年度の 31.4％へと低下しているが，預金取扱機関との合計は一貫して 75％以上で推移している。これら以外の割合は，2000 年度および 2016 年度の証券投資信託を除き，1％未満にすぎない。

　預金取扱機関はさらに「銀行等」，「郵便貯金」および「合同運用信託」から構成されているが，郵便貯金は 2010 年度から地方債を保有しておらず，合同運用信託の保有割合は一貫して 0.0％である。郵便貯金による地方債の保有がなくなったのは，表 4 - 1 には示されていないが 2007 年度以降であり，これは 2007 年 10 月に発足したゆうちょ銀行が，銀行等のなかの「中小企業金融機関等」に含まれるようになったためである。

　そこで銀行等についてみてみると，その割合は 2005 年度の 27.9％から 2010

2）　家計の保有割合の低下は，本書第 3 章でみたように，近年における住民参加型市場公募地方債の低迷を反映しているのかもしれない。
3）　これら以外に「中央銀行」すなわち日本銀行があるが，一貫して地方債を保有していないため，ここでは除外した。

年度の42.6%へと大きく上昇しているが，これは今述べたように，2007年度以降，郵便貯金が保有していた地方債がゆうちょ銀行の保有となり，中小企業金融機関等に含まれるようになったことの影響である。そしてそれ以降は，合同運用信託の割合が一貫して0.0%のため，銀行等の割合は預金取扱機関のそれと等しくなっており，2010年代における預金取扱機関は銀行等だけをみればよいということになっている。

　銀行等は上記の中小企業金融機関等のほかに，「国内銀行」，「在日外銀」および「農林水産金融機関」から構成されているが，国内銀行の割合は一貫して1割台後半で推移し，中小企業金融機関等の割合は2011年度以降，2割以上で推移しており，これらで銀行等の過半を占めるようになっている。これらに対して，在日外銀の割合は2011年度まではわずか0.1～0.3%，2012年度以降は一貫して0.0%であり，農林水産金融機関の割合も3%台という低い水準にとどまっている。

　証券投資信託の割合は2000年度には1.4%であったが，その後は2016年度の1.5%を除いて1%未満で推移しているため，ほぼ無視してよいであろう。次に，預金取扱機関と並んで金融機関において大きな割合を占めている保険・年金基金であるが，これはさらに「保険」と「年金基金」から構成されている。しかし，表4−1に示されているように，保険は一貫して年金基金の10倍程度の割合を占めている。なお，同表には示されていないが，保険はさらに，生命保険商品を提供する「生命保険」，損害保険，障害保険等のほか，再保険や信用保険，定型保証といった非生命保険商品を提供する「非生命保険」，共済保険商品を提供する「共済保険」から構成されている（日本銀行調査統計局 2017）。

　次に，その他金融仲介機関であるが，その割合は一貫して0.1%～0.2%にすぎない。また，その他金融仲介機関には「財政融資資金」が含まれるが，その割合は一貫して0.0%である。しかし，先にみた図4−1では，財政融資資金の割合は2000年代以降，低下しつつも一貫して2割以上であった。このような違いが生じるのは，本節の冒頭で述べたように，『地方財政白書』が証券および証書という，すべての形式の地方債を対象としているのに対して，『資金循環統計』が証券形式の地方債のみを対象としているためである。このことから，財政融資資金は証券形式の地方債は引き受けていないということがわかる。

金融機関には以上のほかに，非仲介型金融機関と公的専属金融機関があるが，いずれもその割合は 2010 年度以降，一貫して 0.0％であるので無視してよいであろう。ただし，公的専属金融機関には，図 4 - 2 において一定の割合を占めていた地方公共団体金融機構が含まれている。その割合が一貫して 0.0％であるということは，財政融資資金と同様に，地方公共団体金融機構が証券形式の地方債を引き受けていないということを意味している。

　ここまで，証券形式の地方債の最大の保有者である金融機関について，その保有構造をややくわしくみてきたので，次に，金融機関に次ぐ保有者である一般政府の保有構造についてみることとする。先に確認したように，一般政府の割合は 2000 年度の 6.1％から 2016 年度の 16.2％に上昇しているが，一般政府を構成する「中央政府」，「地方公共団体」および「社会保障基金」のうち，中央政府の割合は一貫して 0.2％で推移している。これに対して地方公共団体の割合は 2000 年度から 2016 年度にかけて 0.0％から 5.2％に，社会保障基金の割合は 5.9％から 10.8％にそれぞれ上昇しており，一般政府の保有割合の上昇に寄与している [4]。

　以上，『地方財政白書』と『資金循環統計』に基づき，地方債の保有構造の推移をみてきたが，そこから明らかになったことを簡単にまとめておこう。まず，2000 年代以降，証券および証書のすべての形式を合わせた全体の地方債残高の増加に比べて，証券形式の地方債残高の増加は大きく，地方債発行額に占める市場公募地方債の割合の上昇を反映しているものと考えられる。そして，地方債の資金別構成比をみると，財政投融資改革により財政融資資金の割合が低下する一方で，市中銀行，すなわち銀行等引受資金の割合は安定的に推移し，市場公募債の割合が 2000 年代に上昇するという傾向が確認された。次に，証券形式の地方債残高に限定してみると，国内の民間銀行，ゆうちょ銀行，民間保険会社，社会保障基金が主要な割合を占めていることが確認された。一方，地方債全体では主要な保有者である財政融資資金は，証券形式の地方債をほとんど保有していないことが明らかとなった。

4）　『資金循環統計』における地方公共団体には，地方公共団体の普通会計および公営事業会計に加えて，地方独立行政法人，財産区，地方開発事業団，港湾局が含まれており（日本銀行調査統計局 2017），こうした機関が地方債の保有を進めているのかもしれない。

1.2 保有資産としての地方債

　前項では，地方債がどのような経済主体によって保有されているのかについてみてきたが，そこから，証券形式の地方債が銀行や保険会社といった，民間の金融機関によって多く保有されていることが明らかとなった。それでは，こうした金融機関が保有する資産のなかで，地方債はどのような位置にあるのだろうか。この点について，以下ではいくつかの金融機関を取り上げながらみていくこととしたい。

　まず，民間の金融機関が，地方債を含む有価証券をどの程度保有しているのかについて確認しておこう。図4-3は，都市銀行，地方銀行，第二地方銀行，農業協同組合（総合農協），ゆうちょ銀行，信用金庫，信用組合および生命保険会社の有価証券保有額の推移を示したものである。ちなみに，これらと表4-1で示されている金融機関との対応関係について述べると，都市銀行，地方銀行および第二地方銀行は国内銀行に，農業協同組合は農林水産金融機関に，ゆうちょ銀行，信用金庫および信用組合は中小企業金融機関等に，生命保険会社は保険にそれぞれ含まれる。

　さて，同図より明らかなように，最も多額の有価証券を保有しているのは生命保険会社であり，とくに2007年度にはかんぽ生命を含むようになったため，前年度から保有額が大きく増えている。そして，翌年度以降もほぼ一貫して保有額を増やしており，2016年度の保有額は309.7兆円と，他の金融機関のそれを大きく引き離している。生命保険会社の次に保有額が多いのは2007年度に発足したゆうちょ銀行であり，同年度の172.5兆円から2016年度の138.8兆円へと減少しているものの，一貫して2番目に多い保有額となっている。

　3番目に保有額が多いのは都市銀行であり，2007年度以降保有額を増やし，2011年度には160.4兆円と，ゆうちょ銀行に迫ったが，その後は保有額を減らしていき，2016年度には94.1兆円となっている。4番目から6番目は地方銀行，信用金庫，第二地方銀行の順で，いずれも緩やかに保有額を増やす傾向にあり，2016年度における保有額はそれぞれ75.4兆円，42.6兆円，15.8兆円となっている。最も保有額が少ない信用組合と農業協同組合は線がほとんど重なっているが，2016年度における保有額はそれぞれ4.6兆円と4.2兆円となっている。

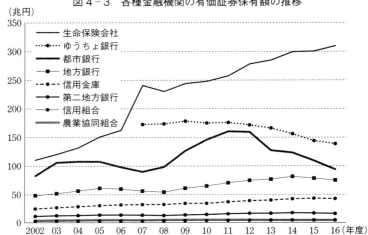

図 4 - 3　各種金融機関の有価証券保有額の推移

（兆円）

- 生命保険会社
- ゆうちょ銀行
- 都市銀行
- 地方銀行
- 信用金庫
- 第二地方銀行
- 信用組合
- 農業協同組合

2002　03　04　05　06　07　08　09　10　11　12　13　14　15　16（年度）

（注）　1　農業協同組合は総合農協。
　　　　2　生命保険会社は 2007 年度以降かんぽ生命を含む。

（出所）　日本銀行『民間金融機関の資産・負債』『全国信用金庫概況』各年度版，『全
　　　　国信用 組合主要勘定』各月版，『ゆうちょ銀行 ディスクロージャー誌』各年版，
　　　　農林水産省『総合農協統計表』各年度版，生命保険協会『生命保険事業概況（平
　　　　成 28 年度版）』より筆者作成。

　それでは次に，以上の各金融機関が保有する有価証券のうち，地方債がどの
程度の割合を占めているのかについてみていくこととしたい。図 4 - 4 は，各
金融機関の有価証券保有額に占める地方債の割合の推移を示したものである。
明らかなように，2004 年度以降，最も高い割合で推移しているのは農業協同
組合であり，2003 年度以降，一貫して上昇していることがみてとれる。ピー
クである 2015 年度には 26.2％に達しており，保有する有価証券の実に約 4 分
の 1 が地方債となったのである。
　次に，2010 年度以降，2 番目に高い割合で推移しているのは信用金庫であり，
2006 年度以降ほぼ一貫して上昇し，2015 年度には 21.9％に達している。続い
て，2016 年度時点で 3 番目，4 番目に高い割合を示しているのは信用組合と地
方銀行であり，それぞれ 14.7％と 13.1％となっている。とくに，信用組合の割
合は 2002 年度には 7.1％であったが，そこからほぼ一貫して上昇していった様
子がみてとれる。また，地方銀行の割合は 2002 年度には 13.8％と，その時点

図 4－4　各種金融機関の有価証券保有額に占める地方債の割合の推移

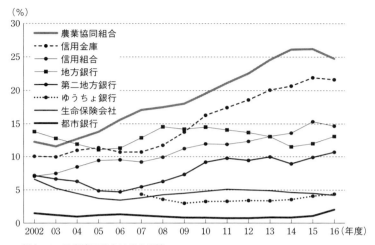

（注）　1　農業協同組合は総合農協。
　　　　2　生命保険会社は 2007 年度以降，かんぽ生命を含む。
（出所）　図 4－4 と同じ。

では最も高い割合であったが，その後は 11〜14％台の水準で変動しつつ推移
している。そして，2002 年度を除き，一貫して 5 番目の水準で推移している
のは第二地方銀行であり，2007 年度の 4.7％からほぼ一貫して上昇し，2016 年
度には 10.7％となっている。

　6 番目以降は，2016 年度時点ではゆうちょ銀行，生命保険会社，都市銀行の
順となっており，それぞれ 4.4％，4.2％，2.0％となっている。生命保険会社の
割合は，2002 年度には 6.6％であったが，その後，2006 年度の 3.4％まで低下
して以降は，大きな変動もなく推移している。また，ゆうちょ銀行も似たよう
な推移をたどっているといえよう。一方，都市銀行の割合は一貫して最も低く，
2011 年度には 0.7％にまで低下している。

　以上より，農業協同組合，信用金庫，信用組合，地方銀行といった，地方の
経済と密接に関係している金融機関では，保有する有価証券に占める地方債の
割合が高く，とくに 2000 年代の半ば頃からその割合を高めていく傾向にあっ
たことが明らかとなった。一方，生命保険会社，ゆうちょ銀行，都市銀行とい

った，大都市部に本店や主たる経営基盤をおく金融機関では，保有する有価証券に占める地方債の割合は低く，とくに都市銀行の低さが顕著であることが明らかになった。

2　投資家の特性と保有動機

　前節では，各経済主体，とくに金融機関による地方債の保有構造を確認した。次に，地方債の保有者，すなわち投資家であるところの金融機関が，どのような動機から地方債を保有するのか，また，金融機関からみた地方債の商品性の評価について検討したい。

2.1　金融規制の影響

　はじめに，近年の金融規制の変化が金融機関の地方債保有に与える影響を整理する。金融機関の安全性にかかる規制として重要なものに，バーゼル合意がある。バーゼル合意は，バーゼル銀行監督委員会が公表している，国際的に活動する銀行の自己資本比率に関する国際統一基準のことであり，国際的な銀行システムの健全性を強化し，国際業務に携わる銀行間の競争上の不平等を軽減することを目的に，1988 年に策定された（以下，バーゼル I）。

　日本国内における自己資本比率規制は，このバーゼル合意に基づいて，銀行法と金融庁の定める細則が規定しており，国際的に活動している金融機関に対しては国際統一基準を，国内のみの営業活動を行っているその他の金融機関（地方銀行の多くや，第二地方銀行，信用金庫，信用組合）に対しては，バーゼル合意を緩和して策定した独自ルールである国内基準を課している。

　バーゼル合意では，銀行として備えておくべき損失額をあらかじめ見積もり，それを上回る自己資本をもつことを要求している。具体的には，銀行の自己資本を分子，リスク・アセット（保有資産等のリスクの大きさを示す数値）を分母として自己資本比率を求め，この比率が 8% 以上であることを求めている。

　この自己資本比率の計算式の分母に算入する信用リスク（融資先や，保有する

有価証券の発行体の貸し倒れのリスク）の額は，融資額や保有する有価証券の額
（与信額）に，与信先区分に応じたリスク・ウェイトを乗じて算出する。このた
め，金融機関がどれだけ地方債を保有できるかは，地方債のリスク・ウェイト
に大きな影響を受ける。

　地方債のリスク・ウェイトについては各国の監督当局の裁量が認められてい
るが，日本ではバーゼルⅠが導入された1988年に，国債・政府保証債のリス
ク・ウェイトは0％，地方債は10％と決定された。しかし，日本の地方財政制
度および地方債制度や，諸外国の同様の制度のもとで適用されるリスク・ウェ
イトとの関係を考えると，これを見直すべきとの意見が高まり，1994年に地
方債のリスク・ウェイトは0％に引き下げられた。

　バーゼル合意が見直され，2007年から施行されたバーゼルⅡにおいても，
地方債のリスク・ウェイトは0％とされた。その後，地方債発行については
2012年から届出制度が導入され，2016年にも同制度の拡大等の見直しが行わ
れたが，リスク・ウェイトは0％に維持されている[5)6)]。このため，信用リス
クの面では自己資本比率規制による地方債保有へのマイナスの影響はほぼない
といえ，今後，同規制が強化されれば，地方債への投資選好が相対的に高まる
ことも考えられる。

　また，バーゼルⅠの施行後，金融機関の抱えるリスクが複雑化，高度化する
なかで，金融システムの安定を確保するために，金融機関を自己資本比率の規
制だけで律することは困難となり，弊害も大きいことから，金融機関の自己管
理や，市場規律に重点をおいていく必要が高くなった。このため，新たに施行

---

5)　地方債のリスク・ウェイトがゼロとされている理由について，2007年2月16日の衆議院予算
　委員会における答弁で，山本国務大臣は次の点をあげている。①協議制度において，地方債の元
　利償還に要する財源が地方財政計画の策定および地方交付税の算定を通じて確保されること，②
　公債費負担等が一定限度を超えた地方公共団体に対する早期是正措置としての起債許可制度や，
　財政状況が一定限度を超えて悪化した地方公共団体に対する財政健全化制度が設けられているこ
　と。地方公共団体金融機構寄付講座（2016）21頁参照。
6)　諸外国の地方債のリスク・ウェイトは，各国のルールにより異なっている。たとえば，アメリ
　カの州・地方債は一般財源保障債が20％，レベニュー債が50％，カナダは州債が0％，市町村
　債は格付けに応じて20％から150％，オーストラリアは格付けに応じて州債が0％から150％，
　地方債が20％から150％である。EU諸国については，欧州銀行監督局が，リスクが小さく国債
　と同様の取り扱いをしてもよい地方債を列挙しており，スウェーデンやドイツの地方債などがリ
　スク・ウェイト0％とされている。

されたバーゼルIIは3つの柱から構成されており，第1の柱が自己資本比率規制，第2の柱が金融機関のリスク管理に基づく自己管理と監督上の検証，第3の柱が市場規律とされた。金融機関の自己管理と市場規律とを，従来の自己資本比率規制を強化したものに合わせて，相互補完的に活用する枠組みとなっている。

　このうち，第2の柱である，金融機関の自己管理と監督上の検証の一環として，銀行勘定の金利リスク量が自己資本の一定水準を超えていないかをモニタリングする「アウトライヤー基準」が導入された。金利リスクとは，市場リスクの一種で，金利水準の変動によって資産・負債の現在価値や収益が変動するリスクのことである。金利リスクに対して脆弱な銀行，具体的には金利変動に関する標準的な仮定（標準的金利ショック）のもとで計算される経済価値の低下額が，銀行勘定で自己資本の基本的項目（Tier 1）と補完的項目（Tier 2）の合計の20％を超える金融機関が「アウトライヤー銀行」と定義され，このアウトライヤー銀行の自己資本充実度に対して，監督当局はとくに注意を払うこととされた。

　アウトライヤー銀行に該当した場合であっても，自動的に金融機関の経営が不健全であるとみなされるものではないが，当局が基準に抵触した金融機関に対して原因や改善策等について詳細なヒアリングを実施することになっているため，各金融機関はアウトライヤー銀行に指定されないよう準備をすることが重視された。

　また，2007年夏以降の世界的な金融危機を契機として，バーゼル合意は再度見直しに向けた検討が進められ，2010年に新しい規制の枠組み（バーゼルIII）が合意されている。さらに，バーゼル銀行監督委員会で銀行勘定の金利リスクに関する議論が進み，2016年に新たな銀行勘定の金利リスクの基準が公表されたのに基づいて，金融庁は2017年12月に金利リスクのモニタリング手法等の見直しを公表し，金利リスクへの規制は強化された。アウトライヤー基準も見直され，改正後は，国際統一基準行については，2018年3月期から，銀行勘定の金利リスク量が自己資本の基本的項目（Tier 1）の15％を超えていないか，国内基準行については，2019年3月期から，銀行勘定の金利リスク量が自己資本の20％を超えていないかモニタリングされることとなった。

このため，金利リスクの大きい金融機関は，自己資本を強化するほか，金利リスク削減のための対応が必要となる[7]。具体的には，満期や金利更改までの期間が長い資産ほど金利リスクが大きいことから，そのような平均残存年限の長い債券の保有や貸出の縮小，円債と比べて金利リスクが大きく算出される外貨建債券への投資の抑制があげられる。これを地方債に当てはめれば，年限が長期の地方債保有の縮小や地方公共団体向け貸出期間の短期化，変動金利の導入の要請などが想定される。

2.2　地方債市場参加者の投資行動の特徴

　次に，投資家が地方債のどのような性質を重視して投資を行っているのかをみるために，投資家の特性から投資行動の特徴を捉えることとする。

　地方債協会の「平成23年度『地方債に関する調査研究委員会』報告書」は，債券市場での投資家の投資行動の特徴を概説するなかで，国債の流通利回りに対する上乗せ金利（スプレッド）を重視するか，さほど重視しないかによる分類や，債券の流動性に対する選好に基づいた投資家分類を提示している[8]。都市銀行や生命保険会社などの中央投資家は，スプレッドを重視する傾向が強い「スプレッドバイヤー」と表現され，債券流通市場では比較的売買による収益（キャピタル・ゲイン）の獲得をめざす。一方で，地方銀行，第二地方銀行，信用金庫，信用組合などの地方投資家は，相対的にスプレッドに対する選好度合いが低く，「絶対値バイヤー」とされる。これらの投資家は，発行される債券の対象銘柄や金利水準に着目し，債券流通市場での売買は比較的少なく，満期まで保有することによる利子等の収益（インカム・ゲイン）をめざす。

　また，1銘柄当たりの債券の発行額や債券流通市場における売買高，売買回転率等が大きいことは「流動性が高い」と表現されるが，流動性に対する選好は投資家によって異なる。相対的に流動性選好が強い投資家としては，都市銀

---

7)　新聞報道によると，「金融庁は現状だと約3割の地銀が新規制に触れるとみる」（『日本経済新聞』2017年6月8日朝刊）。
8)　以下のスプレッドによる選好，流動性による選好に基づいた投資家の分類は，地方債協会（2012）100〜101頁を参照した。

行や中央公的（官公庁，特殊法人など），系統上部とされる国内の投資家（全国共済農業協同組合連合会，農林中央金庫，信用中央金庫，労働金庫連合会など），中央銀行や政府系ファンドなどの海外の投資家があげられる。一方で，相対的に流動性に対する選好が弱い投資家としては，地方銀行や信用金庫・信用組合，公益法人等があげられる。これらの投資家は債券を満期保有することが多い。スプレッドによる選好との関係では，流動性への選好が強い投資家が「スプレッドバイヤー」，相対的に弱い投資家が「絶対値バイヤー」とされることが多い。

　スプレッドによる選好を地方債市場に当てはめれば，とくに東日本大震災後の 2011 年からは市場公募地方債の対国債スプレッドのタイト化が続き，「スプレッドバイヤー」にとっては地方債への投資は魅力的ではなくなってきたが，「絶対値バイヤー」は，地方債の銘柄を重視して投資を行い，地方債を満期まで持ち切る傾向にあることで，スプレッドのタイト化の影響は受けにくいと考えられる。実際に，前節図 4−4 で確認されたように，農業協同組合は 2004 年度以降，信用金庫と信用組合は 2008 年度以降 2015 年度まで，地方債の保有を有価証券保有額に占める割合において大きく伸ばしており，これらの金融機関は，地域経済が低迷して貸出先が限定的ななか，比較的スプレッドのタイト化の影響を受けることなく，地方債の有力な投資家となっている。なお，日本銀行による金融緩和の継続を受けて，国債利回りが低下したため，地方債の金利も低いものの，対国債スプレッドは 2015 年から拡大している。

　また，流動性への選好に関しては，2015 年に実施した「地方債の動態的実証分析」アンケートにおいて金融機関を対象に行った調査でも明らかになっている[9]。市場公募債へ投資するにあたり，1 銘柄当たりの発行額を重視するかを尋ねた結果，金融機関の属性別に，都市銀行等の地方銀行以外の銀行，系統上部（各県の信用農業協同組合連合会・農林中央金庫・信金中央金庫・労働金庫連合会），生命保険会社では「重視する」という回答が最も多く，地方銀行，第二地方銀行，信用金庫・信用組合・労働金庫（系統上部を除く），農業協同組合（系統上部を除く）では「どちらともいえない」という回答が最も多かったことから，アンケートからも，上述の分類で流動性選好が弱いとされる地方の投資家に比

---

9)　以下，巻末資料編「地方債の動態的実証分析——アンケート調査」を参照。

べて，流動性選好が強いとされる中央の投資家が，市場公募債の1銘柄当たりの発行額を重視する傾向が明らかであった。図4－3および図4－4でみた通り，都市銀行では有価証券保有額が大きいものの地方債の保有割合は小さいが，投資単位の大きな金融機関にとっては，1銘柄当たりの発行額が小さな地方債への投資が難しいことが考えられる。

　また，地方債の最適な保有年限も金融機関によって異なっている。バランスシート運営上，金融機関は負債と資産の年限の乖離を避け，資産の年限を負債の年限に見合ったものにすることが望ましい。たとえば，生命保険会社や共済保険会社では，将来の保険金支払に備えて責任準備金を積み立てており，これが負債の大部分を占めているが，保険商品の多くは保険金の支払までの期間が長いことから，負債の年限は長期となっている。このため，保有する資産も年限が長期であることが望ましい。一方で，預金をおもな負債とする銀行や，保険金までの支払期間が短い損害保険会社は，負債の年限が短期であるため，望ましい資産の年限も短い [10]。

　「地方債の動態的実証分析」アンケートにおいて，市場公募地方債に投資するにあたり，償還年限を重視するかという質問に対しては，「重視する」との回答が69.3％，「非常に重視する」が23.5％で，多くの金融機関が償還年限を重視していることが明らかになった。また，最も魅力的と考える償還年限について尋ねると，「10年（64.8％）」が回答の最も大きな割合を，「5年」が7.6％を占めたが，金融機関の属性別に確認すると，回答された年限には幅があり，都市銀行等は5〜10年，地方銀行は3〜10年，第二地方銀行は5〜10年，信用金庫・信用組合・労働金庫は5〜20年，農業協同組合は5〜20年，系統上部は10年，証券会社は3〜30年以上，生命保険会社は30年以上との結果から，おおむね負債の年限の長短に沿った地方債の年限が選好されていることがわかる。

　ただし，このアンケートの自由回答でも「金利動向により判断する」等の記述が多かったように，近年は金融緩和の継続で金利が低い傾向が続いていることから，金融機関は利回りを確保するために運用期間を長期化する動きもみら

10）　菅ほか（2012）は，個別保険商品別のデュレーションと契約残高から，生命保険会社全体の負債デュレーションは約15年と試算している。また，「流動性預金が3ヶ月以内に流出すると仮定した場合，銀行の負債デュレーションは1年未満と試算される」（7頁）と言及している。

れる。地方債協会の「平成 28 年度『地方債に関する調査研究委員会』報告書」は，金融機関を対象に，マイナス金利政策発表以降に市場公募地方債の投資年限に変化があった場合の，増加した投資年限を調査した結果，本来短・中期債を選好する投資家層を中心に，長期債（10 年）の割合が増えたとする回答が最も多かったと述べている（地方債協会 2017，22〜23 頁）。

2.3 投資家からみた地方債

　地方債市場が拡大するなかで，金融機関は商品としての地方債をどのように評価しているのだろうか。ここでも「地方債の動態的実証分析」アンケートをもとに，市場公募地方債と銀行等引受地方債に分けて検討したい。

　まず，市場公募地方債について，過去 5 年間の投資額の変化を尋ねると，回答は「増加傾向にある」，「あまり変化はない」，「減少傾向にある」，「市場公募債は引き受けていない」の選択肢にほぼ均等に分かれたが，信用金庫・信用組合・労働金庫（系統上部を除く）においては「増加傾向にある」が 42.9％と目立った。今後 5 年間における市場公募地方債への投資予定については，「あまり変化させない」が 43.9％と最多であり，自由回答では「金利やスプレッドによる」との記述が多かった。

　また，第 3 章でくわしくみたように，市場公募地方債は 2000 年以降に償還年限が多様化されているが，このことは金融機関からも重視されていることがわかる。アンケートで地方公共団体が市場公募地方債を安定的に調達する手段として有効だと思われるものを尋ねると，回答に「償還年限の多様化（中期債，長期債，超長期債の発行）」を選んだ金融機関が 51.7％と最も多く，次いで「格付の取得」が 35.7％，「償還年限の統一（5 年や 10 年といった投資家ニーズの高い年数に揃える）」が 28.5％だった。金融機関は 5 年や 10 年を基幹年限としながら，金利やスプレッドの状況などをふまえて多様な償還年限を求めている。

　さらに，近年では定時償還方式での発行も注目されている。市場公募地方債は，1992 年から満期一括償還方式が定着していたが，2013 年度に一部の団体が定時償還方式での発行を開始した。同年度の発行額は 350 億円であったが，その後，発行団体も増え，2015 年度には 1970 億円，2016 年度には 4900 億円

と急増し，2017年度は7600億円であった。定時償還方式での発行による地方公共団体へのメリットは，平均償還年限が短く，満期一括償還方式に比べて総利払費が節約できることや，超低金利下で減債基金の運用環境が悪化しているなかで，減債基金の積立が不要であることがあげられる。一方で，金融機関にとっても，平均年限が同じ満期一括償還方式と比べて，流動性は劣るものの，厚いスプレッドを確保できることや，満期まで待たずに償還資金を得て再投資が可能であることから，金利リスクを軽減できることなどがメリットであり，金利情勢の変化によっては，今後も投資需要が増すことが考えられる[11]。

　続いて銀行等引受地方債について，過去5年間の引受額の変化を尋ねると，「銀行等引受債は引き受けていない」との回答が全体の49.7%を占めた。このなかには，銀行等引受地方債に投資妙味がないと判断する金融機関もあると思われるが，引き受けたいが入札の競合で落札できないという自由回答も複数みられた。続いて「あまり変化はない」が23.6%，「減少傾向にある」が14.3%，「増加傾向にある」が10.9%であった。金融機関の属性別では，「引き受けていない」の割合が高かったのは，信用金庫・信用組合・労働金庫（系統上部を除く）（39.5%），農業協同組合（系統上部を除く）（67.5%），証券会社（66.7%），生命保険会社（100%）であるが，地方銀行の51.9%が「増加傾向にある」，系統上部の42.9%が「減少傾向にある」と回答しているのが対照的である。

　今後5年間の銀行等引受地方債に対する引受予定については，49.8%の金融機関が「銀行等引受債を引き受ける予定はない」と回答した。「金利が見合えば引受したい」や「近年は低金利化が著しく，積極的な引受予定はない」とする自由回答などから，金利の採算性の観点が引受姿勢に影響を与えていると考えられる。続いて，「あまり変化させない」が35.6%，「増加させる予定である」が6.0%，「減少させる予定である」が5.4%であった。

　また，銀行等引受地方債に対する要望を尋ねたところ，「銀行等引受債の金利設定方式の見直し・金利引き上げ」をあげた金融機関が最も多く（53.0%），

11）　ただし，「平成28年度『地方債に関する調査研究委員会』報告書」は，2016年に実施したアンケート調査の結果，償還方式の採用割合を変化した場合の留意点について，満期一括償還方式に比べて，市場公募債の定時償還方式は投資家層が薄いため，起債環境を注視する必要があるという内容の意見が，公募団体からも証券会社からもあげられたとしている（地方債協会 2017, 26頁）。

続いて「その他」(21.7％),「借入期間の短期化」(12.4％)の順であった。「その他」と回答したものの大半は「特に要望はない」という内容である。「金利設定方式の見直し・金利引き上げ」と回答した金融機関は,属性別では地方銀行の88.5％,第二地方銀行の58.3％,信用金庫・信用組合・労働金庫の58.0％,系統上部の71.4％にのぼり,とくにこれらの金融機関は金利の設定方式または水準に満足していないとみられる。

金利水準に関しては,近年は歴史的な低金利情勢が続いているが,地方公共団体が銀行等引受地方債を安定的に調達する手段としてとくに有効だと思われるものを尋ねる質問では,回答の多い順に「指定金融機関からの優先的借入(30.6％)」,「シンジケートローンの採用(28.0％)」に続いて「変動金利,利率見直し方式の採用(19.4％)」があげられており,今後金利が上昇すれば受取利息が増額すると見込まれることなどから,変動金利や利率見直し方式の採用を期待する金融機関もあるとみられる。なお,銀行等引受地方債に対する要望に「市場公募団体化」と回答したものは,金融機関全体では4.5％と少なかったが,証券会社の66.7％がこれをあげており,流動性の観点などから市場公募団体化を望んでいることがわかる。

3　地方債 IR の展望

ここまで,第1節では地方債の保有構造について,第2節では投資家が地方債を保有する動機についてみてきた。続いて本節では,投資家に地方債を保有してもらうために地方公共団体が行う活動,すなわち地方債 IR について,その意義と課題を明らかにしていくこととしたい[12]。

---

12)　IR とは Investor Relations の略称であり,企業が株主や投資家向けに経営状態や財務状況,業績の実績・今後の見通しなどを広報するための活動である(SMBC 日興証券「初めてでもわかりやすい用語集」https://www.smbcnikko.co.jp/terms/eng/i/E0034.html,2018 年 6 月 28 日閲覧)。

3.1　地方債 IR の経緯と現状

　地方債 IR の目的は，投資家に地方債の安全性と商品性を理解してもらうことにより，未参入の投資家も含めて地方債の需要を掘り起こし，ひいては地方債の円滑な発行と発行コストの低減を図ることである。そのため地方債 IR では，投資家が地方債に関する理解を深め，適切な投資判断を行うことができるように，毎年度変化する各地方公共団体の財政運営の状況や将来の見通しについて，十分な情報提供を行うことが不可欠である[13]。

　地方債 IR は，1998 年 9 月に総務省と地方債協会の共催により，地方債の制度的な仕組みや信用力等について，投資家および金融機関を対象に行った説明会が最初である。地方債 IR が始まった背景として，前年の 11 月に山一證券や北海道拓殖銀行が破綻するなど，金融システム危機が発生したことがあげられる。また，当時の市場公募地方債の条件決定方式は統一条件交渉方式であり，発行条件はすべての公募団体で同一であったが，流通市場では地方公共団体の間で対国債スプレッドに差が生じており，とくに北海道拓殖銀行を指定金融機関とする北海道債や札幌市債の対国債スプレッドが大きく拡大していたことから，1998 年 11 月には北海道，札幌市，総務省および地方債協会の合同による説明会が札幌市で開催された。

　2002 年度からは，市場公募地方債の発行条件の交渉を東京都とその他の地方公共団体に分けて行う「2 テーブル方式」が導入され（本書第 3 章参照），地方債 IR の必要性がいっそう高まった。こうしたなか，2002 年 8 月には総務省と地方債協会の共催による「地方債 IR シンポジウム」が開催され，その後 10 月には，全公募団体，総務省および地方債協会の共催による初の「合同 IR」が実施された。この合同 IR の開始により，すべての公募団体が，少なくとも年に一度は投資家説明会を行うこととなった。

　さて，「地方債の動態的実証分析」のアンケートでは，地方債 IR は調査項目に含まれていないが，地方公共団体金融機構寄付講座（東京大学大学院経済学研究科・経済学部）のフォーラムおよびシンポジウムでは言及されているので，

---

13)　本段落から次頁の第 2 段落までの記述は，地方債協会（2016）24〜25 頁に基づく。

以下ではそれについてみていくこととしたい。

　第4回フォーラム（第1期，2011年6月）では静岡県の担当者が，同県のIRについて説明している。それによれば，静岡県は知事IR，合同IR，個別IRおよび海外IRという4つのIRに取り組んでおり，そのなかで最初に取り組んだのは2002年度の知事IRであった。これは当時，2001年度に行われた財政投融資改革により，地方債の引受先が政府資金から民間資金にシフトしたこと，それから先に述べたように，2002年度から市場公募地方債の条件決定方式が，それまでの統一条件交渉方式から2テーブル方式に移行し，静岡県債と東京都債の間で発行コストに差が生じていたことから，当時の知事がIRを始めるようになったものである（地方公共団体金融機構寄付講座 2014, 175～176頁）。

　第2回シンポジウム（2013年9月）では神戸市の担当者が，同市のIRについて説明している。神戸市は1995年の阪神・淡路大震災により，財政状況が悪いというイメージが広まってしまい，すべての市場公募地方債の条件決定方式が個別条件交渉方式に移行した2006年9月（本書第3章参照）に発行された神戸市債（20年債）の対国債スプレッドは42bp（ベーシス・ポイント，万分率）と，同じ時期に発行された他の公募団体の2倍以上であった。こうしたなかで神戸市は，市場との対話を行うための取り組みを開始し，そのうちの1つが積極的なIR活動であった。具体的には，1カ所での大規模な説明会や合同IRのほかに，個別投資家訪問を比較的早い段階から実施しており，このなかで，財政の改善状況や神戸市の成長戦略のPRを行った（同上，31～33頁）。

　その後，神戸市の対国債スプレッドは低下していくが，そのときに神戸市債を購入した生命保険会社の担当者は，同シンポジウムにおいて「IRがいかにマーケットのプライシングに影響するかを体感した」と述べている（同上，41頁）。また，第1回フォーラム（第2期，2013年11月）において，大阪府の担当者も「IRを中心として，地方財政制度や大阪府の行財政改革の取組状況等をわかりやすく理解いただくためにさまざまな取り組みをしました結果，近年を見ていただきますと，国債と地方債の格差は，非常に小さい状況で落ち着いてきているという状況です」と述べており，IR活動が対国債スプレッドの低下に寄与したことを強調している（地方公共団体金融機構寄付講座 2016, 37頁）。

　もっとも，こうしたIR活動の効果について，地方債協会の「平成27年度『地

方債に関する調査研究委員会』報告書」（以下，27 年度地方債協会報告書）は「現状では，調達金利の低下や，対国債スプレッドの低下，新規投資家の拡大等による IR 効果の定量的な測定は難しい状況にある」と述べている（地方債協会 2016，64 頁）。しかし，第 3 回シンポジウム（2015 年 12 月）において，大学教授は「IR に積極的でない発行体に投資するのは躊躇しますし，過去に非常に厳しい条件にあったけれども，改革を進めて改善をしてきたというような話はスプレッドに影響すると思います」と述べ（地方公共団体金融機構寄付講座 2016，22 頁），生命保険会社の担当者は「足もとの財政状況は健全化判断比率で把握し，今後の財政状況の方向性については，IR 説明会で取り組み施策等を情報収集することで，償還年限の長い地方債を納得して購入することができるようになったと感じております」と述べている（同上，24～25 頁）。また，27 年度地方債協会報告書も，上記の文章に続けて「投資家等の地方債への理解を継続的に高めていくことは極めて重要であり，地方団体においては，地方債 IR の質的改善に向けて，積極的に取組むことが求められる」と述べており（地方債協会 2016，64 頁），今後とも地方債 IR が重要であることは明らかであろう。

3.2　地方債 IR の課題と展望

　それでは今後，地方債 IR をめぐってはどのようなことが課題となるのだろうか。第 3 回シンポジウムにおいて，上記の生命保険会社の担当者は「当社は生命保険会社として，償還年限の長い債券を中心に購入しており，足もとの財政状況が将来にわたって維持されるのかという点に興味があ」ることから，「さまざまな施策を実施することで，何もしなかった場合と比較して各数値がどの程度改善するのか，将来的にどのような財政状況を実現したいのか，例えば 10 年後の健全化判断比率はどの程度になるかなど，具体的に目指している姿を示していただけると嬉しいです」と述べている（地方公共団体金融機構寄付講座 2016，31 頁）。

　27 年度地方債協会報告書によれば，地方債協会が 2015 年度に行った調査において，地方債や地方公共団体の財政状況で重視している情報内容として「財政状況の将来見通し」を選択したのは，証券会社の 35.0％，都市銀行・地方銀

行等の 40.4％，信用金庫・信用組合・農業協同組合の 28.6％，生命保険会社・アセットマネジメント等の 27.3％で，その割合を単純平均すると 32.8％となる。一方，投資家等が地方債や地方公共団体の財政状況で重視していると地方公共団体が考える情報内容として「財政状況の将来見通し」を選択したのは，公募団体の 36.5％，非公募団体の 15.4％，中核市・特例市の 21.5％，市区町村の 15.9％で，その割合を単純平均すると 22.3％となり，投資家等の選択割合よりも 1 割程度低い（地方債協会 2016，41～42 頁）。ここから，地方債 IR をめぐって，投資家と地方公共団体の間にミスマッチが生じていることがわかる。27 年度地方債報告書は，このほかにも地方債 IR をめぐって生じているミスマッチについて述べており（同上，62～63 頁），今後はこうしたミスマッチを解消するため，投資家と地方公共団体の間で積極的な対話がますます重要となるだろう。

　それでは，そうした対話のためには，どのような形態の IR 活動が望ましいのだろうか。第 1 回フォーラム（第 2 期，2013 年 11 月）において，上記の大阪府の担当者は「年 1 回の IR では，限られた投資家のみに一方通行での発信にしか過ぎないため，どのような商品をお望みなのか，大阪府の地方財政運営に対して何を求めているのか，といったことを収集する場として，年間 100 件程度，訪問等による IR を積極的に行っています」と述べている（地方公共団体金融機構寄付講座 2016，36 頁）。また，第 8 回フォーラム（第 2 期，2015 年 10 月）において，愛知県の担当者も「個別投資家訪問ですと，投資家さんから率直に愛知県債に対するご要望，ご批判を伺うことができますし，投資家さんが考えている投資目線や投資のスタンスをお話ししていただくことができます。投資家さんの意見を生で聞ける貴重な機会だと思っております」と述べており（同上，186 頁），地方公共団体が IR 活動のなかでも，投資家と直接意見交換ができる「個別投資家訪問」を重視している様子がうかがえる。

　27 年度地方債協会報告書によれば，2014 年度には公募団体の 57.4％が個別投資家訪問を行っている。また，個別投資家訪問の有効性については，公募団体の 93.5％が「有効である」または「やや有効である」と回答し，投資家側も，都市銀行・地方銀行等の 93.8％，信用金庫・信用組合・農業協合組合の 66.7％，生命保険会社・アセットマネジメント等の 87.5％が同様に回答している（地方債協会 2016，31，33 頁）。しかしその一方で，投資家の側からは「現在，地方債

のスプレッド差がほとんどない状況にあり，投資家も地方債を一括りに捉える傾向にある」ため，「個別に投資家を訪問することの効果はあまり期待されず，訪問件数をあげることが目的化される状況と思われ，再考が必要と感じている」といった声もある（同上，49頁）。

　たしかに個別投資家訪問は，地方公共団体と投資家の間で直接的な意見交換が行いやすいという点で，メリットがあるだろう。しかし，直接的な意見交換は，個別投資家訪問でしかできないというわけではない。たとえば札幌市は，投資家説明会において「パネルディスカッション方式による双方向形式」を導入している（地方公共団体金融機構寄付講座 2016，55頁）。いずれにせよ，今後の地方債 IR は，地方公共団体と投資家の間の対話をより重視する方向で充実させていくことが求められているのである。

おわりに

　以上，地方債の保有構造から始まり，地方債を保有する投資家の特性と保有動機，そして，投資家に地方債を保有してもらうために地方公共団体が行う活動である地方債 IR についてみてきた。

　第2節で明らかにしたように，地方債の保有動機は金融機関によってそれぞれ異なる。そうした異なる動機を有する金融機関に地方債を保有してもらうために，地方公共団体は積極的な IR 活動を行う必要があるが，その際，第3節で述べたように，両者の間でミスマッチが生じないよう，一方向での情報提供に終始するのではなく，双方向での対話も重視するような IR 活動を展開する必要がある。また，本章では触れなかったが，地方公共団体が市場との対話を進めるためには，金融に関する知識を修得していく必要がある。こうしたことは，地方公共団体の人員が限られるなかでは容易ではないが，必要なことであり，今後の課題であろう[14]。

14）　たとえば，第2回フォーラム（第1期，2011年2月）で報告を行った川西市（兵庫県）の担当者は，「役所の常識・世間の非常識」と呼ばれる，地方公共団体と金融機関の間での認識の違いに触れたうえで，地方公共団体の側が金融に関する知識を増やしていくことの重要性について

いずれにせよ，第3章で述べられているように，かつてのように政府資金の大幅な増加が見込めず，今後も地方債は民間資金による引受が中心となる以上，地方公共団体と市場の間でさらなる対話が求められているのである。

参考文献

天達泰章（2009）「地方銀行による地方公共団体向け引受姿勢の変化」『地方債月報』357号，4〜15頁

菅和聖・倉知善行・福田善之・西岡慎一（2012）「わが国生命保険会社のバランスシート構造と国債投資」『日銀レビュー』2012-J-16

小西砂千夫編著（2011）『市場と向き合う地方債——自由化と財政秩序維持のバランス』有斐閣

地方公共団体金融機構（2017）「JFM DISCLOSURE 2017」地方公共団体金融機構

地方公共団体金融機構寄付講座（2014）「地方債市場の現状と課題——地方公共団体金融機構寄付講座（第1期）研究報告書」東京大学大学院経済学研究科・経済学部 地方公共団体金融機構寄付講座

地方公共団体金融機構寄付講座（2016）「自治体資金調達の新地平——地方公共団体金融機構寄付講座（第2期）研究報告書」東京大学大学院経済学研究科・経済学部 地方公共団体金融機構寄付講座

地方債協会（2012）「今後の地方債IRの充実に向けて」平成23年度「地方債に関する調査研究委員会」報告書

地方債協会（2016）「効果的な地方債IRの推進と銀行等引受地方債の現状と課題」平成27年度「地方債に関する調査研究委員会」報告書

地方債協会（2017）「地方債の調達方法の多様化と金融リテラシーの向上——大規模な金融緩和策下における地方債の対応も含めて」平成28年度「地方債に関する調査研究委員会」報告書

日本銀行調査統計局（2017）「資金循環統計の解説」日本銀行調査統計局

（天羽正継・橋都由加子）

　述べている（地方公共団体金融機構寄付講座 2014，97〜100頁）。また，地方債協会（2017）は，地方公共団体職員の「金融リテラシー」の向上をテーマとして，アンケート調査を行っている。

第5章　地方債の信用リスクとスピルオーバー

は じ め に

　2009年10月にギリシャ政府が財政赤字を大幅に粉飾していたことが発覚し，市場はギリシャ財政に対する不信感を高めたことで，同国国債の利回りは上昇し，ギリシャ国債の格付けも引き下げられた。このギリシャ債務危機による影響は，他のユーロ諸国，とくに財政状態が芳しくないアイルランド，ポルトガル，スペイン，イタリアにも拡大し，欧州債務危機につながったことは記憶に新しい。ある政府の信用力の低下が他の政府にスピルオーバーすることは珍しいことではなく，欧州債務危機以外にも，代表的なものとして1980年代に中南米で発生した債務危機，90年代後半のアジア通貨危機などがよく知られているところである。

　日本でも，2006年6月に夕張市が財政再建団体の申請を行うこと（いわゆる「夕張ショック」）が報じられたほか，7月には，総務大臣の私的諮問機関である「地方分権21世紀ビジョン懇談会」は再生型破綻法制の検討に着手することを盛り込んだ報告書を発表した。これらのイベントを挟んだ6月から9月にかけて，地方債の金利スプレッドは拡大し，東京都債，横浜市債，大阪府債，および北海道債（いずれも年限は10年）の対国債スプレッドは，6月上旬の7bp，9bp，16bp，16bp から，9月末には14bp，16bp，33bp，35bp に拡大した（大山・杉本・塚本，2006）。東京都債や横浜市債はともに7bp の上昇にとどまった

のに対して，大阪府債や北海道債はそれぞれ 17bp，19bp も上昇しており，日本の市場公募団体でも信用リスクのスピルオーバーと思われるような現象が観察されている。

　信用リスクのスピルオーバーが発生する理由として，Landon and Smith（2000）や van Hecke（2013）などによれば，大きく分けて，①金融調整，②他の政府による救済の可能性，③相互依存歳入，④情報効果の 4 つが指摘されていて，同じ階層の政府間で生じることもあれば，異なる階層の政府間でも起こりうるとされる。

　第 1 の金融調整を通じたスピルオーバーとは，主に中央政府が債務の累増を伴う拡張的な財政政策を実施すると，貯蓄の減少やインフレ・リスク等によって当該国の信用リスクを高めるが，それだけにとどまらず，下位政府も貯蓄減少等の影響を受けてその利子率が上昇する，あるいは資金が移動することにより，同じ経済圏に属する他国の利子率が上昇する現象のことをいう。

　第 2 の他の政府による救済の可能性を通じたスピルオーバーとは，信用リスクが上昇した政府を別の政府が救済する可能性があるとき，救済する側の政府の財政的な資源が流出する懸念から，救済する政府の信用リスクが高まることをいう。

　第 3 の相互依存歳入を通じたスピルオーバーとは，同じ階層または異なる階層の政府間で補助金の受け渡しが行われている，あるいは課税ベースを共有しているなど，ある政府の行動が他の政府の歳入に影響を与えることに起因するスピルオーバーのことをいう。たとえば，上位政府で債務の累増等によって信用リスクが高まると，財政健全化のために上位政府は下位政府への補助金を削減しようするだろう。しかし，上位政府からの補助金に依存している下位政府では，歳入の減少によって信用リスクが上昇する現象がこれに当てはまる。

　第 4 の情報効果を通じたスピルオーバーは，情報の伝播とヤードスティックの 2 つに細分され，どちらも貸し手と借り手の間に情報の非対称性が存在するときに引き起こされる。前者は，ある政府で債務履行に対する疑義が生じると，それがシグナルとなり，財政状況等が類似する他の政府でも債務不履行が疑われて信用リスクが高まることをいう。後者は，市場がある政府の信用力を評価するにあたって，類似する政府の財政状況等をヤードスティックとして評価し

ているとき，ヤードスティックと比較して財政状況が悪化した政府の信用力は低下するが，それと同時に，類似する他政府の信用力が相対的に高まることで信用リスクがスピルオーバーすることをいう。つまり，情報の伝播とヤードスティックとでは，ある政府で信用リスクが高まったときのスピルオーバー効果が対照的で，前者の場合には他の政府の信用力を低下させ，後者の場合には他の政府の信用力を高めるという効果の違いがある。

　こうした信用リスクのスピルオーバーの存在が認められる場合には，信用リスクが他の政府に共有・希釈され，信用リスクと金利水準が必ずしも対応しなくなることから，市場による規律づけは十分に機能しない恐れが指摘されている（Landon and Smith 2000）。そこで本章では，日本の市場公募債市場でもこうした問題を内包しているか検証するため，第1に，そもそも市場による規律づけが働いているのか，換言すれば，市場公募団体間で信用力に格差が認められるのか，第2に，水平的な信用リスクのスピルオーバーが観察されるのか，という2点を実証する。

　本節の構成は以下の通りである。第1節では，自治体間の信用リスクの格差という観点から日本の地方債制度を展望する。第2節では，信用リスクのスピルオーバーを扱った国内外の研究を紹介する。第3節では，日本の市場公募債データを用いて，信用リスクの格差とスピルオーバー効果の両者が認められるかを定量的に検証する。最終節はまとめである。

1　日本の地方債制度をめぐる論点

1.1　地方債の発行状況

　まず，最近時点における地方債の発行状況について確認しておくことにしよう。「平成30年度地方債計画」（総務省）によると，2018年度の地方債計画額のうち通常収支分は前年度比0.2%増の11兆6456億円，東日本大震災分は前年度比71.8%減の53億円となっている。通常収支分と東日本大震災分を合わせた計画額全体の資金区分についてみると，公的資金によるものが4兆5901

億円（うち財政融資資金2兆8102億円，地方公共団体金融機構資金1兆7799億円），民間等資金によるものが7兆608億円（うち市場公募3兆8200億円，銀行等引受3兆2408億円）であり，公的資金の割合が39.4%，民間等資金の割合が60.6%となっている。地方債計画額に占める民間等資金の割合は2000年度には4割程度であったが，2004年度から民間等資金の割合が公的資金の割合を上回るようになり，最近時点では民間等資金の割合がおおむね6割という水準で推移している。

このような動向の背景には，市場公募債による資金調達の増加がある。2000年度には1兆6100億円であった市場公募資金は，2018年度には3兆8200億円と大幅に増加している（いずれも地方債計画〔当初〕ベース）。こうしたなか，2011年度には地方債の資金区分別の構成比において市場公募資金の割合が財政融資資金（27.2%），銀行等引受（28.5%）を上回り（30.6%），2014年度以降は地方債計画額のほぼ3分の1（2014〜18年度については，いずれも32.8%）が市場公募資金によるものとなっている。

市場公募債による資金調達の増加を受けて，全国型市場公募債の発行額は2000年度の2兆2690億円（実績）から2018年度の6兆4910億円（計画額）へと3倍近くに増え，発行団体数も28団体から55団体に増加している。2003年度からは共同発行債の発行もスタートし，最近時点（2018年度）では36団体により1兆2070億円の発行が行われている[1]。

1.2　地方債格付けの現状

こうしたなか，2006年10月に横浜市がS&Pグローバル・レーティング（S&P）から依頼格付けを取得したのを契機として，市場公募債発行団体の間に格付けを取得する動きが広まった。2018年9月末時点では24団体が格付けを取得している（表5-1，第6章表6-1も参照）。格付けを取得した自治体の数

---

1)　2001年度からは住民参加型市場公募債の発行も始まり，2006年度には124団体・3513億円の発行が行われていたが，きわめて緩和的な金融環境のもとで金利水準が低位にとどまっていることから販売実績が必ずしも良好でなく，資金調達コストも嵩むため，住民参加型市場公募債については発行団体・発行額が大幅な減少傾向にある。

表 5-1　市場公募地方債発行団体の格付け（2018 年 9 月 30 日現在）

都道府県	格付け／アウトルック			
	R&I	JCR	S&P	ムーディーズ
北海道				
宮城県	AA/安定的			
秋田県				
福島県				
茨城県				
栃木県	AA+/安定的			
群馬県				
埼玉県	AA+/安定的			
千葉県				
東京都			A+/ポジティブ	
神奈川県				
新潟県				A1/安定的
福井県	AA/安定的			
山梨県				
長野県				
岐阜県				
静岡県	AA+/安定的			A1/安定的
愛知県	AA+/安定的		A+/ポジティブ	
三重県				
滋賀県				
京都府				
大阪府				
兵庫県				
奈良県	AA/安定的			
島根県				
岡山県	AA/安定的			
広島県				A1/安定的
徳島県	AA/安定的			
高知県				
福岡県				A1/安定的
佐賀県	AA/安定的			
長崎県				
熊本県				
大分県				
鹿児島県				

政令市	格付け／アウトルック			
	R&I	JCR	S&P	ムーディーズ
札幌市				A1/安定的
仙台市				
さいたま市				
千葉市	AA/安定的			
横浜市				A1/安定的
川崎市				
相模原市				
新潟市				
静岡市				A1/安定的
浜松市				A1/安定的
名古屋市				A1/安定的
京都市				
大阪市			A+/ポジティブ	A1/安定的
堺市				A1/安定的
神戸市	AA+/安定的			
岡山市				
広島市				
北九州市				
福岡市				A1/安定的
熊本市				

（注）　格付け記号の右に付されている「安定的」あるいは「ポジティブ」という表記は，格付けの変化の方向性を示す将来見通し（アウトルック）である。
（出所）　各格付機関の公表資料（格付一覧）より作成。

を格付機関別にみると，格付投資情報センター（R&I）が 12 団体，S&P が 3 団体，ムーディーズ・ジャパンが 13 団体となっている。

複数の自治体に対して依頼格付けを付与している格付機関（R&I，S&P，ムー

表 5-2　市場公募地方債発行団体の格付け（2010 年 12 月 31 日現在）

都道府県	格付け／アウトルック				政令市	格付け／アウトルック			
	R&I	JCR	S&P	ムーディーズ		R&I	JCR	S&P	ムーディーズ
北海道					札幌市				Aa2/安定的
宮城県					仙台市				
福島県					さいたま市				
茨城県					千葉市			A+/安定的	
栃木県	AA+/安定的				横浜市			AA-/ネガティブ	
群馬県					川崎市				
埼玉県	AA+/安定的				相模原市			AA-/安定的	
千葉県					新潟市			AA-/ネガティブ	
東京都			AA/ネガティブ		静岡市				Aa2/安定的
神奈川県					浜松市				Aa2/安定的
新潟県				Aa2/安定的	名古屋市				Aa2/安定的
福井県	AA/安定的				京都市			A+/安定的	Aa2/安定的
山梨県					大阪市			AA-/ネガティブ	Aa2/安定的
長野県					堺市				Aa2/安定的
岐阜県					神戸市	AA/安定的			
静岡県	AA+/安定的			Aa2/安定的	岡山市				
愛知県	AA+/安定的	AAA	AA/ネガティブ		広島市				
三重県					北九州市				
京都府					福岡市				Aa2/安定的
大阪府									
兵庫県									
奈良県	AA/安定的								
島根県									
岡山県	AA/安定的								
広島県				Aa2/安定的					
徳島県	AA/安定的								
福岡県				Aa2/安定的					
熊本県									
大分県									
鹿児島県									

（注）　表 5-1 と同じ。
（出所）　各格付機関の公表資料（格付一覧）より作成。

ディーズ）の格付けの状況をみると，S&P とムーディーズについてはいずれの自治体についても同一の格付けが付与されているのに対し，R&I は付与している格付けに自治体間で差が生じている。現時点ではすべての自治体に同一の格付けを付与している S&P の格付けも，以前は自治体間で差が生じていた（表5-2）。これに対し，ムーディーズの格付けについてはいずれの時点においてもすべての自治体に同一の格付けが付与されている。

　このように格付機関によって格付けのスタンスに違いがみられるのは，地方

債の信用力評価において，発行体の個別の財政状況だけでなく，発行体による債務の履行（元本の償還と利払）を支援する上位政府（国）のシステム・サポートの強固さが評価に際して重要な意味をもつためであると考えられる。すなわち，地方債の信用力は，各発行体の単体としての信用力の評価と，上位政府によるシステム・サポートの強固さ（信用補完に関連する地方財政制度の整備状況や間接的に財政支援を行う上位政府の能力）に対する評価の双方によって規定されており，このいずれをどの程度重視するか，上位政府による支援をどの程度強固なものとみるかによって格付けの付与の仕方に違いが生じることになる。

1.3 自治体間に信用力の格差は存在するか

　地方債に関して繰り返し論じられてきたことの1つに，「自治体間に信用力の格差は存在するか」というものがある。この点については，(1)日本の自治体が発行する地方債について，債務不履行の発生が制度上想定されているか，(2)債務不履行が生じることが想定されているとした場合に，国が自治体に代わって債務を履行する制度的な担保はなされているか，(3)自治体が約定通りに債務を履行することを支援する国の制度的措置はどの程度強固なものか，という3つの論点に分けて考えるとわかりやすい。

(1) 債務不履行の発生は制度上想定されているか

　地方財政法（昭和23年法律第109号）第5条の4においては，地方債の発行にあたって総務大臣または都道府県知事の許可が必要な団体として「地方債の元利償還金の支払を遅延している地方公共団体」（第1項第3号）と「過去において地方債の元利償還金の支払を遅延したことがある地方公共団体のうち，将来において地方債の元利償還金の支払を遅延するおそれのあるものとして政令で定めるところにより総務大臣が指定したもの」（第1項第4号）が掲げられている。このことから，地方債については法制上も債務不履行の発生の可能性があることが想定されていることが確認できる。

(2) 国が自治体に代わって債務を履行する制度的な担保はあるか

　「法人に対する政府の財政援助の制限に関する法律」（昭和21年法律第24号）においては「政府又は地方公共団体は，会社その他の法人の債務については，

保証契約をすることができない」（第3条）とされており，一般的には国が地方債の債務保証をすることは禁じられているが，同条但し書きの規定を利用すれば例外的に国が債務保証をすることは可能である。実際，「国際復興開発銀行等からの外資の受入に関する特別措置に関する法律」（昭和28年法律第51号）においては「地方債証券のうち外貨で支払われるもの」について政府保証を付することが可能とされている（第2条第2項第4号）。

しかしながら，一般の地方債についてはこのような保証契約をすることを可能とする根拠規定はなく，現に全国型市場公募債や住民参加型市場公募地方債に対して政府の保証は付されていない。したがって，この点からも，市場公募債の元本の償還や利子の支払が約定通りに行われることは制度上担保されていない。

(3) 国によるシステム・サポートはどの程度強固なものか

このように，地方債の償還や利払の確実な実施を確保する法制上の措置は存在しないが，地方債の信用力の維持については国による支援と関与が行われている。すなわち，地方債の元利償還については地方交付税を通じた財源保障がなされ，公債費や実質赤字が一定の基準を超えた団体については地方債の起債制限が行われるほか（早期是正措置），財政の健全性に関する複数の指標の公表とそれに基づく健全化措置の実施が予定されている[2]。

もっとも，このような国の支援と関与がどの程度強固なものであるかという点については多様な見方が存在する。格付機関によって格付けのスタンスに違いがみられるのは，この点に関する各機関の認識の違いによるものとみることができる。たとえば，地方債の元利償還に対する国の財源保障についてみると，元利償還金相当額が計上されるのはあくまで地方交付税の基準財政需要の算定においてであり，実際の地方交付税の配分額は，それぞれの時点における国と地方の財政状況に応じて決定されることから，国による財源保障は万全なものとはいえない[3]。

---

2) 地方債の発行・償還等に関する国の関与の詳細については第2章を参照。
3) この点に関しては S&P から「地方交付税による財源調整，財政再建団体制度，地方債の協議制度など，日本政府による地方自治体へのシステム・サポートは重層的で強固である。しかし，中央政府の財政難により地方交付税が減少していること，財政再建団体制度にもとづく支援がタイムリー性に欠けることなどから，日本の地方財政制度が提供するシステム・サポートは世界的

1.4 自治体の信用力と地方債のスプレッド

これらの点を踏まえると，「自治体間に信用力の格差は存在しない」という見方は，制度的な裏付けをもつものではなく，国によるシステム・サポートがきわめて強固なものであるという主観的な判断に基づく見方（意見）にとどまるということになる。地方債市場の参加者の間には地方債の信用力をめぐって多様な見方が存在し，それらの見方は市場における価格形成を通じて最終的には各銘柄のスプレッドに織り込まれることになる。

各自治体の財政状況や国によるシステム・サポートの強固さに関する投資家の見方は，時間の経過とともに変化するから，それに応じて地方債の利回りやスプレッドにも変化が生じることになる。このような変化の顕著な例は 2006 年に生じたいわゆる「夕張ショック」にみられる。2006 年 6 月に夕張市が地方財政再建促進特別措置法（昭和 30 年法律第 195 号）に基づく準用財政再建団体の指定を申請する意向を表明したことをきっかけに，地方債市場では流通利回りの全般的な上昇と，銘柄（発行体）間のスプレッドの格差の拡大が生じた [4]。夕張市は市場公募債発行団体ではなく，夕張市の財政再建団体への移行は他の自治体の財政運営に直接的な影響をもたらすものではなかったにもかかわらず，地方債市場においてこのような反応がみられたことは，地方債の信用力とそれを補完している財源保障のスキームについて考えるうえで興味深いエピソードといえる。

地方債のスプレッドには信用リスクだけでなく，各銘柄の流通量の多寡からくる流動性プレミアムなども反映されている可能性があり，各自治体の信用力と地方債のスプレッドの間にはたして有意な関係があるのかはすぐれて実証的な課題であるが，自治体の信用力をめぐる議論を定量的に把握するうえで，地方債市場におけるスプレッドの動向は有益な情報を与えてくれるものと考えられる [5]。

にみて最も強固とは言えない」（スタンダード・アンド・プアーズ 2006）との見解が示されたことがある。
4) 夕張ショックの前後の期間における地方債市場の動向については，大山ほか（2006）を参照。
5) 自治体の信用力と地方債のスプレッドの関係に関する定量的な分析については，足立（2006），石川（2007），中里（2008）を参照。

2 信用リスクのスピルオーバー

　ある国の財政状況の変化が他国の信用リスクにスピルオーバーすることを検証しようとした研究は豊富に認められ，なかでも，スピルオーバーのメカニズムとしてユーロ加盟国間での救済可能性に着目した実証分析が散見される[6]。

　たとえば，Faini（2006）や Caporale and Girardi（2013）は，ある加盟国が債務を累増させると，自国の金利だけでなく，他の加盟国の金利水準も有意に上昇させることを実証した。そして，経済統合が進んだユーロ圏では，一国の財政状況の変化が金利を通じて他国にスピルオーバーしやすいことから，財政状況が悪化した国に対する規律づけや監視が求められると主張している。Bernoth et al.（2004）は，ある国で財政状況が悪化したときに他国の金利に影響を与えるとしても，ユーロ圏に属するか否かでインパクトが異なると述べている。実際，ユーロ加盟国では他国の財政状況の悪化による金利上昇効果が緩和されることが示され，ユーロ加盟国ではその財政が悪化したとしても，加盟国全体による何らかの支援が行われると市場は認識していると結論づけた。

　上記の知見は一国内の異なる政府間でも信用リスクがスピルオーバーする可能性を示唆する。同じ階層の地方政府間あるいは階層の異なる政府間での信用リスクのスピルオーバーの存在を明らかにしようとした研究として Capeci（1991），Landon and Smith（2000；2007），田中（2012），van Hecke（2013），Greer（2015）などがあげられる。

　Capeci（1991）は，アメリカの地方政府が起債する一般財源保証債（general obligation bond）の金利の決定要因を推定したところ，格付けの水準や残存期間などは金利に有意な影響を与えているものの，他地域の債務水準は有意な関連性がみられないと結論づけた。

　Landon and Smith（2000）は，カナダの州政府を対象に，格付け会社から付

6）　ユーロ圏以外で国家間の信用リスクの伝播を取り上げた研究として，EU のうち PIGS 諸国を対象とした de Santis（2012）および Mink and de Haan（2013），米ドル建て国債を発行する 21 カ国を対象とした Gande and Parsley（2005），OECD 諸国を対象とした Ardagna et al.（2007）などがある。

与された格付けの等級を信用リスクの代理変数とみなし，それが自地域の債務水準（純債務残高対GDP比）のみならず，連邦政府や他の州政府のそれからも影響を受けているかを検証した。自地域だけでなく，オンタリオ州を除く他の小規模州や連邦政府の債務の増加が，自地域の信用リスクを高めるという推定結果が示された一方で，カナダ最大の州であるオンタリオ州における債務の増加は自地域の信用リスクの低下に寄与するという結果も得られており，債務の増加がもたらす信用リスクのスピルオーバー効果は必ずしも同じ方向に働くわけではないようである。いずれにせよ，こうした信用リスクのスピルオーバーが認められる場合には，市場による規律づけは地方政府の借入行動に対して歪みをもたらす可能性があることを指摘している。

　他方，Landon and Smith（2007）は，信用リスクの指標として，Landon and Smith（2000）で用いていた格付けの等級から金利に換えて分析を行っている。従前と同様，連邦債務の増加は自地域の金利水準を引き上げるという結果が得られたものの，他の州政府からの影響は観察されなかった。

　国内の実証研究である田中（2012）は，日本の市場公募団体18団体を取り上げ，他の公募団体で地方債残高が増加すると自地域の市場公募債の金利が上昇することを示した。また，地方債の市場化が進んだ2006年以降は，従前よりも弱まっているものの依然として信用リスクのスピルオーバーが観察された。この結果から，市場は地方公共団体が国だけでなく地方相互の「暗黙の政府保証」に支えられていると認識していると推断した。

　水平的な信用リスクのスピルオーバーを扱ったCapeci（1991）や田中（2012），水平・垂直の両方向のスピルオーバーをとらえようとしたLandon and Smith（2000；2007）以外にも，van Hecke（2013）やGreer（2015）は下位政府から上位政府への垂直的な信用リスクのスピルオーバーの有無を検証している。van Hecke（2013）によるユーロ加盟13カ国を対象とした分析によれば，垂直的な財政不均衡が拡大するほど，地方債務の累増による中央政府の金利の上昇効果が大きくなることが示された。また，Greer（2015）は，テキサス州内の郡政府（county）とそれよりも下位の地方政府（市，学校区，その他特別区）との間で課税ベースの重複による共有財源問題が存在すると述べ，それに起因して，下位政府による地方債発行の増加が上位政府の直面する金利を上昇させることを

明らかにした。

3 推　　定

3.1　推定モデル

　本節では，日本の市場公募団体を対象として，第1に，市場公募債の金利ス
プレッドが発行団体の財政状況に依存するのか，第2に，信用リスクのスピル
オーバーが観察されるかを検証する。

　後者の信用リスクのスピルオーバーは，他地域の財政状況が変化することで
自地域の金利スプレッドに影響をおよぼすという経路のほか（田中 2012），他
地域の金利スプレッドの変化が自地域のそれに影響をおよぼす経路も考えられ
る。しかし，どちらが妥当か，または両方とも妥当かは先験的にはわからない
ため，以下の6つの推定モデルによる推定を試みることで，上記の2つの仮説
を検証すると同時に，信用リスクのスピルオーバーの経路を特定化する。具体
的には，空間計量経済学の分野で利用される代表的な推定モデルである，
(1)式の SARAR [7] (spatial autoregressive model with spatial autoregressive disturbances
model)，(2)式の SDM（spatial Durbin model），(3)式の SDEM（spatial Durbin error
model）を最尤法で推定する。

$$y_{it} = X_{it}\boldsymbol{\beta} + \rho \cdot W_t y_t + \mu_i + \phi_t + u_{it}, \qquad u_{it} = \lambda \cdot W_t u_t + \varepsilon_{it} \tag{1}$$

$$y_{it} = X_{it}\boldsymbol{\beta} + \rho \cdot W_t y_t + W_t x_t \boldsymbol{\theta} + \mu_i + \phi_t + \varepsilon_{it} \tag{2}$$

$$y_{it} = X_{it}\boldsymbol{\beta} + W_t x_t \boldsymbol{\theta} + \mu_i + \phi_t + u_{it}, \qquad u_{it} = \lambda \cdot W_t u_t + \varepsilon_{it} \tag{3}$$

　さらに，これらの推定モデルの特殊形として，(1)式で$\lambda = 0$，または(2)式で
$\boldsymbol{\theta} = 0$ を仮定した SLM [8] (spatial lag model)，(1)式で，$\rho = 0$ または(3)式で $\boldsymbol{\theta} = 0$

---

7)　SAC とも呼ばれる。
8)　SAR（spatial autoregressive model）とも呼ばれる。

を仮定した SEM（spatial error model），(2)式で $\rho = 0$，または(3)式で $\lambda = 0$ を仮定した SLX（spatial lag of X model）も最尤法で推定し，赤池情報量基準（AIC）によって6つの推定モデルのなかから最良のモデルを選択する。

(1)式から(3)式の左辺 y_{it} は被説明変数で，地方公共団体 i が起債した10年物の全国型市場公募債（個別債）のうち，時点 t に観察できる残存期間の最も長い市場公募債の金利スプレッドである。

(1)式から(3)式の右辺第1項の X_{it} は，時点 t に観察できる発行団体 i の財政状態等に関する説明変数行列で，定数項のほか，当該市場公募債の①発行額（対数）と②残存期間（日数）のほか，発行団体の直近の③財政力指数，④実質公債費比率，⑤経常収支比率，⑥将来負担比率，⑦実質収支比率，⑧公債費負担比率，⑨実質赤字比率，⑩連結実質赤字比率，⑪地方債残高対標準財政規模（地方債残高を標準財政規模で割った比率）の11個の変数からなる。③から⑪までの変数は信用リスクを表す代理変数であり，パラメータ・ベクトル $\boldsymbol{\beta}$ のうち，これらの変数にかかるパラメータが有意にゼロと異なるならば，市場公募債の金利スプレッドには発行団体の信用リスクが織り込まれていると解釈できる。

(1)式および(2)式の右辺第2項の $W_t y_t$ は，被説明変数の空間ラグ項で，同時点における発行団体 i 以外の団体の金利スプレッド y_{jt} を後述するある重み w_{ijt} を乗じて足し合わせた値で（ただし，$i \ne j$），他団体の金利スプレッドの加重平均である。この変数は信用リスクのスピルオーバーを表す説明変数の1つであり，他団体の金利スプレッドが自団体の金利スプレッドに影響を与えているならば，この変数にかかるパラメータ ρ は有意にゼロと異なるはずである。

(2)式の右辺第3項および(3)式の右辺第2項の $W_t x_t$ は，説明変数行列 X_t から定数項，発行額（対数）および残存期間（日数）を除いた9つの変数からなる説明変数行列 x_t の空間ラグ項である。先と同様，発行団体 i を除く全団体の説明変数 x_{jt}^k を後述するある重み w_{ijt} で加重平均した値である（ただし，$i \ne j$，k は説明変数③から⑪に対応する）。これらの変数も信用リスクのスピルオーバーを表す説明変数であり，他団体における財政状況の変化が自団体の金利スプレッドに影響を与えるならば，パラメータ・ベクトル $\boldsymbol{\theta}$ は有意な値を取ると考えられる。

(1)式から(3)式の u_i は団体 i の個別効果，ϕ_t は年度 t の個別効果で，それぞ

れ東京都を基準とする団体ダミー，データの開始年度を基準とする年度ダミーによって個別効果の大きさを捉える。

(1)式および(3)式の u_{it} は合成された誤差項で，誤差項の空間ラグ項 $W_t u_t$ と通常の誤差項 ε_{it}（$\sim N(0, \sigma^2)$）から構成される。説明変数では捉えきれなかった何らかのショックによって信用リスクのスピルオーバーが発生しているならば，誤差項の空間ラグ項にかかるパラメータ λ は有意な値を取るはずである。

推定されるパラメータは β, ρ, θ, μ_i, ϕ_t および λ である。

3.2　空間重み行列

以下では，自団体の金利スプレッドは財政状況の類似する他の発行団体の金利スプレッドや財政状況の変化から影響を受けると仮定して分析を進めるが，その類似の程度として，先行研究で採用されているような類似団体の類型や単一の財政指標をそのまま利用することには一定の留意が必要である。たとえば，権能差，人口および産業構造をもとに類似の程度が規定される市区町村の場合とは異なり，都道府県の類似団体別財政指数表における類型は財政力指数の高低のみによって規定される。財政力指数は，相対的な税収の大きさを表す指標であって，債務水準や収支状況といった財政状況の違いを織り込んでいないことから，団体間の財政状況の類似性を財政力指数のみで捉えることに対しては慎重であるべきだと思われる。

そこで，本節では，説明変数から発行額および残存期間を除いた財政状況を表す9変数の主成分得点[9]を時点ごとに求め，自団体の主成分得点との差が小さい団体ほど財政状況が類似しているとみなし，得点差の小さい団体からより大きな影響を受けることを想定した空間重み行列 W_t を作成した。具体的には，時点 t における自団体 i の主成分得点を z_{it}, 他団体 j の主成分得点を z_{jt} とすると，空間重み行列 W_t の第 i 行・第 j 列の要素 w_{ijt} は以下のように定義される。

---

9)　主成分分析では相関行列を用い，9つの説明変数群の第1主成分を求めて主成分得点を算出した。

$$
w_{ijt} = \begin{cases} \dfrac{1}{|z_{jt} - z_{it}|} \Big/ \displaystyle\sum_{j}^{N_t} \dfrac{1}{|z_{jt} - z_{it}|} & \text{if} \quad i \neq j \\[2em] 0 & \text{otherwise} \end{cases}
$$

3.3　デ　ー　タ

　推定の対象期間は 2009 年度から 2017 年度までであるが，説明変数の一部は過年度の数値が用いられるため，2007 年度以降のデータが含まれる。対象団体は市場公募債を発行する都道府県および政令市である。

　被説明変数の金利スプレッドは，ブルームバーグ社が算出した全国型市場公募債のミッド利回りと指標債利回りとのビッド・イールド・スプレッド（単位：bp）を利用する。推定結果の頑健性を確かめるために，12 月末，1 月末，2 月末および 3 月末時点の 4 種類の金利スプレッドを被説明変数とする推定を行う。

　説明変数のうち発行額（対数）および残存期間（日数）は，ブルームバーグ社が提供するデータを利用しており，被説明変数に用いられた銘柄に対応する発行額を対数変換した値と日単位で表された残存期間の値である。

　財政力指数，実質公債費比率，経常収支比率および将来負担比率は「地方公共団体の主要財政指標一覧」から，公債費負担比率，実質収支比率，実質赤字比率，連結実質赤字比率および地方債残高対標準財政規模（地方債残高および標準財政規模）は「都道府県決算状況調」（総務省）と「市町村別決算状況調」（総務省）からそれぞれデータを入手した [10]。「地方公共団体の主要財政指標一覧」（総務省）は N 年 12 月頃に $N-1$ 年度における主要な財政指標が公表されるのに対して，「都道府県決算状況調」と「市町村別決算状況調」は $N+1$ 年の 2 月から 3 月にかけて $N-1$ 年度の全財政指標が公表されるという違いがある。そのため，12 月末，1 月末，または 2 月末時点の金利スプレッドを被説明変数

---

10)　「地方公共団体の主要財政指標一覧」「都道府県決算状況調」および「市町村別決算状況調」では，将来負担比率，実質赤字比率および連結実質赤字比率がマイナスの場合には「−」と表記されるが，推定ではゼロとして扱った。

に用いる場合には，$N-1$年度の公債費負担比率，実質収支比率，実質赤字比率，連結赤字比率および地方債残高対標準財政規模（地方債残高および標準財政規模）が公表されていないことから，$N-2$年度の各比率を説明変数に使用する。

　被説明変数および説明変数の記述統計は，表5−3の通りである。また，表5−4では3月末時点の金利スプレッドに対応する，定数項，発行額（対数）および残存期間（日数）を除いた説明変数 x の主成分得点を載せている。

3.4　推定結果

　12月，1月，2月および3月末時点のデータをもとに，(1)式のSARAR，(2)式のSDM，(3)式のSDEM，これらの特殊形であるSLM，SEM，SLXの6通りで推定したが，すべてのケースでAICが最も低かったのはSARARであったことから，表5−5では(1)式のSARARによる推定結果のみを掲載した。表5−5の表頭のモデル1は12月末時点，モデル2は1月末時点，モデル3は2月末時点，モデル4は3月末時点の金利スプレッドを推定した結果である。また，すべてのモデルで団体の個別効果がすべてゼロ（$\mu=0$）であるという帰無仮説，および年度の個別効果がすべてゼロ（$\phi=0$）であるいう帰無仮説はそれぞれ1％有意水準で棄却されている。

　4つのモデルのうち，半分以上のモデルで統計的に有意な結果が得られた説明変数は，残存期間（日数），財政力指数，将来負担比率，地方債残高対標準財政規模，被説明変数の空間ラグ項（ρ）および誤差項の空間ラグ項（λ）であった。以下では，主にこれらの変数の推定結果について考察を加える。

　第1に，財政力指数の係数が負で有意，将来負担比率および地方債残高対標準財政規模の係数が正で有意になっていることから，相対的な税収の多さや債務水準の低さが当該団体の債務の償還可能性を高め，金利スプレッドを縮小させることがわかる。団体ダミーおよび年度ダミーがいわゆる「顔悪団体」と呼ばれる発行団体間の人気格差や景気要因を十分にコントロールしているとみなせるならば，市場参加者は，必ずしも国によるシステム・サポートがきわめて強固なものであるものとは考えてはおらず，発行団体の償還可能性という点からも市場公募債を評価している。すなわち，市場公募債の金利スプレッドには

表 5-3 記 述 統 計

	観測値数	平均値	標準偏差	最小値	最大値
12 月末時点					
金利スプレッド	430	10.458	4.235	1.983	24.700
発行額（対数）	430	23.300	0.367	22.803	24.635
残存期間（日数）	430	3530	398	265	3651
財政力指数（$N-1$ 年度）	430	0.672	0.236	0.221	1.406
実質公債費比率（$N-1$ 年度）	430	13.058	4.083	0.600	24.100
経常収支比率（$N-1$ 年度）	430	94.718	3.358	79.600	102.500
将来負担比率（$N-1$ 年度）	430	182.902	75.975	0.000	366.400
実質収支比率（$N-2$ 年度）	430	1.279	1.264	-0.900	7.900
公債費負担比率（$N-2$ 年度）	430	20.383	4.204	8.200	31.100
実質赤字比率（$N-2$ 年度）	430	0.003	0.044	0.000	0.870
連結実質赤字比率（$N-2$ 年度）	430	0.079	0.736	0.000	10.450
地方債残高対標準財政規模（$N-2$ 年度）	430	3.044	0.697	1.345	4.830
1 月末時点					
金利スプレッド	431	10.728	4.092	3.500	24.300
発行額（対数）	431	23.293	0.369	22.803	24.818
残存期間（日数）	431	3518	398	233	3653
財政力指数（$N-1$ 年度）	431	0.672	0.236	0.221	1.406
実質公債費比率（$N-1$ 年度）	431	13.067	4.082	0.600	24.100
経常収支比率（$N-1$ 年度）	431	94.708	3.361	79.600	102.500
将来負担比率（$N-1$ 年度）	431	182.792	75.920	0.000	366.400
実質収支比率（$N-2$ 年度）	431	1.283	1.265	-0.900	7.900
公債費負担比率（$N-2$ 年度）	431	20.388	4.201	8.200	31.100
実質赤字比率（$N-2$ 年度）	431	0.003	0.044	0.000	0.870
連結実質赤字比率（$N-2$ 年度）	431	0.079	0.736	0.000	10.450
地方債残高対標準財政規模（$N-2$ 年度）	431	3.041	0.698	1.345	4.830
2 月末時点					
金利スプレッド	431	10.856	4.378	2.800	22.200
発行額（対数）	431	23.293	0.359	22.803	24.818
残存期間（日数）	431	3512	396	204	3652
財政力指数（$N-1$ 年度）	431	0.673	0.235	0.221	1.406
実質公債費比率（$N-1$ 年度）	431	13.074	4.080	0.600	24.100
経常収支比率（$N-1$ 年度）	431	94.719	3.339	79.600	102.500
将来負担比率（$N-1$ 年度）	431	182.951	75.962	0.000	366.400
実質収支比率（$N-2$ 年度）	431	1.280	1.265	-0.900	7.900
公債費負担比率（$N-2$ 年度）	431	20.367	4.184	8.200	31.100
実質赤字比率（$N-2$ 年度）	431	0.003	0.044	0.000	0.870
連結実質赤字比率（$N-2$ 年度）	431	0.079	0.736	0.000	10.450
地方債残高対標準財政規模（$N-2$ 年度）	431	3.041	0.698	1.345	4.830
3 月末時点					
金利スプレッド	472	12.552	6.291	2.721	44.600
発行額（対数）	472	23.312	0.379	22.803	24.818
残存期間（日数）	472	3503	400	174	3653
財政力指数（$N-1$ 年度）	472	0.676	0.235	0.221	1.406
実質公債費比率（$N-1$ 年度）	472	13.127	4.042	0.600	24.100
経常収支比率（$N-1$ 年度）	472	94.821	3.494	79.600	103.500
将来負担比率（$N-1$ 年度）	472	186.018	75.905	0.000	366.400
実質収支比率（$N-1$ 年度）	472	1.276	1.278	-0.900	8.300
公債費負担比率（$N-1$ 年度）	472	20.342	4.134	7.300	30.400
実質赤字比率（$N-1$ 年度）	472	0.003	0.042	0.000	0.870
連結実質赤字比率（$N-1$ 年度）	472	0.072	0.703	0.000	10.450
地方債残高対標準財政規模（$N-1$ 年度）	472	3.048	0.693	1.211	4.830

（出所）　筆者作成。

表5-4　主成分得点（3月末時点）

	2008	2009	2010	2011	2012	2013	2014	2015	2016	2017
北海道	3.480	3.722	3.960	3.983	3.934	3.742	3.812	3.892	3.850	3.816
宮城県						− 0.994	− 0.538	− 1.038	− 0.505	− 0.297
秋田県								2.325	2.185	2.163
福島県	0.270	0.227	0.263	0.330	− 0.342	− 0.225	− 0.417	− 0.746	− 0.481	− 0.566
茨城県								0.480	0.384	0.369
栃木県	− 0.261	− 0.519	− 0.815	− 1.229	− 1.252	− 1.315	− 1.094	− 1.108	− 0.956	− 0.494
群馬県	− 0.861	− 0.929	− 0.956	− 0.927	− 0.432	− 0.269	− 0.134	− 0.289	− 0.020	0.173
埼玉県	− 0.306	− 0.251	− 0.223	0.144	0.380	0.352	0.511	0.240	0.373	0.411
千葉県	− 0.294	− 0.597	− 0.765	− 0.951	− 0.905	− 0.831	− 1.063	− 0.986	− 0.506	− 0.701
東京都	− 6.085	− 5.774	− 4.583	− 4.532	− 4.420	− 4.670	− 5.472	− 5.615	− 6.238	− 7.709
神奈川県	− 1.521	− 1.410	− 1.426	− 1.170	− 1.164	− 1.298	− 1.152	− 1.105	− 0.668	− 0.654
新潟県	3.004	2.640	2.710	3.043	2.904	3.031	3.283	2.884	2.706	2.671
福井県		0.471	0.850	0.986	1.680	1.621	1.606	1.212	1.110	1.125
山梨県	0.872	1.063	1.388	1.447	1.344	1.601	1.803	1.953	1.670	2.068
岐阜県	1.212	1.563	1.643	1.399	1.345	1.223	1.108	0.936	0.573	0.515
静岡県	− 0.215	− 0.253	0.329	0.596	0.950	0.894	0.817	0.862	1.107	1.208
愛知県	− 1.194	− 1.588	− 0.030	0.536	1.400	1.351	1.408	0.704	1.037	0.811
三重県			− 0.231	− 0.223	0.399	0.399	0.961	0.976	1.361	1.564
滋賀県				0.831	1.077	0.967	0.950	1.010	1.232	1.090
京都府	0.028	− 0.119	− 0.077	0.248	0.779	0.896	1.335	1.479	1.688	1.240
大阪府	1.299	0.156	− 0.016	0.069	1.096	1.043	1.526	1.375	1.437	1.364
兵庫県	3.157	2.866	2.926	2.905	3.261	3.020	3.153	3.011	3.090	2.728
島根県			2.076	1.962	1.293	1.278	1.286	1.415	0.000	
岡山県	1.331	1.141	0.924	0.708	0.680	0.721	0.542	0.581	0.618	0.749
広島県	1.311	0.947	0.862	0.745	0.989	1.028	1.023	1.339	1.570	1.527
徳島県	2.513	2.935	2.529	2.038	2.129	2.160	1.758	1.786	1.560	1.143
高知県						0.937	0.789	0.806	0.696	0.992
福岡県	0.203	0.295	0.419	0.660	0.913	0.991	1.179	1.058	1.232	1.243
佐賀県						− 0.307	− 0.179	− 0.427	− 0.521	− 0.343
長崎県				0.624	1.063	1.133	1.363	1.330	1.664	1.539
熊本県	0.421	0.962	0.587	0.472	0.508	0.680	0.486	0.545	0.470	− 0.074
大分県	1.074	1.219	1.170	1.163	1.123	1.238	1.062	1.059	0.929	0.813
鹿児島県	2.180	2.136	1.877	1.873	2.076	2.106	2.118	2.165		
札幌市	− 0.906	− 0.641	− 0.866	− 1.463	− 2.031	− 2.208	− 2.586	− 2.618	− 2.609	− 2.559
仙台市	0.112	− 0.020	0.055	− 0.354						
さいたま市	− 4.652	− 4.383	− 4.050	− 3.826	− 4.057	− 3.843	− 3.649	− 3.644	− 3.540	− 3.086
千葉市	1.572	1.767	2.216	3.116	2.382	2.604	1.991	1.417	1.066	0.669
横浜市	0.639	0.416	0.218	− 0.047	− 0.500	− 0.415	− 0.609	− 0.086	− 0.136	0.096
川崎市	− 0.784	− 0.850	− 0.957	− 1.102	− 1.002	− 1.056	− 1.043	− 1.372	− 1.062	− 0.950
相模原市			− 4.764	− 5.138	− 4.752	− 4.535	− 4.339	− 4.307	− 4.252	− 3.590
新潟市	− 2.077	− 2.217	− 1.992	− 1.851	− 2.161	− 1.652	− 1.280	− 0.899	− 0.464	− 0.302
静岡市	− 3.178	− 2.605	− 1.920	− 1.891	− 2.081	− 2.032	− 2.200	− 2.084	− 2.286	− 2.033
浜松市	− 3.443	− 3.940	− 3.134	− 3.019	− 3.576	− 3.507	− 3.488	− 3.437	− 4.006	− 3.601
名古屋市	0.002	− 0.210	− 0.344	− 0.201	0.048	− 0.073	0.013	− 0.323	− 0.436	− 0.416
京都市	0.435	1.114	1.123	0.542	0.914	1.029	1.285	1.172	1.655	1.627
大阪市	0.892	0.738	0.636	0.407	0.603	0.630	− 0.235	− 0.012	0.265	− 0.008
堺市	− 3.000	− 2.945	− 3.026	− 3.265	− 3.002	− 3.159	− 2.980	− 3.230	− 2.641	− 2.514
神戸市	1.251	0.937	0.718	0.508	0.221	− 0.710	− 0.623	− 0.840	− 0.546	− 0.534
岡山市			− 1.508	− 2.372	− 2.929	− 2.676	− 3.104	− 3.336	− 3.737	− 3.851
広島市	0.786	0.689	0.874	0.897	0.956	0.950	0.947	0.929	1.301	1.216
北九州市	− 0.454	0.066	0.232	0.180	0.065	0.260	0.329	0.522	1.138	1.636
福岡市	1.189	1.183	1.101	1.150	0.189	0.089	− 0.110	0.055	− 0.313	− 0.230
熊本市					− 2.095	− 2.200	− 2.151	− 2.017	− 2.049	− 2.051

（注）　市場公募債を発行していない，または流通していないといった理由により，金利スプレッド
　　　を入手できなかった団体については，主成分得点を算出せずに空欄としている。
（出所）　筆者作成。

表 5-5 推定結果

被説明変数： 金利スプレッド	モデル 1 （12 月末時点）	モデル 2 （1 月末時点）	モデル 3 （2 月末時点）	モデル 4 （3 月末時点）
発行額（対数）	− 0.1526	0.4850	− 0.1264	− 0.7280
	(0.3204)	(0.2991)	(0.2854)	(0.5074)
残存期間（日数）	0.0020 ***	0.0017 ***	0.0006	0.0025 ***
	(0.0004)	(0.0004)	(0.0004)	(0.0007)
財政力指数	− 8.4465 ***	− 8.4335 ***	− 8.4624 ***	− 13.4102 ***
	(1.9245)	(1.8778)	(1.6279)	(2.8099)
実質公債費比率	0.0201	0.0308	− 0.0062	0.1142
	(0.0566)	(0.0550)	(0.0485)	(0.0792)
経常収支比率	− 0.0253	− 0.0093	− 0.0296	0.0367
	(0.0337)	(0.0326)	(0.0287)	(0.0506)
将来負担比率	0.0082 *	0.0119 ***	0.0107 ***	0.0087
	(0.0047)	(0.0045)	(0.0040)	(0.0071)
実質収支比率	− 0.2612 *	0.0163	− 0.1183	0.2984
	(0.1464)	(0.1405)	(0.1216)	(0.2011)
公債費負担比率	− 0.0376	− 0.0788	− 0.0178	− 0.1112
	(0.0537)	(0.0519)	(0.0453)	(0.0854)
実質赤字比率	0.1922	0.3878	− 0.3201	3.2140
	(1.7246)	(1.6331)	(1.4234)	(2.8407)
連結実質赤字比率	− 0.1174	− 0.1435	− 0.0816	− 0.1961
	(0.1158)	(0.1116)	(0.0970)	(0.1874)
地方債残高 対標準財政規模	0.4319	0.5266	0.8693 **	1.3760 *
	(0.5124)	(0.4900)	(0.4238)	(0.7143)
ρ	0.4031 ***	0.3926 ***	0.2711 ***	0.3626 ***
	(0.0946)	(0.0768)	(0.0593)	(0.1904)
λ	− 0.4688 ***	− 0.5150 ***	0.3785 ***	− 0.3871
	(0.1375)	(0.1069)	(0.0713)	(0.2454)
定数項	13.6339	− 2.9503	− 0.4839 **	30.0839 **
	(8.7745)	(7.8009)	(0.1051)	(14.5784)
サンプルサイズ	430	431	431	472
pseudo R^2	0.9206	0.9201	0.9477	0.9068
log likelihood	− 686.3546	− 674.2155	− 611.7595	− 979.4760
団体ダミー	あり	あり	あり	あり
Wald test（$\mu = 0$）	[0.0000]	[0.0000]	[0.0000]	[0.0000]
年度ダミー	あり	あり	あり	あり
Wald test（$\phi = 0$）	[0.0000]	[0.0000]	[0.0000]	[0.0000]
AIC（SARAR）	1522.709	1498.431	1373.519	2110.952
参考：AIC（SDM）	1531.590	1513.722	1387.856	2113.281
参考：AIC（SDEM）	1531.777	1510.705	1385.502	2113.845
参考：AIC（SLM）	1533.703	1513.866	1384.895	2112.962
参考：AIC（SEM）	1540.279	1517.694	1391.248	2115.136
参考：AIC（SLX）	1530.902	1512.230	1387.095	2112.388

（注）　1　***は 1%，**は 5%，*は 10%有意水準で係数がゼロという帰無仮説を棄却したことを
　　　　意味する。
　　　2　丸（ ）内の数値は不均一分散に対して頑健な標準誤差，［ ］内の数値は ρ 値である。
　　　3　団体ダミーおよび年度ダミーにかかる係数の推定結果は割愛した。

発行団体の信用リスクが織り込まれていると結論づけられる。

　第2に，被説明変数の空間ラグ項の係数（ρ）は正かつ有意で，他団体の金利スプレッドが 1bp 上昇すると自団体のそれが約 0.27〜0.40bp 上昇するという結果が得られたことから，日本の市場公募債市場でも公募団体間で信用リスクのスピルオーバーの存在が示唆される。(1)式の SARAR モデルが選択されたこと，ならびに財政力指数，将来負担比率および地方債残高対標準財政規模の係数が有意であったことを踏まえると，ある団体でこれらの指標が悪化すれば，当該団体の金利スプレッドの拡大を通じて，類似する他団体にも波及する。

　他方で，誤差の空間ラグ項の係数（λ）は負値を指し示している。これはヤードスティック効果が働いたものだと推測され，推定モデルの説明変数では捉えられなかった要因によって，他団体の金利スプレッドが上昇すると，それと財政状況の類似する自団体では，信用力が相対的に高まり，金利スプレッドが低下したと考えられる。

　第3に，残存期間（日数）の係数は負で有意な値が導かれており，残存期間が短い市場公募債ほど金利スプレッドが減少するという常識的な結果が得られた。しかし，流動性リスクに関連すると思われる発行額（対数）は有意でなかった。表5−3の記述統計をみると，発行額（対数）の最小値は 22.803，名目値に換算すると約 80 億円である。市場参加者は1銘柄当たりの発行額としてこの水準を妥当なものとして評価しているため，流動性リスクが顕在化しなかった可能性が考えられる[11]。

おわりに

　本章では，日本の市場公募債のデータを用いて，自治体間で信用力に格差が認められるのか，そして，水平的な信用リスクのスピルオーバーが観察されるのか，という2点を検証した。その結果，以下の2つが明らかとなった。

---

11)　本書巻末の資料編「地方債の動態的実証分析——アンケート調査」の結果によれば，金融機関の約6割が1銘柄当たりの発行額の下限として 100 億円程度が妥当だと考えている（金融機関向けアンケート結果　質問 1-8）。

1つは，公募団体および年度の個別効果を除去しても，相対的に税収が多い団体ほど，また債務水準が低い団体ほど，市場公募債の金利スプレッドが低下することが示され，自治体間で信用力に格差が存在することが認められた。すなわち，市場公募債の金利スプレッドには発行団体の信用リスクが織り込まれており，日本の市場公募債では市場による規律づけが働いていると評価できる。

　もう1つは，財政状況の類似する他団体で金利スプレッドが上昇すると，自身の金利スプレッドも上昇することが示され，水平的な信用リスクのスピルオーバーが存在することが確認された。しかし，信用リスクのスピルオーバーの存在は，自らの信用リスクを他団体に共有・希釈させてしまうことから，日本では市場による規律づけが認められるが，それは十分に機能していないことが示唆される。

　Ter-Minassian and Craig（1997）は，地方債に対する規制の種類を，①市場規律（market discipline），②行政による統制（administrative constraints），③ルールに基づく規制（rule-based controls），④政府間協約（administrative constraints）の4つに類型化し，先進国を含む53カ国における地方債規制を上記の分類に当てはめている。日本では地方債の市場化が進展しており，今後，市場規律を通じた財政の規律づけはよりいっそう強まるかもしれない。しかし，日本においても市場公募団体間で信用リスクのスピルオーバー効果が観察されたことを踏まえれば，土居・林・鈴木（2005）も指摘しているように，市場規律のみに依存するのではなく，複数の規制を組み合わせることが有効であるように思われる。

　本章では上記の帰結が得られた一方で，以下の課題も残されている。第1に，本章では水平的な信用リスクの存在を検証したが，日本の地方財政の重層的な構造に鑑みれば，水平だけでなく垂直的な信用リスクの存在も同時に検証すべきであろう。たとえば，鈴木（2018）は，域内市町村の債務水準が大きいほど都道府県レベルの公募団体の金利が上昇することを明らかにしている。第2に，本章では信用リスクのスピルオーバー効果が認められたものの，それを軽減する手段について十分な検討を行うことができなかった。これらを今後の課題としたい。

参考文献

足立伸（2006）「地方債に対する国の暗黙の保証」PRI ディスカッションペーパーシリーズ 06A-05，財務省財務総合政策研究所

石川達哉（2007）「地方公共団体の財政状況に対する評価と市場公募地方債の流通利回り」『ニッセイ基礎研所報』第 48 巻，1〜32 頁

大山慎介・杉本卓哉・塚本満（2006）「地方債の対国債スプレッドと近年の環境変化」日本銀行ワーキングペーパーシリーズ 06-J-23

菅原宏太・國崎稔（2006）「財政競争の実証分析——日本の都道府県のケース」『経済論集』（愛知大学）第 171 号，1〜29 頁

鈴木崇文（2018）「自治体間の課税ベースの重複が市場公募債の発行利回りに与える影響——自治体間の信用のスピル・オーバーについての検証」日本地方財政学会第 26 回大会報告論文

スタンダード・アンド・プアーズ（2006）「横浜市」（格付説明資料），2006 年 10 月 24 日

田中宏樹（2012）「地方債をめぐる自治体間信用連関——市場公募債パネルデータを用いた実証分析」『証券経済研究』第 78 号，69〜79 頁

土居丈朗・林伴子・鈴木伸幸（2005）「地方債と地方財政規律——諸外国の教訓」ESRI Discussion Paper Series, No.155

中里透（2008）「財政収支と債券市場——市場公募地方債を対象とした分析」『日本経済研究』第 58 号，1〜16 頁

中澤克佳（2007）「市町村高齢者福祉政策における相互参照行動の検証——ホームヘルプサービス供給水準の事例研究」『日本経済研究』第 57 号，53〜70 頁

別所俊一郎・宮本由紀（2012）「妊婦健診をめぐる自治体間財政競争」日本財政学会編『社会保障と財政——今後の方向性』財政研究第 8 巻，日本財政学会，251〜267 頁

山本航・林正義（2016）「地方公務員人件費の決定要因と市町村の相互参照行動——市町村別類似団体区分と財政比較分析表を手がかりに」『公共選択』第 65 号，73〜92 頁

Ardagna, S., F. Caselli and T. Lane (2007) "Fiscal Discipline and the Cost of Public Debt Service: Some Estimates for OECD Countries," *The B.E. Journal of Macroeconomics*, 7(1).

Bernoth, K., J. von Hagen and L. Schuknecht (2004) "Sovereign Risk Premia in the European Government Bond Market," ECB Working Paper, No. 369.

Capeci, J (1991) "Credit Risk, Credit Ratings, and Municipal bond Yields: A Panel Study," *National Tax Journal*, 44(4), pp.41–56.

Caporale, G. M. and A. Girardi (2013) "Fiscal Spillovers in the Euro Area," *Journal of International Money and Finance*, 38, 84.e1–84.e16.

de Santis, R. A. (2012) "The Euro Area Sovereign Debt Crisis: Safe Haven, Credit Rating Agencies and the Spread of the Fever from Greece, Ireland and Portugal," ECB Working Paper, No. 1419.

Faini, R. (2006) "Fiscal Policy and Interest Rates in Europe," *Economic Policy*, 21(47), pp.444–489.

Gande, A. and D. C. Parsley (2005) "News Spillovers in the Sovereign Debt Market," *Journal of Financial Economics*, 75(3), pp.691–734.

Greer, R. A. (2015) "Overlapping Local Government Debt and the Fiscal Common," *Public Finance Review*, 43(6), pp.762–785.

Landon, S. and C. E. Smith (2000) "Government Debt Spillovers and Creditworthiness in a Federation," *Canadian Journal of Economics*, 33(3), pp. 634–661.

Landon, S. and C. E. Smith (2007) "Government Debt Spillovers in a Monetary Union," *The North American Journal of Economics and Finance*, 18(2), pp.135–154.

Mink, M. and J. de Haan (2013) "Contagion during the Greek Sovereign Debt Crisis," *Journal of International Money and Finance*, 34, pp.102–113.

Ter-Minassian, T. and J. Craig (1997) "Control of Subnational Government Borrowing," in T. Ter-Minassian ed., *Fiscal Federalism in Theory and Practice*, International Monetary Fund.

van Hecke, A. (2013) "Vertical Debt Spillovers in EMU Countries," *Journal of International Money and Finance*, 37, pp.468–492.

（石田三成・中里透）

第6章 依頼格付け取得の効果

は じ め に

　信用格付けとは，債券や証券，その発行体の信用力，すなわち，元利金の支払が契約通りに行われる蓋然性を簡単な符号（AAA，Aaa など）で表したものとされ，たんに「格付け」とも呼ばれる。格付けの歴史は古く，諸説あるようだが，信用格付機関であるムーディーズ・インベスターズ・サービス（以下，ムーディーズ）の創業者ジョン・ムーディーが 1909 年に 250 社以上の鉄道会社の鉄道債券に格付けを行ったのが世界最初とされる（秋本 2002）。ムーディーズのほか，世界的な格付機関として，S&P グローバル・レーティング（以下，S&P），フィッチ・レーティングス（Fitch Ratings）などがあげられる。一方，日本における格付けの歴史は比較的浅く，日本経済新聞社内に設置された公社債研究会が 1977 年に上場転換社債の全銘柄に試験格付けを付与，公表したことが始まりである（田中・石渡 2016）。現在，国内系の格付機関には，格付投資情報センター（R&I）や日本格付研究所（JCR）などがある。

　日本の地方公共団体に対する格付け[1]は，1999 年に R&I が市場公募団体に対して行った非依頼格付け（発行体の依頼に基づくことなく付与された格付け）が

---

1)　江夏（2009）は，各格付機関の地方公共団体に対する格付けの経緯や格付手法を詳細にまとめている。

大きな話題を呼び，2000年にはJCRも市場公募債を発行する都道府県に対する非依頼格付けを付与した。その後，依頼格付けが広がりはじめた2008年に，両社は，非依頼格付けを撤回したが，現在でも複数の団体に対して依頼格付けを行っている。依頼格付けは，2006年にS&Pによって横浜市に対する発行体格付けが行われたことを皮切りに，近年では25の市場公募団体が依頼格付けを取得している。市場公募団体による依頼格付けの取得の背景には，地方債の市場化が大きく進展したことがあげられる。しかし，市場公募団体55団体のうち，依頼格付けを取得している公募団体は25団体にすぎない（2017年3月末時点）。

格付けの存在意義として，債券等の発行体と投資家との間に生じる情報の非対称性を解消できることと，情報生産コストを軽減できることの2つがあげられる。

前者については，一般的に，発行体は自身の情報を多く保有しており，債務履行の蓋然性を投資家よりも正確に評価できることから，情報優位者である発行体は，投資家に対して，債務履行の蓋然性を実態よりも良く伝えようとするインセンティブが発生してしまう。むろん，決算や財務諸表の公表を義務づけることで情報の非対称性を軽減できるが，独自の調査を通じて発行体の非公開情報にもアクセスできる格付機関[2]が投資家に対して情報を格付けとして提供することで，こうした情報の非対称性の解消が期待できる。

後者については，仮に，投資家が発行体に関する十分な情報を収集することができ，そして，債務履行の蓋然性を適切に評価する能力を有しているとしても，それを行うための費用（機会費用を含む）は著しく高くなってしまう。この費用のことを情報生産コストと呼ぶ。格付機関がそうした情報収集や評価を担い，発行体の信用力を簡単な符号で表すことによって，投資家の情報生産コストを低減させることができる。

発行体としても，格付けを取得して情報の非対称性を解消させたり，情報生産コストを軽減させることで，より多くの投資家を呼び込み，有利な資金調達

---

2) 依頼格付けを取得するためには，発行体は，格付けに必要なすべての情報を格付機関に提供することを保証する旨の契約を結ばなければならない。

を可能にするという利点があると考えられる。しかしながら，地方債市場に目を向けると，市場公募団体のうち約半分しか格付けを取得しておらず，地方公共団体への格付けは，その信用力を十分に反映していないかもしれない。換言すると，市場公募団体が格付けを取得してもそれが有利な資金調達にさほど寄与していない可能性がある。そこで本章では，格付けを取得している団体とそうでない団体との間で，金利に差がみられるかを定量的に分析することで，格付けを取得することの効果を検証する。

　本章の構成は以下の通りである。第1節では市場公募団体に対する格付けの現状を概略する。第2節では市場公募団体への格付けに着目した研究を紹介する。第3節では格付けの取得が金利に与える効果を定量的に分析する。最終節はまとめである。

1　市場公募団体に対する格付けの現状

　表6-1では，市場公募団体の依頼格付けの取得状況を表している。上述のように，2006年10月に横浜市がS&Pの格付けを取得してから，翌年1月に神戸市が格付投資情報センター，2月に東京都がムーディーズから格付けを取得した。その後，2008年3月末までに13団体，2009年3月末までに22団体が国内外の格付機関から依頼格付けを取得し，依頼格付けは急速に普及しただけでなく，東京都，静岡県，愛知県，京都市，大阪市のように，複数の格付機関から格付けを取得する動きもみられた。他方で，ここ数年は，二重格付けを解消したり（東京都，京都市，大阪市〔3社から2社〕）[3]，格付けそのものを取りやめる団体（相模原市，新潟市）も現れ，依頼格付けを取得している団体は25

---

[3]　2009年5月，ムーディーズは地方公共団体の格付けについて日本国の債務格付けを上限とする方針変更を行い，地方公共団体の格付けを引き下げる方向で見直すと発表した。これに対して，東京都は7月28日に依頼格付けの撤回を申し入れた（東京都ウェブサイト：http://www.zaimu.metro.tokyo.jp/bond/tosai_news_topics/news_topics/kakuduketekkai210728.pdf，2018年4月1日閲覧）。なお，ムーディーズは同日付で東京都債の格付けをAa1からAa2へ引き下げている。2010年4月には大阪市が，格付けを取得しても市場の理解が深まらなかったことを理由にJCRの格付けを撤回した（大東 2017）。

表 6-1　格付け

年 月	宮城県	栃木県	埼玉県	東京都		新潟県	福井県	静岡県		愛知県			奈良県	岡山県	広島県	徳島県	福岡県	佐賀県
	R	R	R	M	S	M	R	M	R	S	R	J	R	R	M	R	M	R
2006年 10月																		
2007年 1月																		
2007年 2月				Aa2														
2007年 3月				│														
2007年 7月				│														
2007年 8月				│													Aa2	
2007年 9月				│				Aa2	AA+								│	
2007年 10月				Aa1		Aa1		Aa1	│					AA			Aa1	
2007年 11月				│		│		│	│					│			│	
2008年 3月				│	AA	│		│	│					│			│	
2008年 3月				│	│	│		│	│					│			│	
2008年 4月				│	│	│		│	│					│			│	
2008年 5月				│	│	│		│	│					│			│	
2008年 9月				│	│	│		│	│					│	Aa1		│	
2008年 10月		AA+		│	│	│		│	│					│	│	AA	│	
2008年 11月		│		│	│	│		│	│					│	│	│	│	
2008年 12月		│	AA+	│	│	│		│	│	AA	AA+	AAA		│	│	│	│	
2009年 3月		│	│	│	│	│		│	│	│	│	│		│	│	│	│	
2009年 7月		│	│	Aa2	│	Aa2		Aa2	│	│	│	│		│	Aa2	│	Aa2	
2009年 8月		│	│	取下	│	│		│	│	│	│	│		│	│	│	│	
2009年 10月		│	│		│	│	AA	│	│	│	│	│	AA	│	│	│	│	
2010年 3月		│	│		│	│	│	│	│	│	│	│	│	│	│	│	│	
2010年 4月		│	│		│	│	│	│	│	│	│	│	│	│	│	│	│	
2010年 10月		│	│		│	│	│	│	│	│	│	│	│	│	│	│	│	
2011年 1月		│	│		AA-	│	│	│	│	AA-	│	│	│	│	│	│	│	
2011年 3月		│	│		│	│	│	│	│	│	│	│	│	│	│	│	│	
2011年 8月		│	│		│	Aa3	│	Aa3	│	│	│	│	│	│	Aa3	│	Aa3	
2012年 3月		│	│		│	│	│	│	│	│	│	│	│	│	│	│	│	
2013年 2月		│	│		│	│	│	│	│	│	│	│	│	│	│	│	│	
2013年 3月		│	│		│	│	│	│	│	│	│	│	│	│	│	│	│	
2013年 10月		│	│		│	│	│	│	│	│	│	│	│	│	│	│	│	AA
2014年 3月		│	│		│	│	│	│	│	│	│	│	│	│	│	│	│	│
2014年 10月	AA	│	│		│	│	│	│	│	│	│	│	│	│	│	│	│	│
2014年 12月	│	│	│		│	A1	│	A1	│	│	│	│	│	│	A1	│	A1	│
2015年 3月	│	│	│		│	│	│	│	│	│	│	│	│	│	│	│	│	│
2015年 4月	│	│	│		│	│	│	│	│	│	│	│	│	│	│	│	│	│
2015年 9月	│	│	│		A+	│	│	│	│	A+	│	│	│	│	│	│	│	│
2016年 3月	│	│	│		│	│	│	│	│	│	│	│	│	│	│	│	│	│
2016年 4月	│	│	│		│	│	│	│	│	│	│	│	│	│	│	│	│	│
2017年 3月	│	│	│		│	│	│	│	│	│	│	│	│	│	│	│	│	│

（注）　表頭の S は S&P, M はムーディーズ, R は格付投資情報センター（R&I）, J は日本格付研
（出所）　ブルームバーグ社データベースおよび各市場公募団体のウェブサイト（2018 年 11 月 1 日

札幌市	千葉市		横浜市		相模原市	新潟市	静岡市	浜松市	名古屋市	京都市		大阪市			堺市	神戸市	福岡市	格付取得団体数
M	S	R	M	S	S	S	M	M	M	M	S	M	S	J	M	R	M	
				AA−														1
																AA		2
																		3
																		3
								Aa2		Aa2								5
											A＋	Aa2	AA−					7
																		7
								Aa1		Aa1		Aa1						10
						AA−			Aa1									12
	A＋																	13
																		13
																	Aa1	14
													AA＋					14
															Aa1			16
							Aa1											19
Aa1																		20
																		22
																		22
Aa2							Aa2	Aa2	Aa2	Aa2		Aa2			Aa2		Aa2	22
																		22
																		24
														取下				24
						AA−												24
																		25
																		25
Aa3							Aa3	Aa3	Aa3	Aa3		Aa3			Aa3		Aa3	25
																		25
					取下													25
																		24
																		25
																		25
A1							A1	A1	A1	A1		A1			A1		A1	26
	取下					取下				取下								26
																		26
	AA															AA＋		25
		A＋											A＋					25
		取下																25
		A1																25
																		25

究所（JCR）による格付けであることを意味している。
閲覧）より筆者作成。

団体前後で推移している。

　格付けの符号は格付機関によって異なり，S&P，R&I，およびJCRでは AAA格が最も信用力が高いことを表し，順にAA＋，AA，AA－，A＋，A，A－，BBB＋と続き，ムーディーズではAaaが最も信用力が高く，順にAa1，Aa2，Aa3，A1，A2，A3，Baaと続く。ただし，各格付機関の評価方法は同一ではないため，同じ市場公募団体であっても，上から何番目に位置づけられるかは格付機関によって異なる。これをレーティング・スプリットと呼ぶ。2009年3月時点では，東京都はムーディーズから上から2番目のAa1と評価されているが，S&Pからは上から3番目のAAと評価されている。愛知県はS&PからAA（最上位から3番目），R&IからAA＋（同2番目），JCRからAAA（最上位）と評価されている。

　同じ理由により，すべての団体に対して同等の評価を下す格付機関もあれば，差をつける機関もある。ムーディーズは前者のタイプ[4]で，2017年3月時点で依頼格付けを取得している全団体に対してA1を付与している。これは，同社が「地方自治体が財政的困難に直面した場合，日本政府が支援を提供する可能性が極めて高いと想定」しているためである[5]。R&Iは後者に属し，2017年3月時点で栃木県，埼玉県，静岡県，愛知県，および神戸市にAA＋を，宮城県，福井県，奈良県，徳島県，佐賀県，および千葉市にはAAを付与している。S&PとJCRについては，2017年3月時点で格付けを取得している団体が少ないため[6]，どちらに属するかをデータから読み取ることは難しい。しかしながら，S&Pは2015年3月時点で東京都，愛知県，横浜市，新潟市，大阪市にAA－を付与し，千葉市と京都市にはA＋を付与していた。

　依頼格付けを取得するための手数料体系を詳細に公表している格付機関はみられない。しかし，R&Iでは，信用格付手数料は主に，①信用格付けを新規に

4）　ただし，ムーディーズは地方公共団体固有の信用力（BCA：baseline credit assessments）には差をつけているが，現状では，BCAに加えて国と地方公共団体の関係を考慮すると最終的な評価は同程度に収まるようである（江夏 2009）。

5）　ムーディーズ社ウェブサイト「Rating News – Japan – Sub-Sovereign」より（https://www.moodys.com/newsandevents，2018年6月30日閲覧）。

6）　2017年3月時点では，S&Pの依頼格付けについては，千葉市や京都市などが取りやめたこと，日本の長期ソブリン格付けを引き下げられたことから，東京都，愛知県および大阪市がA＋となっている。また，JCRは愛知県に対してAAAを付与するのみである。

取得あるいは継続した場合の手数料，②信用格付けを資金調達に利用した場合の手数料，の2つから構成されると説明しており，①については，新規取得手数料が200万円～600万円，継続手数料が100万円～300万円とされている[7]。JCRでは，「格付手数料は，発行予定の債券の種類（長期債及び短期債等の別）に応じ，新たに格付を取得し，継続する場合の手数料と，債券発行時に発行金額に応じて設定する手数料にて構成されています」との記述はあるものの，具体的な金額は公表されていない[8]。S&Pでは手数料の構成は示されていないが，公共セクターの場合，一般に7500ドル～50万ドルの範囲だとされている[9]。ムーディーズでは，同社が格付けを行っている負債証券および優先株式の発行者の大部分が20万円～約3億5000万円の手数料を支払うことに同意していると述べている[10]。

とくに国外の格付機関が設定する手数料には大きな幅があることから，市場公募団体が格付機関に支払った手数料の額を想像することは難しい。そこで，筆者は市場公募団体に対して格付取得手数料に関する資料の開示を請求，または情報提供を依頼したところ，東京都を除く全団体から資料の開示・提供があった。その資料によれば，格付取得手数料は，R&Iが80万円～300万円，S&Pが300万円～600万円，ムーディーズが200万円～450万円であった（いずれも税抜き）[11]。

2　先行研究

日本の市場公募団体に対する格付けを定量的に分析した研究として，石川（2007），中里（2008），伊藤（2008），石川（2009）などがあり，前二者は格付け

---

7)　R&Iウェブサイト（https://www.r-i.co.jp/docs/policy/code28.pdf，2018年6月30日閲覧）。
8)　JCRウェブサイト（https://www.jcr.co.jp/acquisition/commission/，2018年6月30日閲覧）。
9)　S&P社ウェブサイト（http://www.standardandpoors.com/usratingsfees，2018年6月30日閲覧）。
10)　ムーディーズ社ウェブサイト（https://www.moodys.com/sites/products/ProductAttachments/MoodysJapan/SP35461.pdf，2018年6月30日閲覧）。
11)　JCRから依頼格付けを付与されている団体が少ないことから，特定化を避けるため同社の手数料は記載しないこととした。また，無料で依頼格付けを付与している格付機関も存在する。

の等級の差異が金利に与える影響を，後二者は等級の差異の決定要因をそれぞれ検証している[12]。

石川（2007）は，2002年から2006年までの既発債流通利回りの対国債スプレッドに関するデータを用いて，その決定要因を推定している。金利スプレッドは，当該債の残存日数，財政力指数や経常収支比率のほか，非依頼格付けの等級の高さから影響を受けていること明らかにした。格付けについては，R&Iの格付けのみを利用したモデル，JCRの格付けのみを利用したモデル，R&IのAA格とJCRのAA＋格を同等とみなして両者の格付けを組み合わせたモデルなどのいずれにおいても，等級が低くなるほど金利スプレッドが上昇する傾向が観察されている。

中里（2008）も，2003年，2005年，2006年時点の流通利回りの対国債スプレッドを，財政状況を表す変数のほか，R&IおよびJCRの格付けの等級などで回帰している。R&Iの格付けを用いた場合，JCRのそれを用いた場合のどちらも，格付けがAAからAA−に下落すると金利スプレッドが有意に上昇することが明らかにされている。

ただし，石川（2007）と中里（2008）はともにパネルデータを利用しているものの，対象期間中に等級の変化があまりみられないこともあってか，推定式に発行団体の個別効果を含めていない。そのため，格付けの等級が個別効果と相関した可能性も考えられる。

伊藤（2008）は，2006年にR&Iが市場公募団体33団体へ付与した非依頼格付けの等級の決定要因を，順序プロビット・モデルにより推定した。経済成長率が高い，失業率が低い，債務償還年数が短い団体ほど，格付けの等級が高くなることを明らかした一方で，健全化判断比率4指標のうち他に先駆けて2006年度から導入された実質公債費比率は，格付けの等級に対して有意な影響がみられなかったことから，同比率に期待されている償還能力に見合った適

---

12) 国外では，地方政府や地方債に対する格付けの有無，または格付けの等級の差異が地方債の金利に与える影響を推定したものとして Cappeci（1991：1994），Simonsen et al.（2001），Johnson and Kriz（2005），Pinna（2015）などがあり，等級の差異の決定要因を推定したものとして Cluff and Farnham（1985），Palumbo and Zaporowski（2012），Alshathri et al.（2015）などがある。また，両者を同時に推定したものとして，Liu and Thakor（1984），Moon and Stotsky（1993a；1993b）などがある。

正な債務負担水準を示す機能や，市場へのアラーム機能は十分に働いていないと結論づけた。

石川（2009）は，単年度の分析にとどまっていた伊藤（2008）を拡張し，対象期間を 2006 年から 2008 年までに広げて再推定を行っている。財政力指数が高い団体，ならびに実質赤字比率，連結実質赤字比率，および実質公債費比率が低い団体ほど，格付けの等級が高くなることが示されたことから，伊藤（2008）の見解とは異なり，都道府県への格付けは財政健全化法のもとでの財政指標の考え方とおおむね整合的であると主張している。

近年では，非依頼格付けはみられないものの，さまざまな格付機関による依頼格付けが定着しつつあることから，上記の先行研究よりも多くのデータを利用できるようになった。しかし，格付けデータを利用するにあたり，符号が同じであれば格付機関が異なっていても同等の信用力を有するとみなしたり，同じ格付機関であっても依頼格付けと非依頼格付けを同列に扱うことには留意が必要である。前者のレーティング・スプリットについては，田辺ほか（2013）によれば，日本の国債に対して，国内の格付機関は高い評価を与えている一方で，海外の格付機関は，日本の債務水準に照らして，相対的に低い格付けをする傾向があると述べている。後者については，下田・河合（2007）は，国内の企業格付けに焦点を当て，同じ格付機関でも依頼格付けと非依頼格付けとで格差がみられることを示している。一時期，地方債の格付けでも依頼格付けと非依頼格付けが併存していたが，地方債でも依頼格付けと非依頼格付けには格差があることが指摘されている（熊本 2011）。

さらに，先行研究の多くは，すべての市場公募団体に付与されていた非依頼格付けを対象としていたため問題とはならなかったが，市場公募団体が自らの意思で取得するかを決定できる依頼格付けについては，その効果を推定するにあたってセレクション・バイアスの問題に注意を払わなければならない。通常，依頼格付けを取得することがランダムには決まっておらず，おそらく，依頼格付けを取得することで高い効果が見込まれる団体ほど，格付けの取得に積極的であると考えられる。そのような場合，依頼格付けを取得している団体とそうでない団体との間で属性の違いが生じ，両者の金利スプレッドを単純に比較できなくなることが指摘されている（Moon and Stotsky 1993a；1993b）。次節では，

こうした問題を踏まえた推定を行うこととする。

3　推　　定

3.1　推 定 方 法

　本節では，発行団体の財政状況だけでなく，格付けの有無が市場公募債の金利スプレッドに影響を与えているかを検証する。上述のように，格付けの取得にはセレクション・バイアスが生じると考えられることから，その問題を回避するため，(1) 式で表される金利スプレッドに関する推定式と (2) 式で表される格付けの取得確率に関する推定式の 2 本の同時方程式を最尤法で推定する [13]。

$$y_{it} = X_{it}\boldsymbol{\beta} + \delta \cdot t_{it} + \mu_i + \phi_t + \varepsilon_{it}, \tag{1}$$

$$t_{it} = \begin{cases} 1, & \text{if } \quad Z_{it}\boldsymbol{\gamma} + \eta_{it} > 0 \\ 0, & \text{otherwise} \end{cases} \tag{2}$$

　(1) 式の被説明変数 y_{it} は，第 5 章と同様，地方公共団体 i が起債した 10 年物の全国型市場公募債（個別債）のうち，時点 t に観察された，発行団体 i における残存期間の最も長い市場公募債の金利スプレッドである。X_{it} は，定数項のほか，当該市場公募債の，①発行額（対数），②残存期間（日数），③各種財政指標から作成した主成分得点である。主成分得点は，時点 t に観察できる発行団体 i の財政力指数，実質公債費比率，経常収支比率，将来負担比率，実質収支比率，公債費負担比率，実質赤字比率，連結実質赤字比率，および地方債残高対標準財政規模（地方債残高を標準財政規模で割った比率）の 9 個の指標について，年度ごとに第 1 主成分を計算することで求めた [14]。説明変数に各種財政指標をそのまま含めずに主成分得点を用いた理由は，これら 9 個の財政指標

---

13)　内生的に決定される 2 値変数が処置変数となるときの平均処置効果の推定方法の詳細については Wooldridge（2010）を参照。

14)　主成分分析では相関行列を利用した。また，この手続きによって得られた主成分得点は，第 5 章の空間重み行列の作成に用いたものとまったく同一のものである。

を含めて推定しようとすると，最尤推定量を求めるためのアルゴリズムが収束しないケースがしばしば散見されたからである。

t_{it} は格付けの取得の有無を表すダミー変数である。μ_i は団体 i の個別効果，ϕ_t は年度 t の個別効果で，それぞれ東京都を基準とする団体ダミー，データの開始年度を基準とする年度ダミーによって個別効果の大きさを捉える。ε_{it}（～$N(0,\ \sigma^2)$）は通常の誤差項である。

続いて (2) 式は，$Z_{it}\gamma + \eta_{it}$ が閾値 0 を超える場合には格付けを取得し（$t_{it}=1$），そうでない場合は格付けを取得しない（$t_{it}=0$）ことを意味する行動方程式である。Z_{it} は，定数項のほか，上述の①主成分得点，時点 t に観察できる発行団体 i の②市場公募債の残高（対数）[15] から構成される。η_{it}（～$N(0,\ 1)$）は通常の誤差項である。ε_{it} と η_{it} の共分散は $\rho\sigma$ で表され，ρ が正（負）であれば，格付け取得確率に影響を与える η_{it} と，金利に影響を与える ε_{it} に正（負）の相関があることを意味し，相関が強くなるほど (1) 式と (2) 式は独立ではないこと，すなわち，セレクション・バイアスの存在が疑われる。

推定される係数（ベクトル）は β，δ，μ_i，ϕ_t および γ である。

3.2　データ

推定の対象期間は 2009 年度から 2017 年度までであるが，説明変数の一部は過年度の数値が用いられるため，2007 年度以降のデータが含まれる。対象団体は市場公募債を発行する都道府県および指定都市である。

被説明変数の金利スプレッドは，ブルームバーグ社が算出した全国型市場公募債のミッド利回りと指標債利回りとのビッド・イールド・スプレッド（単位：bp）を利用する。推定結果の頑健性を確かめるために，12 月末，1 月末，2 月末，3 月末時点の金利スプレッドを被説明変数とする推定を行う。

説明変数のうち，格付取得ダミーはブルームバーグ社の提供するデータから作成した。なお，依頼格付けと非依頼格付けの格差が指摘されていることから，格付けの取得を表すダミー変数には，S&P，ムーディーズ，R&I，または JCR

---

15)　市場公募債の残高がゼロとなる場合には欠損とした。

の依頼格付け（〔自国通貨建〕発行体格付け）を取得していれば1，そうでなければ0を割り当てた。格付けが，それを取得している市場公募団体と投資家との間での情報の非対称性を解消させる，あるいは投資家の情報生産コストを低減させることで，より多くの投資家を集めているならば，格付取得ダミーの係数はマイナスの値を取ることが予想される。

　第5章と同様，発行額（対数）および残存期間（日数）も，ブルームバーグ社が提供するデータを利用しており，被説明変数に用いられた銘柄に対応する発行額を対数変換した値と日単位で表された残存期間の値である。

　主成分得点を構成する各種財政指標のうち，財政力指数，実質公債費比率，経常収支比率および将来負担比率の4指標については総務省「地方公共団体の主要財政指標一覧」から，公債費負担比率，実質収支比率，実質赤字比率，連結赤字比率および地方債残高対標準財政規模の5指標については総務省「都道府県決算状況調」と同「市町村別決算状況調」から入手・作成した[16]。前者の4指標は12月時点で前年度のデータが公表されているため，それをそのまま用いる。一方で，後者の5指標は，12月末，1月末，および2月末の時点では，前年度のデータが公表されていないことから，前々年度のデータを使用する。

　ここで，主成分得点と9つの財政指標との相関を示した表6-2をみてみると，主成分得点は実質赤字比率および実質連結赤字比率以外の財政指標と高い相関を有している。しかも，主成分得点は，比率が高いほど財政状況が良いと判断される財政力指数および実質収支比率との相関がマイナスであり，比率が高いほど財政状況が悪いと判断されるそれ以外の財政指標との相関がすべてプラスとなっていることから，財政状況が悪いほど主成分得点は高くなる傾向にあることがわかる。したがって，財政状況が悪化すると金利スプレッドは上昇するという関係が認められるならば，(1)式の主成分得点にかかる係数は正となるはずである。また，財政状況が格付けの取得確率に影響しているならば，(2)式の主成分得点にかかる係数は有意な値を示すと考えられる。

---

16)　「地方公共団体の主要財政指標一覧」「都道府県決算状況調」および「市町村別決算状況調」では将来負担比率，実質赤字比率および連結実質赤字比率がマイナスの場合には「－」と表記されるが，推定ではゼロとして扱った。

表6-2　主成分得点と各種財政指標との相関

	主成分得点 (12月時点)	主成分得点 (1月時点)	主成分得点 (2月時点)	主成分得点 (3月時点)
財政力指数	−0.587 ***	−0.587 ***	−0.588 ***	−0.586 ***
実質公債費比率	0.838 ***	0.836 ***	0.837 ***	0.832 ***
経常収支比率	0.387 ***	0.389 ***	0.394 ***	0.410 ***
将来負担比率	0.860 ***	0.861 ***	0.861 ***	0.862 ***
実質収支比率	−0.540 ***	−0.542 ***	−0.543 ***	−0.551 ***
公債費負担比率	0.744 ***	0.742 ***	0.743 ***	0.759 ***
実質赤字比率	0.037	0.039	0.039	0.034
連結実質赤字比率	0.071	0.072	0.072	0.069
地方債残高対標準財政規模	0.926 ***	0.925 ***	0.925 ***	0.926 ***

（注）　1　相関係数はピアソンの積率相関である。
　　　　2　***は1％，**は5％，*は10％有意水準で相関がゼロという帰無仮説を棄却したことを
　　　　　　意味する。
（出所）　筆者作成。

表6-3　記 述 統 計

	観測値数	平均値	標準偏差	最小値	最大値
12月末時点					
金利スプレッド	430	10.458	4.235	1.983	24.700
発行額（対数）	430	23.300	0.367	22.803	24.635
残存期間（日数）	430	3530	398	265	3651
主成分得点（財政悪化指標）	430	0.000	1.934	−6.381	3.954
格付取得ダミー	430	0.495	0.501	0.000	1.000
市場公募債の残高（対数）	426	19.444	1.839	9.999	22.347
1月末時点					
金利スプレッド	431	10.728	4.092	3.500	24.300
発行額（対数）	431	23.293	0.369	22.803	24.818
残存期間（日数）	431	3518	398	233	3653
主成分得点（財政悪化指標）	431	0.000	1.933	−6.381	3.954
格付取得ダミー	431	0.494	0.501	0.000	1.000
市場公募債の残高（対数）	427	19.431	1.857	9.999	22.347
2月末時点					
金利スプレッド	431	10.856	4.378	2.800	22.200
発行額（対数）	431	23.293	0.359	22.803	24.818
残存期間（日数）	431	3512	396	204	3652
主成分得点（財政悪化指標）	431	0.000	1.933	−6.381	3.954
格付取得ダミー	431	0.492	0.501	0.000	1.000
市場公募債の残高（対数）	427	19.434	1.857	9.999	22.347
3月末時点					
金利スプレッド	472	12.552	6.291	2.721	44.600
発行額（対数）	472	23.312	0.379	22.803	24.818
残存期間（日数）	472	3503	400	174	3653
主成分得点（財政悪化指標）	472	0.000	1.948	−7.709	3.983
格付取得ダミー	472	0.496	0.501	0.000	1.000
市場公募債の残高（対数）	470	19.551	1.707	9.999	22.347

（出所）　筆者作成。

市場公募債の残高（対数）は，都道府県分および市町村分の総務省「地方財政状況調査」から得た。Moon and Stotsky（1993a；1993b），Cantor and Packer（1997）によれば，債務水準の高い企業や政府ほど，資金調達の規模も大きく，格付取得による金利軽減効果が見込まれ，格付取得確率が高まることが指摘されている。本章でもこれらの議論を踏襲し，市場公募債の残高が格付けの取得確率に対して正に影響を与えると予想する。

　被説明変数および説明変数の記述統計は表6-3の通りである。ただし，主成分得点の算出で利用した，財政力指数，実質公債費比率，経常収支比率，将来負担比率，実質収支比率，公債費負担比率，実質赤字比率，連結実質赤字比率，および地方債残高対標準財政規模の記述統計は第5章表5-3と同一であるため割愛した。

3.3　推定結果

　表6-4では推定結果が示されており，表頭のモデル1からモデル4は，被説明変数の観察時点の違いを表している。モデル1は12月末時点，モデル2は1月末時点，モデル3は2月末時点，モデル4は3月末時点の市場公募債の金利スプレッドを推定した結果である。また，各モデルの推定結果のうち，上側は(1)式の金利スプレッドの決定要因，下側は(2)式の格付取得確率の決定要因に関する推定結果である。

　(1)式の金利スプレッドに関する推定結果をみてみると，4つの推定モデルのうち，半分以上のモデルで有意な変数は，残存期間（日数），各種財政指標から構成された主成分得点，格付取得ダミーの3つである。

　残存期間（日数）は有意な正の値が求められており，イールド・カーブが右上がりであることが示された。

　続いて，主成分得点の係数は正で有意な値をとっており，本章においても，財政状況の悪化は金利スプレッドの上昇につながることが示された。本章の推定モデルは第5章のそれとは大きく異なるけれども，同様の結果を確認できたことから，信用リスクと金利スプレッドの関係は頑健であるといえよう。

　格付けの有無はすべてのモデルにおいて負で有意な値が導かれた。依頼格付

表6-4　推定結果（セレクションバイアスを考慮）

	モデル1 （12月末時点）	モデル2 （1月末時点）	モデル3 （2月末時点）	モデル4 （3月末時点）
金利スプレッド（(1)式）				
発行額（対数）	0.0016	0.5698 *	− 0.1195	− 0.8082
	(0.3345)	(0.3462)	(0.3421)	(0.5616)
残存期間（日数）	0.0015	0.0014 *	0.0007 *	0.0028
	(0.0012)	(0.0008)	(0.0004)	(0.0020)
主成分得点 （財政悪化指標）	0.3460 **	0.2194 ***	0.4232 ***	0.5428 **
	(0.1711)	(0.1699)	(0.1556)	(0.2565)
格付取得ダミー	− 1.6926 ***	− 2.2520 ***	− 1.7664 ***	− 1.9309 *
	(0.5316)	(0.5400)	(0.4193)	(1.1054)
定数項	8.7145	− 5.1574	13.6242	36.1916 ***
	(9.0872)	(9.2681)	(8.3833)	(15.5924)
格付の取得（(2)式）				
主成分得点 （財政悪化指標）	− 0.1354 ***	− 0.1406 ***	− 0.1266 ***	− 0.1278 ***
	(0.0342)	(0.0332)	(0.0324)	(0.0321)
市場公募債の残高 （対数）	0.0853 *	0.1096 ***	0.1290 ***	0.1313 ***
	(0.0444)	(0.0362)	(0.0352)	(0.0412)
定数項	− 1.6669 **	− 2.1398 ***	− 2.5142 ***	− 2.5701 ***
	(0.8492)	(0.6974)	(0.6785)	(0.8098)
サンプルサイズ	426	427	427	470
Log pseudo likelihood	− 990.004	− 985.207	− 927.420	− 1310.340
団体ダミー	あり	あり	あり	あり
Wald test（$\mu = 0$）	[0.0000]	[0.0000]	[0.0000]	[0.0000]
年度ダミー	あり	あり	あり	あり
Wald test（$\phi = 0$）	[0.0000]	[0.0000]	[0.0000]	[0.0000]
ρ	0.8106	0.8637	0.8106	0.6212
Wald test（$\rho = 0$）	[0.0039]	[0.0042]	[0.0016]	[0.0454]

（注）　1　***は1％，**は5％，*は10％有意水準で係数がゼロという帰無仮説を棄却したことを
意味する。
　　　　2　（　）内の数値は不均一分散に対して頑健な標準誤差，[　]内の数値は p 値である。
　　　　3　団体ダミーおよび年度ダミーにかかる係数の推定結果は割愛した。

けを取得していない団体と比較して，取得した団体では 1.7bp から 2.3bp だけ
金利スプレッドが縮小することが判明した。これは，依頼格付けを取得するこ
とでより多くの投資家にアクセスできた結果，流通市場において市場公募債が
安定的に消化されていると結論づけられる。もし，依頼格付けを取得すること
で市場公募債発行時の金利も同程度（2bp としよう）だけ低く設定されると単純

表6-5　推定結果2（OLS）

	モデル5 （12月末時点）	モデル6 （1月末時点）	モデル7 （2月末時点）	モデル8 （3月末時点）
金利スプレッド（(1)式）				
発行額（対数）	-0.0846	0.4900	-0.1615	− 0.8430
	(0.3808)	(0.3976)	(0.3902)	(0.6243)
残存期間（日数）	0.0019	0.0017 *	0.0007	0.0026
	(0.0014)	(0.0010)	(0.0005)	(0.0020)
主成分得点	0.4499 **	0.3421 *	0.5273 ***	0.6728 **
（財政悪化指標）	(0.1942)	(0.2054)	(0.1833)	(0.3291)
格付取得ダミー	0.2555	− 0.0758	− 0.0146	0.3958
	(0.3364)	(0.3726)	(0.2995)	(0.4868)
定数項	8.2976	− 5.0409	14.0332	36.9168 **
	(10.6191)	(10.6416)	(9.4356)	(17.0443)
サンプルサイズ	426	427	427	470
adj. R^2	0.8931	0.8885	0.9260	0.8798
団体ダミー	あり	あり	あり	あり
Wald test $(\mu = 0)$	[0.0000]	[0.0000]	[0.0000]	[0.0000]
年度ダミー	あり	あり	あり	あり
Wald test $(\phi = 0)$	[0.0000]	[0.0000]	[0.0000]	[0.0000]

（注）　1　***は1％，**は5％，*は10％有意水準で係数がゼロという帰無仮説を棄却したことを
　　　　　意味する。
　　　　2　（　）内の数値は不均一分散に対して頑健な標準誤差，[　]内の数値はp値である。
　　　　3　団体ダミーおよび年度ダミーにかかる係数の推定結果は割愛した。
（出所）　筆者作成。

に仮定すれば，100億円を調達するためのコストは200万円節減される。
　(2)式の格付けの取得に関する推定結果に目を転じると，すべてのモデルに
おいて主成分得点および市場公募債の残高（対数）の係数がともに有意で，か
つ，符号条件も事前の予想と一致した。これらの結果から，まず，財政状況が
悪い団体では，格付けを取得してもあまり高い評価を得られないと予想し，格
付けの取得に対して消極的になっていると解釈できる。次に，市場公募債の残
高が多い団体，すなわち，市場公募債による大規模な資金調達が見込まれるよ
うな団体ほど，格付けの取得に積極的である。なぜならば，第1節で触れたよ
うに，格付けを取得するための手数料は年額で数百万円程度になることから，
格付取得による金利軽減効果の恩恵を受けるのは，市場公募債を多く発行して
いる団体に限られてしまうからである。日本において，依頼格付けを取得して

いる団体が市場公募団体の半数にとどまるのはこうした理由によると推察される。

　なお，(1)式と(2)式の誤差項同士の相関（ρ）が正で有意だったため，セレクション・バイアスの存在が示唆された。そこで，(1)式のみを最小二乗推定した結果である表6-5をみると，格付取得ダミーは有意ではないうえ，予想とは反対の符号が得られているモデルもある。したがって，依頼格付けが市場公募債の金利に与える効果を正しく評価するためには，依頼格付けの取得におけるセレクション・バイアスを考慮しなければならない。

おわりに

　本章では，依頼格付けの取得にセレクション・バイアスがあることを前提としたうえで，格付けの取得が金利に与える効果を定量的に分析した。その結果，以下が明らかとなった。第1に，依頼格付けを取得した団体は，そうでない団体と比べて，1.7bpから2.3bpだけ金利スプレッドが縮小することが判明した。この結果は，市場公募団体が依頼格付けを取得することによって，多くの投資家にアクセスできたことにより，市場公募債が安定的に消化されたと解釈できる。第2に，依頼格付けの取得には内生性があり，財政状況が良いほど，また，市場公募債による大規模な資金調達が見込まれるような団体ほど，依頼格付けの取得に積極的である。さらに，格付取得における内生性を無視すると，格付けの効果を正しく評価できないことも示された。第3に，財政状況の悪化は金利スプレッドを上昇させることから，第5章と同様，信用リスクの存在が示唆された。

　本章に残された大きな課題として，以下の2つがあげられるだろう。

　1つは，本章では財政状況が悪い団体ほど格付けの取得に消極的と結論づけたが，すべての市場公募団体に同一の評価を与えているムーディーズのような格付機関から格付けを取得するのであれば，財政状況が悪くとも一定の評価を得られるはずである。財政状況と格付けの取得確率との関係は格付機関によって異なる可能性があるが，本章では十分に検証することができなかった。もう

1つは，格付けの有無だけでなく，格付機関や等級の違いが金利スプレッドにもたらす効果を推定することができれば，より豊富な含意を得られたと思われる。これらの点を今後の課題としたい。

参考文献

秋本敏男（2002）「企業評価の一手法としての債券格付け」『経営論集』（東洋大学）第 55 号，33〜40 頁

石川達哉（2007）「地方公共団体の財政状況に対する評価と市場公募地方債の流通利回り」『ニッセイ基礎研所報』第 48 巻，1〜32 頁

石川達哉（2009）「地方公共団体に対する格付けと財政指標の関係——順序プロビットモデルによる地方公共団体格付けの分析」『ニッセイ基礎研所報』第 56 巻，127〜142 頁

伊藤和彦（2008）「実質公債費比率と地方債格付けの決定要因——新しい地方財政再生制度における健全化判断指標のあり方」『日本経済研究』第 58 号，17〜37 頁

江夏あかね（2009）『地方債の格付けとクレジット』商事法務

大東辰起（2017）「自治体財政と地方債格付けの動向——勝手格付けから依頼格付け移行期の格付け動向」『大阪産業大学経済論集』第 18 巻第 3 号，35〜63 頁

熊本伸介（2011）「地方自治体に対する格付の妥当性—— R&I の格付を利用して」『同志社政策科学研究』第 12 巻第 2 号，91〜102 頁

下田尚人・河合祐子（2007）「格付格差の現状と背景——依頼格付と非依頼格付，レーティング・スプリット」日本銀行ワーキングペーパー，No.07-J-3

田中英隆・石渡昭（2016）『格付——価値の再認識と広がる投資戦略』日本経済新聞出版社

田辺和俊・栗田多喜夫・西田健次・鈴木孝弘（2013）「サポートベクター回帰を用いた 158 カ国の国債格付けの再現」『情報知識学会誌』第 23 巻第 1 号，70〜91 頁

中里透（2008）「財政収支と債券市場——市場公募地方債を対象とした分析」『日本経済研究』第 58 号，1〜16 頁

Alshathri, F., J. R. Aronson and N. Nayar (2015) "Municipal Credit Ratings and Unfunded Pension Liabilities: New Evidence?" *Capital Markets Review*, 23(1&2), pp.1–24.

Cantor, R. and F. Packer (1997) "Difference of Opinion and Selection Bias in the Credit Rating Industry," *Journal of Banking and Finance*, 21, pp.1395–1417.

Capeci, J. (1991) "Credit Risk, Credit Ratings, and Municipal Bond Yields: A Panel Study," *National Tax Journal*, 44(4：part1), pp.41–56.

Capeci, J. (1994) "Local Fiscal Policies, Default Risk, and Municipal Borrowing Costs," *Journal of Public Economics*, 53(1), pp.73–89.

Cluff, G. S. and P. G. Farnham (1985) "A Problem of Discrete Choice: Moody's Municipal Bond Ratings," *Journal of Economics and Business*, 37(4), pp.277–302.

Johnson, C. L. and K. A. Kriz (2005) "Fiscal Institutions, Credit Ratings, and Borrowing Costs," *Public Budgeting and Finance*, 25(1), pp.84–103.

Liu, P. and A. V. Thakor (1984) "Interest Yields, Credit Ratings, and Economic Characteristics of State Bonds: An Empirical Analysis: Note," *Journal of Money, Credit and Banking*, 16(3), pp.344-351.

Moon, C. G. and J. G. Stotsky (1993a) "Testing the Differences between the Determinants of Moody's and Standard & Poor's Ratings an Application of Smooth Simulated Maximum Likelihood Estimation," *Journal of Applied Econometrics*, 8(1), pp.51-69.

Moon, C. G. and J. G. Stotsky (1993b) "Municipal Bond Rating Analysis: Sample Selectivity and Simultaneous Equations Bias," *Regional Science and Urban Economics*, 23(1), pp.29-50.

Palumbo, G. and M. P. Zaporowski (2012) "Determinants of Municipal Bond Ratings for General-Purpose Governments: An Empirical Analysis," *Public Budgeting and Finance*, 32(2), pp.86-102.

Pinna, M. (2015) "An Empirical Analysis of the Municipal Bond Market in Italy: Sovereign Risk and Sub-Sovereign Levels of Government," *Public Budgeting and Finance*, 35(3), pp.68-94.

Simonsen, B., M. D. Robbins and L. Helgerson, (2001) "The Influence of Jurisdiction Size and Sale Type on Municipal Bond Interest Rates: An Empirical Analysis," *Public Administration Review*, 61(6), pp.709-717.

Wooldridge, J. M. (2010) *Econometric Analysis of Cross Section and Panel Data*, 2nd ed., MIT press.

（石田三成）

は　じ　め　に

　近年，健全な地方公共団体の自主性を尊重する観点から地方公共団体の起債に対する上位政府の関与が緩和されている。2005 年度までは地方債許可制度が敷かれており，地方公共団体は地方債の発行を原則として禁じられていたため，総務大臣または都道府県知事（以下，総務大臣等）の許可なくして起債できなかった。しかし，地方債許可制度の廃止を謳った地方分権推進委員会第 2 次勧告を受けて 2006 年に地方債協議制度が導入されたことにより，地方債の発行は原則自由化され，実質公債費比率が 18％未満等の一定の条件を満たす団体であれば，総務大臣等との協議を経る必要はあるものの，その同意が得られなくとも起債が可能となった。また，2012 年には地方債協議制度の一部が見直され，実質公債費比率が 16％未満（2012 年度は 14％未満）等の条件を満たす団体は，総務大臣等と協議をせずとも，事前に届け出ることで民間資金を調達できるようになった。

　たしかに，総務大臣等による関与が見直されたことによって，地方公共団体は柔軟かつ機動的な起債運営を行えるようになった結果，より有利で安定的な資金調達が制度上は可能となった。しかしながら，地方公共団体の資金調達能力に差があるならば，その恩恵を浴するのは資金調達能力の高い団体に限られる。

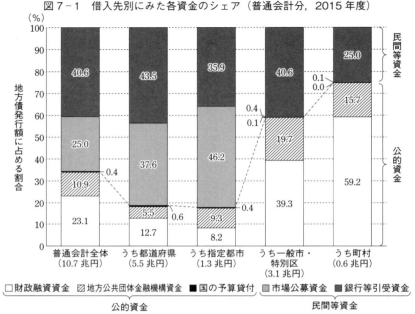

図 7 - 1　借入先別にみた各資金のシェア（普通会計分，2015 年度）

（出所）　総務省『平成 27 年度　地方財政統計年報』より筆者作成。

　民間等資金[1]に焦点を当てると，その引受先はさまざまではあるが，地方公共団体の種類によって傾向は異なる。図 7 - 1 では，借入先別にみた地方債発行額のシェアを地方公共団体の種類別に示している。2015 年度の普通会計における地方債発行額 10.7 兆円のうち，40.6％が銀行等引受資金（発行額は 4.3 兆円），25.0％が市場公募資金（発行額は 2.7 兆円）であった。地方公共団体の種類別でみると，都道府県や指定都市では，地方債発行額のうち銀行等引受資金と市場公募資金がそれぞれ 40％前後を占めており，民間等資金による資金調達が主流であること，そして，銀行等引受債だけでなく市場公募債を容易に発行

1）　第 2 章でみたように地方債を引受先で区分すると，地方債は公的資金と民間等資金の 2 つに大別される。前者は地方財政法施行令第 18 条の 2 で規定される資金のことで，財政融資資金，地方公共団体金融機構資金，国や独立行政法人等による貸付金（国の予算等貸付金）から構成される。後者は公的資金以外の資金の総称であり，さらに民間等資金は市場公募資金と銀行等引受資金の 2 つに細分される。市場公募資金は地方公共団体が公募により市場から直接的に調達した資金のことで，銀行等引受資金はそれ以外の民間等資金を指す。

できることから，都道府県や指定都市は高い資金調達能力を有していることがわかる。他方で，一般市・特別区および町村では市場公募資金は皆無で，民間等資金といえば，事実上，銀行等引受資金に限定される。銀行等引受資金のシェアは，一般市・特別区では 40.6%（発行額は 1.3 兆円），町村では 25.0%（発行額は 0.2 兆円）で，残りの資金のほとんどが公的資金である。

　図 7-1 より，一般市・特別区と町村部では民間等資金の調達手段は銀行等引受に限定されるという点で共通している。しかし，町村部や地方圏に位置する市では，都市圏にある市と比べ，地域内に存する金融機関が少ないから，借入先の選択肢はよりいっそう狭まるだろう。そうした地域では，将来負担を軽減するため，入札や見積合わせを通じて競争的に銀行等引受資金を調達しようとしても，金融機関の寡占によって不利な条件で借り入れることを強いられる。

　むろん，地方公共団体は，市中銀行をはじめとする民間金融機関だけでなく，財政投融資や地方公共団体金融機構からも資金を調達できる。かりに，政府が公的資金を金融機関の寡占により不利な条件で借り入れている地方公共団体に対して重点的に割り当てているならば，公的資金は金融機関の疑似的な競争相手，すなわち対抗力として機能し，金融機関の寡占による弊害が軽減される可能性がある。

　そこで，本章では，2008 年度から 2013 年度までに市区町村が起債した銀行等引受債（銀行等引受による地方債のこと。以下同じ）を対象として，①金融機関同士の競争が激しくなるほど，金融機関の交渉力が弱まる結果，銀行等引受債の金利が低下する，②公的資金のウェイトが高い地域ほどその対抗力が発揮され，金融機関の寡占の弊害が縮小する結果，銀行等引受債の金利が低下する，③銀行等引受債の金利は借入先金融機関の経営状況に左右されるという 3 つの仮説の当否を定量的に検証する。

　本章の構成は以下の通りである。続く第 1 節では地方債の金利の決定要因を分析した先行研究や地域金融のなかでも地理的な市場分断を扱った先行研究を展望する。第 2 節では市町村に対する公文書開示請求や情報提供依頼を通じて入手した銀行等引受債に関する資料をもとに，その起債条件について概観する。第 3 節では銀行等引受債の金利スプレッドには地域間で地域間格差がみられることを確認する。第 4 節では上述した 3 つの仮説の当否を検証するべく，銀行

等引受債の金利スプレッドの決定要因を推定する。最終節は本章のまとめである。

1　先行研究

1.1　地方債に関する先行研究

　地方債の金利の決定要因を定量的に分析した国内の研究として，土居（2007），大山ほか（2006），石川（2007），中里（2008），田中（2012），石田（2014）などがある。

　日本の地方債を扱った研究をみてみると，その多くは暗黙の政府保証に主たる関心が寄せられているようである。土居（2007）は，公的資金は民間等資金よりも満期構成が長く，金利も低い傾向にあることを指摘し，地方債許可制度のもとで国は長期かつ低利の公的資金を地方部の自治体へ重点的に割り当てることにより，それらの利子負担を軽減する形で地方への再分配を行っていたと主張する。1976年度から1997年度までの都道府県データを用いた推定によれば，①財政力が弱い地域ほど公的資金のシェア（地方債残高に占める公的資金残高の割合）が高くなること，②公的資金のシェアが高い地域ほど実質化された平均利回り（利払費を前年度末の地方債残高で割った平均利回りから県内総生産デフレータ上昇率を控除した値）が低くなることなどが示された。しかしながら，この推定では，平均利回りの格差に影響を与えうるその他の要因，たとえば，市場公募か銀行等引受かといった調達手段の違い，満期一括か定時償還かといった償還方法の違いは十分にコントロールされていないという課題が残る。

　大山ほか（2006）は，1990年代後半から2006年9月までの期間を対象として，市場公募債に関する流通利回りの対国債スプレッドの推移を検討している。2001年後半から2006年初めまでは市場公募債を含む債券全般でスプレッドが低位で推移していたが，2006年の春から同年9月末にかけて市場公募債のスプレッドは拡大傾向に転じるようになった。この時期，すべての銘柄でスプレッドが拡大したと同時に銘柄間の格差が顕在化し，格付けの高い東京都や横浜市と比べて，格付けの低い大阪府や北海道でスプレッドが大きく広がった。大

山ほか（2006）は，2006年以降の銘柄間格差の発生について，夕張市の財政再建団体の指定申請を巡る一連の報道，市場公募債の統一条件交渉方式の見直し，および破綻法制の検討などが行われたため，市場参加者が一部地方公共団体の財政悪化を認識したことを理由に挙げている。

地方債はそれを取り巻く諸制度により信用補完がなされているため，地方公共団体のデフォルトは起こりえず，その信用力には差がないと国は主張してきた（丹羽　2004）。しかし，市場がこうした暗黙の政府保証を懐疑的にみているならば，言い換えれば，市場が地方債の信用リスクを認識しているならば，発行体の格付けや財政状況が市場公募債の流通利回りに影響を与えると考えられる。こうした問題意識をもつ実証研究が石川（2007）と中里（2008）である。

石川（2007）は，2002年度から2006年度の各年度末時点における市場公募債の流通利回りの対国債スプレッドを，経常収支比率や財政力指数などの財政状況に関する変数のほか，格付け符号の違いを表した変数などで推定している。実証分析より，経常収支比率や起債制限比率が上昇すると，また，財政力指数が低下するとスプレッドは拡大すること，格付けが低い団体はスプレッドが大きくなることなどが明らかとなった。

中里（2008）は，石川（2007）とおおむね同じ期間の市場公募債データを用い，格付投資情報センター（R&I）および日本格付研究所（JCR）による格付けの違いなどが市場公募債の流通利回りの対国債スプレッドに与える効果を検証している。推定では，両格付け会社ともに，AA＋格とAA格ではスプレッドの差異はあまりみられないものの，AA格とAA－格では5bpから7bpのスプレッドが生じるほか，標準財政規模に対する地方債残高の比率の増加がスプレッドを拡大させることを示した。

石川（2007）および中里（2008）は，自らの信用力が自身の発行する市場公募債の金利に影響を与えることを想定していた。一方で，田中（2012）は，地方債制度に地方公共団体の信用を相互に補完する仕組みが残っていると述べ，ある市場公募団体における財政状況の変化は，他の市場公募団体の個別債のスプレッドに影響を与えると主張している。2003年から2008年までのデータを用いた推定結果によれば，他地域における標準財政規模に対する地方債残高の比率の増加は自身の個別債のスプレッドに影響するという結果が得られている。

国内の先行研究で共通していることは，地方債のなかでも市場公募債を取り上げ，その流通利回り（対国債スプレッド）と発行体の信用力との関係に着目したことであり，示唆に富む結果も得られている。地方債に占める重要性が大きいこともあり，市場公募債に関する研究は一定の進展をみせたが，その起債団体は50余りにすぎない。その一方で，銀行等引受債は多くの地方公共団体にとってかかわりがあるにもかかわらず，それに関する実証研究はほとんどみられない。

　数少ない例外として，石田（2014）は，北海道内の市町村が起債した銀行等引受債の個票データを用いて，その金利の地域間格差の要因を検証した。この研究では，銀行等引受資金を調達する際に，入札や見積合わせなど競争的な選定を経ることによって金利を引き下げられること，公的資金にアクセスしやすい地域ほど，民間金融機関に対する牽制が働き，金利が低下する傾向にあることが定量的に明らかにされた[2]。

　しかし，石田（2014）の分析には大きく2つの課題がある。1つは，銀行等引受債の金利の変動要因を主に需要サイドである地方公共団体に関する変数のみで捉えようとしており，供給サイドである地域金融機関の地域単位での競争環境や経営状態を十分に反映していないことである。もう1つは，分析対象が北海道内の市町村に限定されていたため，他の都道府県でも同様の結果が得られるかが定かではないことである。

1.2　金融市場の地理的分断に関する先行研究

　地域金融の分野では市場分断仮説に関する研究が進んでおり，金融機関の寡占によって地域間で預金金利や貸出金利などが異なることが明らかにされている。インドネシアを対象にした Ridhwan et al.（2012），イギリスを対象にした Ashton（2009）があるほか，日本国内を対象にした分析に限っても，Kano and Tsutsui（2003），中田・安達（2006）および安孫子（2007）などの先駆的な研究があ

2）　国外の研究では，Capeci（1991；1994）や Simonsen et al.（2001）が，引受時の金融機関の競争環境が増すにつれて地方債の金利が低下することを示している。

る。

Ridhwan et al.（2012）は，州（provinsi）単位で貸出市場の市場分断が観察されるかを検証しており，州ごとに平均した貸出金利を，貸出金残高ベースで作成されたハーフィンダール・ハーシュマン指数（以下，HHI），金融機関の人件費比率や規模などで推定している。パネル推定の結果，HHI は州レベルの平均貸出金利に対して正に有意な影響を与えていたことなどが示され，インドネシアの貸出市場は州単位で分断がみられると主張している。他方で，Ashton（2009）は，イギリスのほとんどのリテール・バンクは地域単位で営業活動を行っていることに着目し，地域単位で預金金利が異なるかを検証したが，イギリスでは市場分断は観察されなかった。

Kano and Tsutsui（2003）は，1996 年度の地方銀行各行および信用金庫各庫の貸出約定平均金利を求め，それを本店の所在する都道府県の県民所得，預金残高，および貸出金残高で計算した HHI で回帰した。地方銀行を対象にした推定では，貸出約定平均金利に対して県民所得は正の効果，預金残高は負の効果を有することが統計的に有意に認められたものの，HHI は有意ではなかった。他方，信用金庫を対象にした推定では，県民所得は正，預金残高は負，そしてHHI は正の効果が有意に認められた。これらの結果から，信用金庫の貸出市場は都道府県単位で分断しているものの，地方銀行の貸出市場は少なくとも都道府県単位では分断していないと結論付けた。

中田・安達（2006）は，2000 年度から 2004 年度までの第二地方銀行および信用金庫に関するデータを用い，地域の産業構成や景況などの需要側要因，金融機関の業績や費用などの供給側要因，金融機関の競争環境に関する諸変数を説明変数として，各金融機関の貸出約定平均金利の格差をパネル推定した。主要な推定結果として，①需要側要因では，金融・保険業や製造業の県内事業所シェアが低い地域に存する地域金融機関の金利が高いこと，②供給側要因では，預金金利が高い，規模が小さい，自己資本比率や不良債権比率が悪化しているといった特徴をもつ金融機関の金利が高いこと，そして，③競争環境については，HHI が平均よりも高い地域に存する金融機関では，HHI が高くなるほど金利も高くなることなどが示された。これらの結果より，中田・安達（2006）は，地方圏の貸出市場はいまだ不完全競争下にあると述べている。

Kano and Tsutsui（2003）や中田・安達（2006）は，地域金融機関の貸出約定平均金利を用い，資金の供給側の視点から市場分断仮説の当否を検証したのに対し，安孫子（2007）はCRD協会が保有する中小企業の財務状況等に関する個票データを用い，需要側の視点からそれを検証したことに特徴がある。1998年から2003年までの各年について，支払利子等を有利子負債で割った平均借入金利を被説明変数としたクロスセクション推定では，①当該中小企業の存する都道府県に店舗を置く銀行および信用金庫の数が増加すると平均借入金利が低下すること，②都道府県別で平均した地元金融機関の不良債権比率が高い地域では，その都道府県に存する中小企業の平均借入金利が高くなること，③自己資本に対する有利子負債の比率が大きい企業ほど平均金利が上昇することなどが明らかとなった。

　国内における市場分断仮説を検証したKano and Tsutsui（2003），中田・安達（2006）および安孫子（2007）におおむね共通している点は，①地域単位で金利が異なること，②資金需要側の要因や資金供給側である金融機関の経営状態の違いをコントロールしても，金融機関同士の競争環境が金利に影響を与えることである。しかしながら，これら3つの先行研究では，使用されている金利は完全な個票データの形式とはなっていないから，個々の契約条件の差異が金利に与える効果までは検証できない。たとえば，Kano and Tsutsui（2003）および中田・安達（2006）は，金融機関単位で集計されたデータであるため，金融機関の個々の貸出先における信用力や貸出期間の違いなどが金利に及ぼす効果まではわからない。また，安孫子（2007）は，企業単位のデータであるため，個々の借入先金融機関の経営状況や借入期間の差異などが金利に及ぼす効果まではわからない。他方で，石田（2014）は地方債1本（1契約）ごとの金利とその契約条件に関するデータを用いていたことから，そのデータをすべての地域に拡張して分析することで，地方債のみならず市場分断仮説に関する研究にも一定の貢献を果たせるだろう。

2 銀行等引受債の起債条件

　個々の地方公共団体の地方債関連データは地方債協会『地方債統計年報』，総務省「市町村別決算状況調」「地方財政状況調査」などでも得られるが，これらの統計資料では，ある程度集計されたデータしか公表されない。筆者の知るかぎり，すべての地方公共団体を対象とし，かつ，銀行等引受債1本（1契約）ごとの利率，発行額，引受先といった詳細な起債条件を確認できるようなデータベースは存在しないようである。そこで，筆者は全国の市区町村に対して公文書開示請求あるいは情報提供依頼を行い，銀行等引受債1本ごとの起債条件が記された資料と見積合わせや入札等の実施状況に関する資料を収集した。ただし，住民以外に公文書開示請求権を与えていない，または民間金融機関から借り入れていないといった理由により，実際に収集できたのは1142市区町村，合計5万150本の銀行等引受債（民間金融機関からの借入のみで共済資金等は含まれない）に関する資料である。なお，対象期間は2008年度から2013年度の6年間で，会計の範囲は一般会計と特別会計である。以下では，開示請求等を通じて得られたデータを概観する。

　まず，起債月次についてみてみると，1月が298本（全体に占める割合は0.6%），2月が510本（同1.0%），3月が1万8276本（同36.4%），4月が2743本（同5.5%），5月が2万4819本（同49.5%），6月が125本（同0.2%），7月が60本（同0.1%），8月が86本（同0.2%），9月が1907本（同3.8%），10月が289本（同0.6%），11月が552本（同1.1%），12月が485本（同1.0%）で，3月と5月の起債だけで全体の85.9%を占める。起債が3月と5月に集中している理由として，3月が会計年度の最終月，5月が出納整理期間の最終月であることから，支出の確定する3月または5月に合わせて資金を確保する必要があること，利子負担を軽減させるために起債を可能なかぎり繰り下げていることなどがあげられる。

　次に，償還方法は，満期一括償還が574本（全体に占める割合は1.1%），半年賦元金均等償還が4万386本（同80.5%），半年賦元利均等償還が8924本（同16.5%），年賦元金均等償還が519本（同1.0%），年賦元利均等償還が152本（同0.3%），その他・不明が225本（同0.4%）であった。なお，市場公募債では満

表7-1　都市部・町村部の入札等参加金融機関数

入札等参加金融機関数	都市部		町村部		合　計	
	本数	割合(%)	本数	割合(%)	本数	割合(%)
1 社以上～ 3 社以下	2,897	9.6	2,174	34.5	5,071	13.9
3 社超　～ 5 社以下	9,399	31.0	3,263	51.7	12,662	34.6
5 社超　～ 7 社以下	9,335	30.8	776	12.3	10,111	27.6
7 社超　～10 社以下	6,204	20.5	65	1.0	6,269	17.1
10 社超　～12 社以下	1,448	4.8	15	0.2	1,463	4.0
12 社超　～15 社以下	475	1.6	13	0.2	488	1.3
15 社超　～	544	1.8	2	0.0	546	1.5
合　計	30,302	100.0	6,308	100.0	36,610	100.0
入札等参加金融機関数の平均値	6.556 社		4.125 社		6.137 社	

（出所）市町村に対する公文書開示請求または情報提供依頼によって得た資料（公債台帳，金銭消費貸借契約証書，見積合わせ実施伺いなど）より筆者作成。

期一括償還が採用されており定時償還方式は皆無であるが，銀行等引受債では定時償還方式が主流であることがわかる。

　償還年限は，3 年以下が 2331 本（同 4.6%），3 年超 5 年以下が 5042 本（同 10.1%），5 年超 7 年以下が 2533 本（同 5.1%），7 年超 10 年以下が 1 万 8966 本（同 37.8%），10 年超 12 年以下が 2790 本（同 5.6%），12 年超 15 年以下が 9176 本（同 18.3%），15 年超 20 年以下が 8137 本（同 16.2%），20 年超 25 年以下が 849 本（同 1.7%），25 年超が 299 本（同 0.6%），その他・不明 27 本（同 0.1%）である。なかでも，償還年限が 5 年，10 年，15 年，20 年の銀行等引受債が多く，これらで 3 万 8513 本（同 76.8%）にのぼる。

　金利方式は，固定金利が 3 万 4990 本（同 69.8%），利率見直しが 1 万 4968 本（同 29.8%），その他・不明が 192 本（同 0.4%）であった。

　銀行等引受債の起債にあたり，入札や見積合わせといった競争的なプロセスを経たものが 3 万 6610 本（全体に占める割合は 73.1%），競争的なプロセスを経ていないものが 1 万 3480 本（同 26.9%）だったことから，民間等資金の調達において入札や見積合わせは一般的だといえる。競争的なプロセスを経た銀行等引受債に限定し，入札や見積合わせに何社の金融機関が参加したかを示したものが表 7-1 である。市町村全体では，入札や見積合わせに参加した金融機関

数（以下，入札等参加金融機関数）が3社以下の銀行等引受債は5071本（競争的
な選定を経た3万6610本に占める割合は13.9%），3社超5社以下が1万2662本（同
34.6%），5社超7社以下が1万111本（27.6%），7社超10社以下が6269本（17.1
%），10社超12社以下が1463本（4.9%），12社超15社以下が488本（1.3%），
15社超が546本（1.5%）である。入札等参加金融機関数の平均値は市町村全体
では6.137社だが，都市部の平均値は6.556社，町村部の平均値は4.125社で，
町村部よりも都市部のほうが入札等参加金融機関数は多い。これは相対的に町
村部よりも都市部に多くの金融機関が立地していることによると考えられる。

3 銀行等引受債の金利スプレッドの地域間格差

　以下では，銀行等引受債の金利について検討するが，公債台帳や金銭消費貸
借契約証書等などに記載されている金利をそのまま用いて銀行等引受債を年度
間あるいは銘柄間で比較することは適切ではない。
　第1の理由は，異時点間で銀行等引受債の金利が変動したとき，それが金融
市場全体で生じたショックに起因するものなのか，それとも地方債市場で生じ
たショックに起因するものなのかを十分に識別できないためである。一般に，
前者の影響を取り除く方法として，市場公募債などの公社債の金利を対象にし
た分析では，10年物の国債金利を基準に比較対象となる債券との金利スプレ
ッドを計算・推定することが多い[3]。
　第2の理由は，償還方法，償還年限，金利方式などの差異に起因する金利変
動を除去する必要があるためである。上述のように，銀行等引受債はその起債
条件が多様で地方公共団体の資金需要に合わせた設計が可能であることから，
地方公共団体にとって重要な資金調達手段として位置づけられている。その一
方で，その柔軟性が横並びで比較することを困難にさせている。たとえば，償
還年限が同じ10年であっても，半年賦元金均等償還と満期一括償還の銀行等

---

3) 市場公募債の金利を扱っている大山ほか（2006），石川（2007），中里（2008）および田中
　（2012）は，10年物の国債金利を基準金利として，それと起債条件（残存年数，発行日）がほぼ
　同じとみなすことのできる市場公募債との金利スプレッドを求めたうえで分析を行っている。

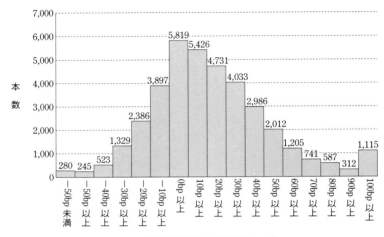

図 7 - 2　銀行等引受債の金利スプレッドの分布（全体）

縦軸：本数

- −50bp 未満：280
- −50bp 以上：245
- −40bp 以上：523
- −30bp 以上：1,329
- −20bp 以上：2,386
- −10bp 以上：3,897
- 0bp 以上：5,819
- 10bp 以上：5,426
- 20bp 以上：4,731
- 30bp 以上：4,033
- 40bp 以上：2,986
- 50bp 以上：2,012
- 60bp 以上：1,205
- 70bp 以上：741
- 80bp 以上：587
- 90bp 以上：312
- 100bp 以上：1,115

横軸：銀行等引受債の金利スプレッド
（対財政融資資金貸付金利）

（出所）　市町村に対する公文書開示請求または情報提供依頼によって得た資料（公債台帳，金銭消費貸借契約証書，見積合わせ実施伺いなど）および財務省ウェブサイト「財政融資資金預託金利・貸付金利」（同省ウェブサイトに掲載されていない過去のデータについては，国立国会図書館インターネット資料収集保存事業にて保存されている財務省ウェブサイトの「財政融資資金預託金利・貸付金利」）のデータより筆者作成。ウェブサイトはすべて 2017 年 9 月 1 日閲覧。

引受債の金利を単純に比較しても，有益な示唆は得られないであろう。

　こうした問題に対処するため，本章では，銀行等引受債の金利スプレッドを計算するにあたり，財政融資資金の貸付金利をベンチマークとして採用した[4]。その理由の 1 つは，財政融資資金では元利均等・元金均等の別，年賦・半年賦の別，借入年数・据置年数の別に応じた金利が設定されており，銀行等引受債の起債条件と合致するケースが多いためである。もう 1 つは，財政融資資金は

4）　財政融資資金の貸付金利は財務省ウェブサイト「財政融資資金預託金利・貸付金利」（http://www.mof.go.jp/filp/reference/flf_interest_rate/index.htm，2017 年 9 月 1 日閲覧）に掲載されているデータを利用した。また，財務省ウェブサイトに掲載されていない古いデータについては国立国会図書館インターネット資料収集保存事業でアーカイブされている財務省ウェブサイト（http://warp.ndl.go.jp/info:ndljp/pid/1022127/www.mof.go.jp/jouhou/zaitou/kinri.htm）のデータを利用した。

表7-2 銀行等引受債の金利スプレッドの分布（年度別）

(単位：%)

金利スプレッド	2008年度	2009年度	2010年度	2011年度	2012年度	2013年度	全期間
−50bp 未満	0.4	0.5	1.0	1.0	0.8	1.1	0.7
−50bp 以上	0.2	0.5	0.8	1.0	0.6	1.1	0.7
−40bp 以上	0.8	0.5	1.6	1.9	1.6	2.4	1.4
−30bp 以上	1.5	1.9	3.4	5.3	3.2	7.6	3.5
−20bp 以上	2.8	3.2	6.0	8.8	6.8	13.2	6.3
−10bp 以上	4.7	7.3	11.9	14.3	11.3	16.9	10.4
0bp 以上	10.7	10.6	16.9	18.3	20.6	19.6	15.5
10bp 以上	12.9	11.2	13.5	14.9	21.0	14.5	14.4
20bp 以上	15.9	13.2	11.7	9.7	13.2	9.5	12.6
30bp 以上	14.2	12.2	11.4	9.9	7.6	6.7	10.7
40bp 以上	11.7	13.0	8.0	5.2	3.9	2.4	7.9
50bp 以上	7.9	9.8	4.0	2.5	3.5	1.7	5.3
60bp 以上	5.2	4.9	2.8	2.3	1.4	1.0	3.2
70bp 以上	2.9	3.6	1.9	1.0	0.9	0.6	2.0
80bp 以上	2.8	2.5	1.1	0.9	0.7	0.4	1.6
90bp 以上	1.5	1.1	0.6	0.4	0.6	0.2	0.8
100bp 以上	3.7	4.0	3.4	2.5	2.3	1.0	3.0
本　数	8,752 本	6,924 本	5,401 本	5,347 本	5,640 本	5,563 本	37,627 本
平均スプレッド	32.6 bp	32.2 bp	20.4 bp	13.8 bp	15.5 bp	5.5 bp	21.5 bp

（注）　網掛けの部分は最頻値を意味する。
（出所）　図7-2と同じ。

収支相償の原則を謳っていることから，その貸付金利は，平均的にみれば満期変換を行った国債の金利と同等とみなせるためである。

　銀行等引受債の金利スプレッドを計算した結果が図7-2で示されている。ただし，一部の銀行等引受債では，起債条件がほぼ同一とみなせる財政融資資金の貸付金利がなかったことから，分析の対象から除外している。その結果，サンプル・サイズは3万7627に減少する。なお，金利スプレッドの単位はbp（1bp＝0.01％）である。

　銀行等引受債の金利スプレッドの最頻値は0bp以上10bp未満で，平均値は21.5bpである。3万7627本の銀行等引受債のうち2万8967本（77.0％）で財政融資資金よりも高い金利で借り入れているが，100bp以上の金利スプレッドが付けられている銀行等引受債が1115本（3.0％）あり，非常に不利な条件で借り入れている団体も一部存在する。反対に，財政融資資金の貸付金利よりも有利な条件が付けられている銀行等引受債が8660本（23.0％）もあることは特

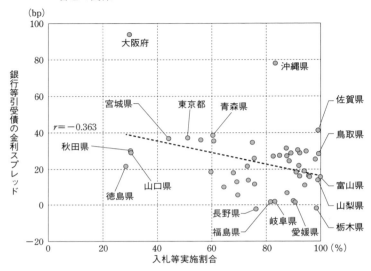

図7-3 銀行等引受債の金利スプレッド（都道府県別）と入札等実施割
合との関係

（出所）　図7-2と同じ。

筆に値する。一般に，財政融資資金は国債金利との利鞘をとらない収支相償の
原則に基づいて運用されていることから，財政融資資金の貸付金利よりも低い
金利を付けている金融機関は，平均的にみて国債よりも低い金利で貸し出して
いることになる。

　今度は図7-2のデータを年度別，都道府県別でみてみよう。まず，金利ス
プレッドの分布を年度別に示したものが表7-2である。金利スプレッドの平
均値は，2008年度および2009年度はそれぞれ32.6bpと32.2bpで大きな変化
はみられなかったが，2011年3月の東日本大震災の発生にもかかわらず，
2010年度は20.4bpまで急落した。2011年度はさらに下落して約13.8bpとなり，
2012年度は15.5bpと前年度と同水準を維持していたものの，2013年度には
5.5bpと大幅に低下した。なお，市場公募債の金利スプレッドも2008年のリ
ーマン・ショックを受けて2008年度に急上昇したが，その後は落ち着きを取
り戻し，東日本大震災における一時的な金利上昇を除けば，低位で推移してお

り，銀行等引受債と軌を一にした動きが観察される[5]。

　次に，図7-2のデータを都道府県単位で分割した図7-3をみてみよう。同図は縦軸には各都道府県における金利スプレッドの平均値を，横軸には入札や見積合わせといった競争的なプロセスを経た銀行等引受債の割合をとっている。

　金利スプレッドの平均値が低い県は長野県（-2.4bp），栃木県（-2.0bp），愛媛県（1.4bp），福島県（1.6bp），岐阜県（1.7bp）で，平均値が高い県は大阪府（93.8bp），沖縄県（77.9bp），佐賀県（41.1bp），青森県（38.3bp）であった。次節で詳しく検証するが，このような地域間金利格差が存在するのは，各市町村が競争的に資金調達をしているか否かに影響を受けているからだと推察される。入札や見積合わせの実施割合の高い県は富山県（100%），鳥取県（99.2%），山梨県（99.1%），佐賀県（99.1%）で，その割合が低い県は徳島県（28.5%），大阪府（29.6%），秋田県（30.2%），山口県（30.3%）の順であった。各都道府県の平均金利と競争的なプロセスを経た銀行等引受債の割合には弱い負の相関（相関係数は-0.363）がみられ，5%有意水準で無相関を棄却する。

4　推　　定

4.1　推定方法

　本節では，図7-2で示した金利スプレッドを被説明変数として，その決定要因を定量的に分析する。検証する仮説は，①金融機関同士の競争が激しくなるほど，金融機関の交渉力が弱まる結果，銀行等引受債の金利が低下する，②公的資金のウェイトが高い地域ほどその対抗力が発揮され，金融機関の寡占の弊害が縮小する結果，銀行等引受債の金利が低下する，③銀行等引受債の金利は借入先金融機関の経営状況に左右される，の3つである。

　いま，地方公共団体 i が起債年月日 t にて k 番目に起債した銀行等引受債の金利スプレッドを y_{itk} とすると，推定式は(1)式のように表すことができる。

5）　市場公募債の金利スプレッドの推移は江夏（2015）を参照。

$$y_{itk} = \alpha + \boldsymbol{x}_{itk}\boldsymbol{\beta} + u_i + \varepsilon_{itk} \tag{1}$$

　添字 k があるのは，同一の地方公共団体が同じ日に複数の銀行等引受債を起債するためである。(1)式の右辺第 1 項の α は定数項，第 2 項の $\boldsymbol{\beta}$ は係数ベクトル，$\boldsymbol{x}_{itk}$ は y_{itk} を説明する説明変数ベクトル（年度ダミーを含む）[6]，第 3 項の u_i は団体によって値は異なるが時間を通じて不変な個別効果，第 4 項の ε_{itk} は誤差項である。

　本章のデータは，通常のパネルデータとは異なり，同一主体・同一時点に複数のデータが存在することがあるため，(1)式から級内平均（$\bar{y}_i = \alpha + \bar{\boldsymbol{x}}_i\boldsymbol{\beta} + u_i + \bar{\varepsilon}_i$，ただし，$N_i$ を地方公共団体 i の銀行等引受債の起債本数の合計とすると，$\bar{y}_i \equiv (1/N_i)\sum_t\sum_k y_{itk}$，$\bar{\boldsymbol{x}}_i \equiv (1/N_i)\sum_t\sum_k \boldsymbol{x}_{itk}$，$\bar{\varepsilon}_i \equiv (1/N_i)\sum_t\sum_k \varepsilon_{itk}$）を控除し，個別効果を除去した(2)式について，$\varepsilon_{itk} - \bar{\varepsilon}_i$ の不均一分散を考慮した最小二乗推定を行う。

$$y_{itk} - \bar{y}_i = \boldsymbol{\beta}(\boldsymbol{x}_{itk} - \bar{\boldsymbol{x}}_i) + (\varepsilon_{itk} - \bar{\varepsilon}_i) \tag{2}$$

4.2 データ

　本章で検証する第 1 の仮説である金融機関同士の競争環境を規定する変数として，入札等参加金融機関数，非競争的資金調達ダミー，地域金融機関等（第一地方銀行，第二地方銀行，信用金庫，信用組合，労働金庫，農協）の県内向け貸出金残高をもとに計算した前年度時点の HHI を用いる。

　入札等参加金融機関数は，見積合わせへの参加を依頼された金融機関数，または競争入札に参加した金融機関と定義する。この数が増えれば，金融機関同士の競争が激化するため，金利スプレッドは低下すると予想される。

　非競争的資金調達ダミーは，入札や見積合わせを実施せずに地域金融機関から借り入れた銀行等引受債を 1，それ以外を 0 とするダミー変数である。もし，入札等を実施せずに地域金融機関から借り入れると，地域金融機関の交渉力が強まるため，金利スプレッドは上昇すると考えられる。

---

6)　地方公共団体 i と起債年月日 t が同一年度に属するが，k だけが異なる銀行等引受債については，同じ値の説明変数が対応する。たとえば，A 市が 2012 年 5 月 25 日，2012 年 5 月 31 日（いずれも 2011 年度の出納整理期間内の起債）に起債したすべての銀行等引受債には，説明変数として 2010 年度における A 市の実質公債費比率が割り当てられる。

HHI は，各都道府県を 1 つの市場と見なしたうえで，地域金融機関等の県内向け貸出金残高の県内シェアの 2 乗和と定義する。県内向け貸出金残高は，地方銀行 I，地方銀行 II，労働金庫および農協にあっては日本金融通信社『金融マップ』に掲載されている県内向けの貸出金残高を使用する。ただし，信用金庫と信用組合については財務諸表に記載されている貸出金残高をそのまま利用した。これは，データの制約により，一部の金庫・組合しか県内向け貸出金残高がわからないためであり，信用金庫および信用組合は本店所在都道府県内でしか貸出を行っていないと仮定したことに等しい。なお，推定では，当該地方公共団体の属する都道府県の HHI を用いる。HHI が高い都道府県ほど，潜在的に地域金融機関の競争が弱いと考えられることから，金利スプレッドを引き上げる方向に働くと予想される。

　第 2 の仮説である公的資金の役割に関する説明変数として，前年度の普通会計の借入総額に占める公的資金のシェアと，公的資金のシェアに HHI を乗じた交差項を加える。

　一般に，公的資金の金利は銀行等引受債のそれよりも低いことから，公的資金へのアクセスが容易な地域では，民間金融機関はより低い金利を付けなければ貸出先を奪われる可能性がある。公的資金が民間金融機関同士の競争の弱い地域へ重点的に割り当てられており，「対抗力」を発揮しているならば，少なくとも，公的資金と HHI の交差項はマイナスになると推測される[7]。

　第 3 の仮説である金融機関の経営状況を表す変数として，借入先金融機関の前年度における預金金利，預貸率および不良債権比率のほか，都市銀行等ダミーを採用する。

　預金金利は，借入先金融機関の前年度中の預金利息の支払を前年度末の預金残高で除した値と定義する。高い資金調達コストに直面している金融機関は，

---

7)　公的資金のシェアが高くなるほど銀行等引受債の金利スプレッドが低下するという関係は，ペッキング・オーダー理論によっても説明できる。ペッキング・オーダー理論とは，企業が資金を調達するにあたって，資金調達コストの最も低いものから順に選択しようとすることをいう。この理論を地方債に援用した土居（2008）の議論を踏まえると，銀行等引受債よりも公的資金の利率のほうが低いとき，地方公共団体はまず公的資金から優先的に借り入れ，それでも資金が不足するとき，銀行等引受債を利率の低い順から借り入れようとする。したがって，公的資金を多く借り入れている団体ほど，金利の高い銀行等引受債の借入額を圧縮することができるので，銀行等引受債の金利も低下すると考えらえる。

一定の利鞘を確保するためには貸出金利を高く設定するはずである。したがっ
て，預金金利にかかる係数は正値をとることが予想される。

　預貸率は，借入先金融機関の前年度末の貸出残高を預金残高と譲渡性預金残
高の合計額で割った値をいう。預貸率が高い金融機関は，そうでない金融機関
と比べて，貸し出すことのできる資金量が乏しいため，貸出意欲が低いと考え
られる。また，金融機関のなかでも，地域貢献を標榜する地銀や信用金庫・信
用組合にとっては，預貸率の高低は地域貢献のバロメータとみなされることが
ある[8]。預貸率が低い地域金融機関は，預貸率を引き上げるために，多少低利
であっても銀行等引受債を積極的に引き受けようとする可能性がある。したが
って，預貸率が低い（高い）金融機関ほど低い（高い）金利を付ける傾向にあ
ると考えられ，預貸率にかかる係数は正値となることが予想される。

　不良債権比率は，借入先金融機関の前年度末時点における金融再生法上の不
良債権（要管理先債権，破綻懸念先債権，実質破綻先債権および破綻先債権）の額を
債権額の合計（不良債権と正常債権の合計）で除した値である。地方債の安全性
の高さを踏まえると，金融機関は民間企業ではなく地方公共団体へ融資するこ
とで不良債権比率の悪化を抑えることができるだろう。なかでも不良債権比率
の高い金融機関は，金利が多少低かったとしても地方公共団体へ融資するイン
センティブは高いと考えられる。したがって，不良債権比率にかかる係数はマ
イナスとなることが期待される。

　上記以外の説明変数として，地方公共団体の財政状況に関する変数，地域の
経済状況に関する変数，起債条件に関する変数および年度ダミーを加える。

　財政状況を表す変数として前年度の将来負担比率および実質公債費比率を
採用する。大山ほか（2006），石川（2007）および中里（2008）では，信用リスク
が相対的に高い団体で市場公募債の流通利回りの対国債スプレッドが拡大する
ことが示されていた。本章でもこれら一連の研究を踏襲し，地方公共団体の将

来負担比率や実質公債費比率が高くなるほど，銀行等引受債の金利スプレッド
が拡大すると予想する。

　起債条件に関する変数には，当該銀行等引受債の借入金額（対数表記）およ
び償還年限の２つを用いる。借入金額の多寡は，借入金額に占める事務コスト
の割合に影響を与えると思われる。金融機関の提示する金利には，金銭消費貸
借契約書を作成するための費用や地方公共団体の償還能力を測定するための費
用といった起債事務に関する費用も含まれるが，その費用は借入金額の多寡に
あまり影響を受けないだろう。したがって，借入金額が多くなると，借入総額
に占める起債事務コストの割合が低下し，金利スプレッドも低下すると予想さ
れる。償還年限の差異は，平均償還年数の変化を通じて当該銀行等引受債の金
利に影響を与える。しかし，それと同時に，基準金利である財政融資資金の貸
付金利も同じ方向に変化するため，償還年限の長短が金利スプレッドに与える
影響は定かではない。

　地域の経済状況およびマクロの金融環境の変化が地方債全体に与える共通の
ショックを捉えるため，対数変換された前年度の１人当たり県内総生産と
2008年度を基準とする年度ダミーを導入する。大山ほか（2006）は，東京都債，
大阪府債，北海道債および横浜市債の対国債スプレッドを対象に主成分分析を
行い，対国債スプレッドの変動の大半が地方債全体に影響を与える共通のショ
ックによって説明できることを指摘した。この知見を踏まえると，銀行等引受
債の金利スプレッドも地方全体で共通のショックを少なからず受けていること
が予想されるため，各年度にダミー変数を設けることで，地方公共団体向け貸
出市場における共通のショックを捕捉することとする。

　被説明変数および説明変数の定義，出所および記述統計は表７－３の通りで
ある。なお，市町村合併により前年度の財政データを入手できなかったこと，
借入先のうち，借入先金融機関の財務諸表データを入手できたのが都市銀行，
信託銀行，第一地方銀行，第二地方銀行，信用金庫，信用組合および労働金庫
に限定されたこと，ならびに，前項で述べたように，級内平均からの差分を利
用して推定することから，２本以上の銀行等引受債を起債している地方公共団
体のデータを利用した。したがって，サンプル・サイズは２万8101に減少する。

表 7-3 変数の定義，出所および記述統計

変 数	定 義	出 所	平均値 最大値	標準偏差 最小値
金利スプレッド	銀行等引受債の借入金利 – 財政融資資金貸付金利 （単位はベーシス・ポイント）	(a)	20.993 -115.000	33.873 210.500
入札等参加金融機関数	入札や見積合わせへの参加を依頼された金融機関数，または参加した金融機関数	(a)	4.658 0.000	3.933 44.000
非競争的資金調達ダミー	入札や見積合わせを経ずに民間金融機関から借り入れた場合は 1，それ以外は 0	(a)	0.276 0.000	0.447 1.000
HHI	当該地方公共団体が属する都道府県の HHI 指数。HHI は各地域金融機関等の前年度末時点の県内貸出金シェアの 2 乗和	(b) (c) (d)	0.216 0.064	0.065 0.436
公的資金のシェア（%）	前年度の借入総額（普通会計）に占める財政融資資金および地方公共団体金融機構資金のシェア	(e)	54.426 0.000	25.940 100.000
預金金利（bp）	借入先金融機関の前年度中の預金利息を前年度末（3 月末）における預金残高で割った値（単体ベース）	(b) (c)	19.379 2.890	10.984 91.780
預貸率（%）	借入先金融機関の前年度末の貸出金残高を預金残高および譲渡性預金残高の合計額で割った値（単体ベース）	(b) (c)	64.375 14.310	12.347 105.900
不良債権比率（%）	借入先金融機関の前年度末（3 月末）時点の不良債権比率（単体ベース）	(b) (c)	4.705 0.220	3.097 36.730
都市銀行等ダミー	借入先がみずほ，三菱東京 UFJ，三井住友，りそな，新生，あおぞら銀行または信託銀行ならば 1，それ以外は 0	(a)	0.033 0.000	0.178 1.000
将来負担比率	当該地方公共団体の前年度の将来負担比率	(f)	101.599 0.000	66.015 1,237.600
実質公債費比率	当該地方公共団体の前年度の実質公債費比率	(f)	12.777 -1.000	4.574 42.100
1 人当たり県内総生産（対数）	当該地方公共団体が属する都道府県における前年度の 1 人当たり県内総生産を対数変換した値	(g)	8.253 7.883	0.174 8.978
借入金額（対数）	当該銀行等引受債の借入金額を対数変換した値	(a)	17.682 10.247	1.822 24.631
償還年限（年）	当該銀行等引受債の償還年限	(a)	11.455 0.083	5.338 30.000

（注） サンプル・サイズはすべて 28,101。

（出所） 出所のうち，(a) は各市町村への公文書開示請求等で得た資料で，一般会計および特別会計が対象。(b) は金融庁ウェブサイト「中小・地域金融機関の主な経営指標」（http://www.fsa. go.jp/policy/chusho/shihyou.html，同庁ウェブサイトにない古いデータは国立国会図書館でアーカイブされている同庁ウェブサイト（http://warp.ndl.go.jp/info:ndljp/pid/1022127/www.mof. go.jp/jouhou/zaitou/kinri.htm）。(c) は各金融機関の財務諸表の各年版（銀行は全国銀行協会ウェブサイト http://www.zenginkyo.or.jp/，信用金庫は金融図書コンサルタント『全国信用金庫財務諸表』，信用組合は同『全国信用組合財務諸表』，労働金庫はディスクロージャー誌）。(d) は金融ジャーナル『月刊金融ジャーナル増刊号 金融マップ』各年版。(e) は「地方財政状況調査」各年版。(f) は「市町村別決算状況調」各年版。(g) は内閣府「県民経済計算」各年版。ウェブサイトはすべて 2017 年 9 月 1 日閲覧。

4.3 推定結果

(2)式を推定した結果が表 7 – 4 で示されている。なお，同表のモデル 1 はすべてのサンプルで推定したときの推定結果である。モデル 2 からモデル 4 はそれぞれ，サンプルを指定都市，一般市，町村に限定して推定したときの推定結果を表している。

まず，第 1 の仮説である金融機関同士の競争環境に関する変数についてみてみよう。入札等参加金融機関にかかる係数は，すべてのモデルで事前の予想どおり，負かつ有意な符号が得られている。入札等参加金融機関が 1 行（社）増えるにしたがい，金利スプレッドは，市町村全体で約 1.28bp 縮小することが示された。なお，指定都市では 0.32bp，一般市では 1.77bp，町村では 2.51bp 縮小することから，地方圏にある地方公共団体ほど入札等参加金融機関数が増えたときの金利軽減効果は大きい。非競争的資金調達ダミーの係数も，町村を除いて，事前の予想と整合的かつ有意な値を得られた。市町村全体でみれば，仮に入札や見積合わせに参加する金融機関が 1 行（社）しかなかったとしても，非競争的な資金調達を取りやめることで約 16.7bp（≒15.447bp＋1.279bp×1 行（社））の金利軽減効果が見込まれる。

HHI の係数は町村部を除いて有意な正の値が得られており，地域金融機関の寡占が進んでいる県ほど銀行等引受債の金利が上昇することが示された。とくに，指定都市における係数の値は市町村全体のそれの 10 倍以上であり，地域金融機関の寡占の影響を強く受けるのは指定都市であることが明らかとなった。ただし，町村部では有意な結果が得られていない。こうした結果の違いは，HHI が県内のすべての地方公共団体で同じ値をとること，つまり，金融機関は県内全域であまねく活動していることを暗黙の裡に仮定していることに起因する。実際には，金融機関は県庁所在地や県内の大都市を中心に活動することはあっても，町村部までも営業範囲とするのは一部の金融機関に限られるだろう。したがって，HHI は同じ県内の町村部における金融機関同士の競争環境というよりも，都市部におけるそれを反映していると推察される。

第 2 の仮説である公的資金の役割については，モデル 1 およびモデル 3 で公的資金のシェアにかかる係数が正で有意，公的資金と HHI の交差項にかかる

表7-4　推定結果

被説明変数：銀行等引受債の 金利スプレッド（bp単位）	モデル1 市町村	モデル2 指定都市	モデル3 一般市	モデル4 町村
入札等参加金融機関数	−1.279 ***	−0.320 *	−1.773 ***	−2.511 ***
	(0.115)	(0.167)	(0.131)	(0.825)
非競争的資金調達ダミー	15.447 ***	22.158 ***	12.416 ***	3.290
	(1.074)	(2.200)	(1.189)	(4.147)
HHI	38.727 **	409.395 ***	31.919 *	22.334
	(15.950)	(94.936)	(18.216)	(36.399)
公的資金のシェア（％）	0.091 ***	−0.137	0.142 ***	−0.123 *
	(0.029)	(0.203)	(0.032)	(0.066)
公的資金のシェア×HHI	−0.515 ***	0.904	−0.698 ***	0.302
	(0.122)	(0.773)	(0.133)	(0.295)
預金金利（bp）	−0.174 ***	−0.122 **	−0.173 ***	0.009
	(0.024)	(0.053)	(0.029)	(0.081)
預貸率（％）	0.044 ***	−0.012	0.056 ***	−0.036
	(0.014)	(0.067)	(0.015)	(0.038)
不良債権比率（％）	−0.336 ***	−0.608	−0.263 ***	−0.694 ***
	(0.056)	(0.400)	(0.063)	(0.122)
都市銀行等ダミー	19.252 ***	4.820	20.525 ***	59.463 ***
	(1.494)	(3.555)	(1.812)	(9.048)
将来負担比率	0.018 *	0.042	0.022 *	0.014
	(0.011)	(0.060)	(0.013)	(0.018)
実質公債費比率	0.130	−0.104	0.123	0.264
	(0.129)	(0.850)	(0.151)	(0.266)
1人当たり県内総生産（対数）	6.704 ***	6.308	7.008 ***	−1.641
	(1.665)	(5.350)	(1.775)	(9.446)
借入金額（対数）	−0.767 ***	0.140	−0.712 ***	−1.410 ***
	(0.082)	(0.399)	(0.089)	(0.233)
償還年限（年）	−1.050 ***	0.213	−1.040 ***	−1.305 ***
	(0.033)	(0.194)	(0.036)	(0.090)
Adj.R^2	0.301	0.413	0.309	0.264
サンプル・サイズ	28,101	1,001	22,843	4,257

（注）　1　（　）内の数値は標準誤差である。
　　　　2　***は1％，**は5％，*は10％有意水準で帰無仮説を棄却したことを意味する。
　　　　3　年度ダミーにかかる係数の推定結果は割愛した。

係数が負で有意となった。この結果から，公的資金の民間資金に対する対抗力は，HHI が高い県の都市部において強く発揮されるといえる。推定された係数をもとに，公的資金のシェアが1％ポイント上昇したときの対抗力効果を計算したところ，HHI 指数が標本最小値のケース（HHI＝0.065）では金利スプレッドが 0.06bp 拡大してしまうが，HHI 指数が標本平均値のケース（HHI＝

0.216) では 0.02bp，HHI 指数が標本最大値のケース（HHI = 0.436）では 0.13bp だけ金利スプレッドを低下させる効果が見込まれる。ただし，入札等参加金融機関数の係数の大きさを踏まえると，金利スプレッドの低下を図るのであれば，公的資金等のシェアを高めるよりも，入札や見積合わせを実施する，あるいはそれらに参加する金融機関数を増やすほうが効果的な手段だといえる。

　第 3 の仮説である金融機関の経営状況をみてみると，多くのモデルで預金金利は事前の予想とは反対の結果が得られた。これは，会員である金融機関から高い金利で預金を受け入れる傾向にある系統中央機関や，預金の多くが定期預金で構成されるような一部の特殊な金融機関が地方公共団体に低利で貸し付けていることが原因の 1 つとしてあげられる。その一方で，預貸率および不良債権比率は事前の予想とおおむね整合的な符号が得られた。金利スプレッドに対する効果は，借入先の金融機関の預貸率が 1% ポイント低下すると 0.04bp〜0.06bp，不良債権比率が 1% ポイント上昇すると 0.26bp〜0.69bp だけ金利スプレッドは低下する。地域内の金融機関の多くが，①すでに多くの資金を貸し出しており地方公共団体に融資できる十分な資金量を有していない，②地域金融機関の経営が健全な状態であり，リスクをとる体力を持ち合わせている，といった場合には金利が高止まりするため，地方公共団体が入札等を積極的に行っても，その金利引き下げ効果は減殺されてしまう。そうした地域では，預貸率が低いまたは不良債権比率が高い地域外の金融機関にも入札や見積合わせへの参加を呼び掛けることで，金利の引き下げ効果を狙えるだろう。

　金利スプレッドに影響を与えうる上記以外の変数に目を向けよう。まず，財政状況を表す変数のうち，期待された符号でかつ有意な値を得た変数は将来負担比率のみであった。将来負担比率の改善は，当該地方公共団体の信用リスクを緩和させる働きがあると評価できる。他方で，実質公債費比率は有意ではなかったが，これは実質公債費比率が一般会計を対象とする健全化指標であるのに対し，本章の銀行等引受債データが全会計を対象としていたため，関係性が薄れたと思われる。

　起債条件に関連する変数では，借入金額と償還年限にかかる係数は，事前に予想した通りに負で有意な結果が得られた。前者の借入金額に関しては，1 事業につき 1 本の地方債を発行するのではなく，条件を揃えられるのであれば複

数の事業の資金を1本の地方債で賄うことで金利を引き下げられる。むろん，複数の事業の資金を1本の地方債で賄おうとすると，地方債の管理が複雑になるという欠点はあるが，それを上回る金利軽減効果が得られるのであれば，起債の1本化を検討する価値はある。後者の償還年限に関しては，年限が長くなるにつれて金利スプレッドが低下する理由として以下が考えられる。公的資金が低利・長期の資金を供給する役割を担っていることに鑑みれば，償還年限が長くなるほど，地方公共団体が公的資金へアクセスすることは容易になる。民間金融機関にとってみれば，償還年限の短い銀行等引受債の競合相手は他の民間金融機関が中心だが，償還年限が長くなるにつれて公的資金が競合相手に加わる。そのため，民間金融機関が年限の長い銀行等引受債で高い金利を提示することは難しいと思われる。

おわりに

　本章では全国の市町村を対象に，①金融機関同士の競争が激しくなるほど，金融機関の交渉力が弱まる結果，銀行等引受債の金利が低下する，②公的資金のウェイトが高い地域ほどその対抗力が発揮され，金融機関の寡占の弊害が縮小する結果，銀行等引受債の金利が低下する，③銀行等引受債の金利は借入先金融機関の経営状況に左右されるという3つの仮説の当否を実証的に検証した。実証分析の結果から，①と③の仮説が支持され，②の仮説は一定の条件下においてのみ成り立つが，その効果は大きくないことが示された。本章の推定結果およびその政策的含意は以下の3点に集約される。

　第1に，金融機関の競争環境と銀行等引受債の金利スプレッドの関係については，まず，都市部においては，地域金融機関の寡占が進んでいる地域ほど銀行等引受債の金利が上昇することが示された。続いて，入札や見積合わせに参加する金融機関数が多くなるほど，金利スプレッドは低下することが明らかとなった。都市部では，地域内に本店・支店を置く金融機関が多いため，入札や見積合わせといった競争的な資金調達を行うことにより，大きな金利引き下げ効果の恩恵を受ける。他方，町村部では，地域内に店舗を置く金融機関があま

り多くないため，金利引き下げ効果は期待できないように思われるが，入札等参加金融機関数が1社増えたときの金利引き下げ効果は都市部と比べて大きいことから，近隣地域の金融機関にも入札等への参加を呼びかけることで，よりいっそうの金利引き下げ効果を享受できるだろう。

　第2に，公的資金については，地域金融機関の寡占が進展している地域では公的資金が寡占の弊害を軽減していること，すなわち，公的資金の対抗力の存在が認められた。ただし，公的金融の対抗力効果は，競争的資金調達の効果と比べると，大きいとはいえない。もちろん，市町村が競争的な資金調達を行うにしても，とくに町村部ではその取り組みには限界があるだろう。現在，公的資金は資金調達能力の低い地方公共団体のほか，国の政策と密接な関係のある事業を実施している地方公共団体に配分されている。資金調達能力の高い地方公共団体では，自身の努力で低利の銀行等引受資金を調達できるのだから，かりに国の政策と密接な関係のある事業を実施していたとしても，そのような団体にまで公的資金を割り当てる必要性は乏しい。公的資金の重点化や，公的資金と民間資金との役割分担の明確化の観点からすれば，事業内容によって公的資金を配分するのではなく，入札等を実施しても限界のあるような地域に公的資金を集中させるべきである。

　第3に，借入先金融機関の経営状況は金利スプレッドに有意な影響を与えており，預貸率が低い，あるいは不良債権比率が高い金融機関ほど低い金利を提示する傾向がみられた。もし，地域内に預貸率が高い，あるいは不良債権比率が低い金融機関しかいない場合には，彼らは地方公共団体向けの貸出にあまり魅力を感じておらず，金利は高止まりしてしまう。第1の点とも関連するが，地方公共団体向け貸出に魅力を感じているような地域外の金融機関にも入札や見積合わせに参加する機会を与えることで，より有利な資金調達ができるだろう。

　本章に残された課題として以下をあげることができる。

　1つは，資金調達の安定性に関する視点を加えることである。本章の関心はもっぱら銀行等引受債の金利の高低にあったが，実務では，低利で資金調達することとならんで，安定的に資金調達をすることも重要である。入札や見積合わせを徹底することで低利の資金調達を実現できるが，安定的な資金調達を困

難にする可能性がある。このような視点を分析に加味すべきであると考えられる。

　もう1つはデータの問題である。本章では金融機関の経営指標として銀行，信用金庫，信用組合および労働金庫のデータを用いた。しかし，市町村における銀行等引受資金の引受先として農協は重要な地位を占めているにもかかわらず，データの制約により，農協を含めた分析はできなかった。もし，銀行等の金融機関と農協とで貸出行動に違いがあるならば，農協を含む金融機関のデータを拡充して再度分析を行うことで，本章とは異なる結果が得られた可能性がある。

参考文献

安孫子勇一（2007）「沖縄県の相対的な高金利——全国との比較による計量分析」筒井義郎・植村修一編『リレーションシップバンキングと地域金融』日本経済新聞出版社

石川達哉（2007）「市場公募地方債の流通利回りと信用リスク」ニッセイ基礎研究所・経済調査レポート No.2007-01

石田三成（2014）「北海道内市町村における銀行等引受債の金利に関する実証分析——地域金融機関による寡占の弊害と公的資金の役割の検証」日本財政学会編『「社会保障・税一体改革」後の日本財政』財政研究第10巻，日本財政学会，224～241頁

江夏あかね（2015）「地方債のクレジットと地方債市場の持続可能性」総務省ウェブサイト http://www.soumu.go.jp/main_content/000360832.pdf（2017年9月1日閲覧）

大山慎介・杉山卓也・塚本満（2006）「地方債の対国債スプレッドと近年の環境変化」日本銀行ワーキングペーパーシリーズ No.06-J-23

田中宏樹（2012）「地方債をめぐる自治体間信用連関——市場公募債パネルデータを用いた実証分析」『証券経済研究』第78号，69～79頁

丹羽由夏（2004）「地方債の信用力」『農林金融』第57巻第1号，28～43頁

土居丈朗（2007）『地方債改革の経済学』日本経済新聞出版社

土居丈朗（2008）「地方債の政府資金と民間等資金の役割分担」金融調査研究会『パブリック・ファイナンスの今後の方向性』金融調査研究会報告書，第40号，35～65頁

中里透（2008）「財政収支と債券市場——市場公募地方債を対象とした分析」『日本経済研究』第58号，1～16頁

中田真佐男・安達茂弘（2006）「貸出金利の地域間格差はなぜ解消されないのか？——第二地方銀行・信用金庫のパネルデータによる実証分析」『フィナンシャルレビュー』第86号，161～193頁

Ashton, J. K. (2009) "Does the United Kingdom Have Regional Banking Markets? An Assessment of UK Deposit Provision 1992–2006," *Applied Economics Letters*, 16(11), pp.1123–1128.

Capeci, J. (1991) "Credit Risk, Credit Ratings, and Municipal Bond Yields: A Panel Study,"

National Tax Journal, 44(4): Part1, pp.41–56.

Capeci, J. (1994) "Local Fiscal Policies, Default Risk, and Municipal Borrowing Costs," *Journal of Public Economics*, 53(1), pp.73–89.

Kano, M. and Y. Tsutsui (2003) "Geographical Segmentation in Japanese Bank Loan Markets," *Regional Science and Urban Economics*, 33(2), pp.157–174.

Ridhwan, M. M., H. L. de Groot, P. Rietveld and P. Nijkamp (2012) "Regional Interest Rate Variations: Evidence from the Indonesian Credit Markets," Tinbergen Institute Discussion Paper, TI 2012–073/3.

Rivers, M. J. and B. M. Yates (1997) "City Size and Geographic Segmentation in the Municipal Bond Market," *The Quarterly Review of Economics and Finance*, 37(3), pp.633–645.

Simonsen, B., M. D. Robbins and L. Helgerson (2001) "The Influence of Jurisdiction Size and Sale Type on Municipal Bond Interest Rates: An Empirical Analysis," *Public Administration Review*, 61(6), pp.709–717.

（石田三成）

第8章　地方政府債務の持続可能性

は じ め に

　地方債の信用力の評価については，地方債の債務履行に関する国の法制度
——元利償還に対する国のマクロ的な財源保障，協議制度による償還確実性の
確認，地方公共団体健全化法による早期是正措置——を勘案して，市場参加者
の間では債務償還の「保障」が存在していると認識されている。地方債は国債
に準じた高格付けとなっており，地方債がデフォルトすることはないという認
識に立脚したものとなっている。

　事実，格付けや市場公募債の流通利回りには，個々の地方公共団体の財政状
況に関する市場の評価などを反映して銘柄間の格差が生じるが，上記の国の法
制度の存在が前提になっているために，格差は総じて小さなものにとどまって
いる。

　本章では地方債の利回りに表れた地方公共団体の信用力について，これまで
の議論と制度を整理したうえで，若干の計量分析を行うことを目的としている。
主要な結論は，サンプルを通じて一定の固定効果を考慮すると，自治体の財政
状況は統計的に有意な影響を与えておらず，ブランド・イメージや評判といっ
た固定効果が対国債スプレッドの決定に大きなウェイトを占めていること，政
府債務残高／GDP が増大すると当初は基礎的財政収支が悪化するが，ある点
を超えると改善に向かうという非線形の関係が確認できることの2点である。

1　地方債の償還

1.1　満期一括償還と定時償還

発行債券の元本を債権者に返済することを「償還」という。地方債の元利償還金等の公債費は，義務的経費のなかでもとくに弾力性に乏しい経費であることから，財政構造の弾力性をみる場合，その動向にはつねに留意する必要がある。その公債費による負担度合いを判断するための指標として，実質公債費比率および公債費負担比率が用いられている。実質公債費比率は，当該地方公共団体の標準財政規模に対して，一般会計等が負担する元利償還金および公営企業債に対する繰出金などの元利償還金に準ずるものがどの程度の割合となっているかを示した比率である[1]。2015 年度の実質公債費比率は 9.9％となっている。公債費負担比率は，公債費充当一般財源が一般財源総額に対し，どの程度の割合となっているかを示す指標であり，公債費がどの程度一般財源の使途の自由度を制約しているかをみることにより，財政構造の弾力性を判断するものである。2015 年度の公債費負担比率 17.7％となっている。

地方債の償還形態には，満期一括償還と定期償還との 2 つの種類がある。定時償還は，定期的に一定額の元金および利子の償還を予定するものである。定時償還債（serial bond）は，さまざまな満期をもつ一連の債券から構成されているということもできる。

これに対して満期一括償還とは，最終償還日に元金を一括して償還することをいう。満期一括債（term bond）は，通常，減債基金の積立金が元利償還に充てられる。減債基金とは，満期一括債の満期日がきた時に債券の償還を行うのに十分な資金を用意すべく，発行体が積み立てておく基金のことである。日本の市場公募債は満期一括償還であるが，銀行等引受債は定時償還が多い。

2 つの償還形態を地方公共団体はどのように選択するのだろうか。償還期限が 10 年で同一である定時償還と満期一括償還について，図 8-1 を参考にして

---

1)　実質公債費比率は「地方公共団体の財政の健全化に関する法律」（平成 19 年法律第 94 号。以下「地方公共団体財政健全化法」という）において，財政の早期健全化等の必要性を判断する健全化判断比率の 1 つとして位置づけられている。

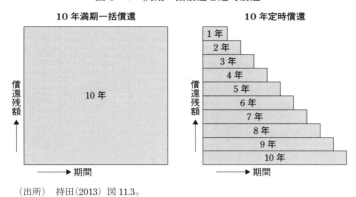

図 8-1　満期一括償還と定時償還

10 年満期一括償還

償還残額
10 年
期間

10 年定時償還

償還残額
1 年
2 年
3 年
4 年
5 年
6 年
7 年
8 年
9 年
10 年
期間

（出所）　持田（2013）図 11.3。

比べてみよう。満期一括償還の場合，債務の平均残存年限は 10 年になる。定時償還では，1 年に 1 回ずつ均等に償還されるので，償還残額は次第に減少して，10 年後に最後の 10 分の 1 を返済することによって償還が完了する。別の見かたをすると，満期が 1 年から 10 年の借入 10 個から構成されていると考えることができる。平均残存年限は （1＋2＋…＋10）/10＝5.5 年となる。平均残存年限という点に着目すると，10 年定時償還は 5.5 年の満期一括償還と同じである。

　理論的には，定時償還債は平均残存期限が短縮化されることで，資金調達コストが低くなり，金利を下げる方向に作用するといえる。実際には定時償還債には，①償還回数が増えることで事務コストを増大させる，②流動性が低く売却が円滑に行えない，という 2 つの金利引き上げ要因がある。平均残存期限の短縮化による金利引き下げ要素を事務コストや流動性の低さなどの要素が一部相殺することから，定時償還債には同じ平均残存期限の満期一括償還債の調達金利に若干上乗せした金利がつくことになる。

　定時償還が地方公共団体にとって不利であるというわけではない。定時償還には，満期一括償還において求められる減債基金の積立が不用であるというメリットもある。実質公債費比率の算定にあたって，満期一括償還債の元利償還金は，「準元利償還金」として算入されている（地方財政法第 5 条の 4，第 1 項第

2号）。その実効性を担保するために，満期一括償還では，実質的には定時償還付きの地方債の償還額と同じ金額を減債基金として確保することが求められる（地方財政法施行令第 10 条の第 3 号）。減債基金が満期一括償還地方債の利払額と同じかそれ以上の運用収入を得ることは，一般的には困難である。

1.2　地方債の安全性

　元本や利子の支払が契約通りに期限内に行われるかどうかの確実性を「信用リスク」という。地方公共団体が地方債について債務不履行に陥ることは少なくとも日本では考えられず，地方債の信用リスクはゼロであった。近年，一部の地方公共団体が破産し，債務償還に影響が出るという懸念が表明されることもある。

　地方債の信用リスクをどう考えるべきかという問題は，政府による「ホショウ」とは何かという問いと表裏一体の関係にある。日本語の「ホショウ」には，保証，補償，保障の 3 種類あり，それらを区別して議論することが望ましいとされる（江夏 2011）。地方債の安全性はどのように「ホショウ」されているのだろうか。

　第 1 は保証（guarantee）である。これは，債務者が債務を履行しない場合に，それに代わって債権者に債務を履行する義務を負うことをいう。日本では地方公共団体が発行する外貨建て地方債について，財政援助制限法第 3 条の例外として，政府が保証契約をすることができるとされている。しかし，地域住民が金融機関等から受ける融資に対し，債務が履行されない場合，地方公共団体が代位弁済を定めた契約を締結することは原則としてできないことになっている。

　第 2 は補償（compensation）である。これは，別に前提となる債務を必要とせず，契約した相手が何らかの損失を負ったときに，その損失の一部あるいは全額をつぐなうことをいう。日本では政府の法人に対する損失補償は，「財政援助制限法第 3 条の規制するところではない」という行政実例（1954 年 5 月 12 日自丁行発第 65 号）が存在している。事実，損失補償契約は，第 3 セクターの債務について地方公共団体と金融機関の間で締結されている。しかし，損失補償契約によって実質的には債務保証契約に類する契約を行っている地方公共団

体もあり，裁判所の判決例は分かれている。

　第3は保障（security）である。これは，ある状態が損なわれないように保護し守ることをいう。日本の地方債の安全性を「ホショウ」しているのは，制度による「保障」である。まず，協議制度による同意を通じて，財政運営の健全性や償還確実性が確認されている。次に，地方公共団体健全化法によって，地方団体がデフォルトしないように，事前に何重ものチェックがかかる仕組みがある。さらに，国が地方に義務付けした事務事業は国庫負担金と交付税で財源が手当てされている。このように，個別の債務保証や損失補償はないが，制度として国が自治体の破綻防止を幾重にも制度化していることが，地方債の安全性を「保障」している。明示的な保証でないかぎりにおいては，発行体のクレジットを精査したうえで，各「ホショウ」（保障，補償）に意味する内容や実効性を分析する必要性が高いといえる[2]。

　信用リスクを考えるわかりやすい例が臨時財政対策債である。臨時財政対策債は建設公債原則に対し，地方財政法第5条の地方債の特例として発行される。「借り手」である地方公共団体は，臨時財政対策債については国が法律で将来の償還財源を保障する点で償還確実性があるし，発行は実質公債費比率を上昇させないと考える。一方，「貸し手」である金融機関は，国の法律が将来の償還財源を確保しているといっても，その仕組み自体が変更される可能性が否定できないと考える。「財政」の論理と「金融」の論理とをいかに折り合いをつけるかが問われている。

2　地方公共団体の信用力

2.1　対国債スプレッド

　いずれにせよ日本においては地方自治体のデフォルトの可能性がなく，地方債の信用力の格差はないとの見解が一般的である。そのため地方債の利回りが

　2）　保証，補償，保障の3つの「ホショウ」については，畑農ほか（2015）292頁も参考になる。最低所得維持についても3つの「ホショウ」が使い分けられているという。

地方自治体の財政状況を反映しているかを実証した研究は少なかった。しかし2006年の「夕張ショック」と統一条件交渉方式から個別条件交渉方式への移行をきっかけにして、個別の地方公共団体の信用力についての議論が活発化している。

　地方債の金利水準を決定する際の指標として、一般的に、同じ時期の償還期日を迎える国債が使われる。すなわち、地方債金利の絶対値は、国債にスプレッド（金利差）を一定程度上乗せした水準として決定されるのが通例である。市場公募地方債を含むすべての公募債の金利が、国債金利を基準として決定されることから、非公募団体の証券形式の地方債の金利も国債とのスプレッドの多寡によって決定するのが一般的である。

　たとえば、2010年8月4日の金利を見ると、長期国債の金利は0.995％であるが、東京都債はそれに4.5bp（1bp＝0.01％）、北海道債には17.2bp、大阪府債には15.3bp上乗せされている。その後、スプレッドは狭くなり、11年以降は2.5bpになっている。

　このように地方債の金利は、国債金利プラス何bpという「共通のモノサシ」で測られているが、それは国債の流通量が多く、また信用リスクは国家そのもののリスクとして判断されることから、指標としての適格性をもつ債券だからである。地方債と国債の流通利回りとの差は「対国債スプレッド」と呼ばれる。地方債が国債に対してある程度のスプレッドが上乗せされて取引されることの要因は、複合的である。

2.2　先行研究

　第1は、信用リスク・プレミアムである。信用リスクとは、債権が市場に残存している期間中に、発行体の財務状態が悪化して、予定された元利償還が行えなくなる可能性である。地方債は制度上デフォルトすることはない、すなわち債務不履行となることはないものの、債務のタイムリー・ペイメント（期日通りの支払）が制度上確保されているとはいえないことから、投資家は銘柄ごとにある程度信用リスクを意識して取引を行う。

　日本では銘柄間の信用格差が顕在化するきっかけになった1つの出来事は

2006年の「夕張ショック」を契機に，一部の地方公共団体の財政悪化が深刻であることが強く意識されたことである。もう1つは同年8月に統一条件交渉方式の見直しが引き金となって，財政状況に対する評価が芳しくない団体のスプレッドにそうした評価がより鮮明に反映されたことである（大山ほか2006，21頁）。

第2は，流動性プレミアムである。市場での取引が少ない債券は，償還日を待たずに市場で売却して現金化することが難しい。たとえば，証書方式で発行される銀行等引受債は，証券式に比べると流動性が低い。このため，同じ平均残存年限の満期一括償還の借入の金利よりも若干上乗せした金利がつくのが相場となっている。

第3は，地方財政制度の安定性やマクロの金融環境の影響である。いわゆる「ヘッドライン・リスク」とは，電光掲示板のように流れる1行ニュースで債券相場が乱高下するリスクのことをいう。北海道拓殖銀行の破綻や地方公共団体による繰上げ償還（1997年）といったニュースに反応してスプレッドが拡大することもある。地方公共団体が地方債の債務不履行に陥った場合に，企業と同様に破綻することを認める制度を再生型の破綻法制という。2006年，総務大臣の私的諮問機関である地方分権21世紀ビジョン懇談会において，3年以内に地方公共団体破綻法制の整備を行うべきとの提案がなされた際にも，地方債の対国債スプレッドは拡大した（実際には破綻法制は導入されなかった）。

この分野での先駆的業績はPoterba and Rueben（1997）である。地方自治体の破産が明確に制度化されているアメリカの地方債について，破産等の法制のあり方が地方債の利回りにいかに影響を与えるかを示した。近年では信用連関に焦点をあてたLandon and Smith（2000）が注目される。中央政府の債務比率や加重平均された他の州の債務比率を説明変数として「負債のスピルオーバー」が生じている可能性が示されている。日本での先駆的業績は中里（2008）であり，市場公募債の流通利回りが経常収支比率や地方債現在高，財政力指数などの個別自治体の信用力に規律づけられているかを，有効求人倍率や地銀ダミー，預貸率をコントロールしたうえで重回帰分析を行っている。

地方自治体間の信用連関を分析目的とした田中（2012）は2003〜08年の公募債発行18団体をパネルデータにまとめ，地方債の流通利回りが，自身の財

政状況だけではなく，他の自治体の財政状況にも有意に相関していることを明らかにした。しかし，田中（2012）も自身の信用を表す変数として用いた経常収支比率のパラメータが負で有意となっており，結論の頑健性には疑問が残る。

2.3　モデルと変数の設定

本章では，先行研究よりも対象とする期間を広くとり，かつ各自治体の個定効果を考慮したパネル分析を行う。各地方公共団体の財政状況と市場公募地方債の流通利回りの関係をみるために以下の推定式を基本として推定を行う。

$$SPREAD_{it} = \alpha_i + \beta Z_{it} + \gamma X_{it} + \delta_t + \varepsilon_{it} \tag{1}$$

ここでは $SPREAD_{it}$ は各地方公共団体の市場公募債と長期国債のスプレッド，Z_{it} は各団体の財政状況を表す変数のベクトル，X_{it} は各団体の地方債利回りに影響を与えるその他の要因を表す変数のベクトル，δ_t は時点ダミー，ε_{it} は誤差項である。

推定式の各変数と使用するデータは以下の通りである。被説明変数について国債（10年物利付国債）と市場公募地方債（10年物）の流通利回りについては，残存期間が9年超で償還期間までの期間が最も長い銘柄の債券利回りを利用する。各債券の利回りは日本証券業協会が公表している公社債店頭売買参考統計値の平均値複利のデータである[3]。残存期間が9年超のゾーンでも自治体ごとの発行頻度によって残存期間に数カ月の開きがあるが直接の利回りではなく，スプレッドを分析対象とすることで残存期間の違いが利回りに与える影響を除外することができる。なお対象団体については，12年間すべての年度において残存期間9年超の10年債が流通し，欠損値がなかった17団体を対象としている[4]。

次に説明変数を説明しよう。各団体の各時点における財政状況に関する変数

---

3)　債券の利回りについては日本証券業協会「公社債店頭売買参考統計値」（http://market.jsda.or.jp/shiraberu/saiken/baibai/index.html）を参照。

4)　対象団体は次の17団体である。北海道，埼玉県，東京都，神奈川県，愛知県，京都府，大阪府，兵庫県，広島県，福岡県，札幌市，横浜市，名古屋市，大阪市，広島市，北九州市，福岡市。

としては，財政力指数，経常収支比率，公債費負担比率を採用した。データは総務省が公表している「地方財政状況調査」，「決算カード」，「都道府県・市町村のすがた」等から入手した[5]。各団体の信用力を決定づけるのは財政状況だけではない。域内の経済状況や地域間の資本移動，地方公共団体と地域金融機関の関係性など，地域の経済・金融動向が地方債の利回りに影響を与える可能性がある。この観点から，そういった動向を捉える変数を加えている。

　具体的には預貸率，都銀ダミー（1, 0），経済成長率[6]を採用した。預貸率は日本銀行が公表している都道府県別の「国内銀行貸出残高」を「国内銀行預金残高」で除して求めた。預貸率が高い地域では地方債よりも企業への貸出が活発であると考えられるので，スプレッドは拡大すると考えられる。また系統金融機関，地域金融機関，年金基金の多くは引受から償還まで「持ち切り」で保有する傾向があると指摘されている。このため都銀を指定金融機関としている団体のスプレッドは高くなると想定される。

　対国債スプレッドは銘柄そのもののリスクだけではなく，各銘柄に共通するマクロ要因や地方財政制度の安定性によっても拡大，縮小する。われわれは2006年，2008年，2015年の3つの時点ダミーを導入することによって，2004年から2015年にかけての各年に固有の共通ショックを観測することをめざした。2006年は地方債の債務履行に関する法制度が将来的に変化する可能性が皆無ではないことを市場参加者が認識した年度であり，共通のショックとして市場公募債の流通利回りを押し上げる要因になった。2008年は日本経済を襲ったリーマン・ショックをきっかけに投資家のリスク許容度が低下して地方公共団体の財務体質への不信感が高まった。2014年10月には大方の市場関係者が予想していなかった日本銀行の追加緩和が実施されて長期金利が一段と低下した。このため2015年には地方債市場では従来のスプレッド基準ではなく，金利の絶対値を考慮した取引が行われるようになった。

5）　このほかに実質収支比率，実質公債費負担率，自主財源比率などを投入したモデルを推定したが，多重共線性の問題やデータの不連続などがあるため，報告は割愛する。
6）　経済成長率としては県内総生産対前年比変化率を採用した。

2.4 推定結果

　表8-1の(2)はサンプル期間を通じて一定の固定効果を考慮した推定結果，(1)は固定効果を考慮しないプーリング回帰の推定結果である。モデル選択により F 検定が棄却されたので，固定効果を含めたモデルを推定した。また，Hausman 検定が棄却されたので変量効果ではなく固定効果を考慮したモデルを選択している。固定効果を考慮しないプーリング回帰の推定では，中里（2008）と同じように自治体の財政状況が有意かつ符号条件を満たしている。すなわち，自治体の財政状況を表す変数のうち財政力指数のパラメータが有意で，符号条件も満たしている。財政力指数が0.1上昇するとスプレッドは0.92bp 低下する。また都銀ダミーと経済成長率のパラメータも有意かつ符号条件を満たしている。

　しかし，固定効果を考慮した場合は自治体の信用力を表す財政状況のパラメータは有意でないか，もしくは符号が想定と逆になっており符号条件を満たしていない。すなわち，財政力指数，経常収支比率のパラメータは有意ではなく，符号条件も満たしていない。公債費負担比率は有意であるが，想定される符号と反対で符号条件を満たしていない。これらの結果はサンプルを通じて一定の固定効果を考慮すると，自治体の財政状況は統計的に有意な影響を与えておらず，固定効果が対国債スプレッドの決定に大きなウェイトを占めていることを示す。

　市場参加者の間では大阪府と北海道は，大阪市，兵庫県，神戸市とともに財政状況が芳しくない団体とみなされていた。こうした時間を通じて一定のブランド・イメージや評判といった要素が日本の地方債の利回りに大きな影響をもっていることが示唆される。過去10年以上にわたって起債にあたっての地方公共団体の自由度を高め，消化資金の市場化が進められてきたものの，市場の規律づけはかならずしも進んでいない。もっとも IR 活動が大きな進展をみるなかで，漠然とした評判は是正されてきている。

　なお，時点ダミーは固定効果の有無に関係なく，いずれも有意で符号も想定したものに一致しており符号条件を満たしている。2006年，2008年，2015年は市場公募の地方債全体に影響を及ぼす共通ショックであり，対国債スプレッ

表 8-1　推定結果（地方債利回り）

被説明変数：市場公募債の対国債スプレッド（bp）

	(1)プーリング回帰	(2)固定効果モデル
財政力指数	− 9.293 ***	3.164
	(1.989)	(4.695)
経常収支比率	0.159	0.044
	(0.103)	(0.100)
公債費負担比率	− 0.076	− 0.273 *
	(0.093)	(0.153)
預貸率	− 0.004	0.235 ***
	(0.027)	(0.077)
都銀ダミー	2.687 ***	0.979
	(0.742)	(3.760)
経済成長率	− 0.043 ***	− 0.258 **
	(0.143)	(0.118)
2006 ダミー	11.188 ***	9.924 ***
	(1.166)	(0.949)
2008 ダミー	10.347 ***	9.539 ***
	(1.320)	(1.063)
2015 ダミー	6.496 ***	6.967 ***
	(1.176)	(0.979)
定数項	− 0.965	− 10.852
	(10.620)	(11.334)
F 値	25.39 ***	9.32 ***
	(0.000)	(0.000)
Hausman		16.01
		(0.066)
Adj.R^2	0.540	0.653
観測数	204	204

（注）　1　（　）内は標準誤差。
　　　　2　推定式(1)は固定効果を考慮しないプーリング回帰，(2)はサンプル期間
　　　　　を通じて自治体ごとに一定の固定効果を考慮した固定効果モデルの推定。
　　　　3　***は1%，**は5%，*は10%有意水準で帰無仮説を棄却したことを
　　　　　意味する。

ドを全体として押し上げる要因であることが示唆される。

3　地方政府債務の持続可能性

3.1　通時的な予算制約

通時的な予算制約を満たすために地方自治体がどのような行動をとっている

かを明らかにすることも重要なテーマとなっている。国レベルでの財政の持続可能性を検証する研究に続いて，地方債務の持続可能性に関する研究も進んでいる。地方財政においても景気低迷により地方税収が落ち込む一方，社会保障関係費の自然増や公債費が高い水準で推移している。減収補塡債および景気対策等のための特例地方債が増発された結果，地方債残高は増加し，2015 年度末には 145 兆円となっている。もっとも現状をみると，近年地方債の起債総額は抑制されており，地方の長期債務残高は必ずしも増加基調にはない。プライマリー・バランスの赤字から脱却できない国の財政に比べて，すでにプライマリー・バランスは均衡が図られており，地方債は国債と比べて取り立てて問題視する状況にはない。また地方公共団体は減債基金への積立を適切に行っており，地方公共団体金融機構からの一時借入の仕組みもあることから，地方債の信用力が担保されている。

　しかし，許可制度の廃止と協議制度への移行，政府資金の縮小と市場公募債の拡大，地方交付税の財源難などが相まって，対国債スプレッドが一時的に拡大したり，地方公共団体間の信用力の差が市場公募債の流通・発行条件に反映しつつある。国債と地方債の「信用力」の差を考慮すれば，地方政府債務を対象に持続可能性を分析することには一定の意義があると考えられる。日本では国による許可制度と手厚い財源保障があるため地方政府債務がデフォルトすることはないと市場では認識されてきたが，はたしてそうであろうか。

　日本での政府債務の持続可能性についての実証研究は，どちらかというと中央政府または一般政府の債務を対象にしたものが多い。これに対して，地方政府債務を対象として行われた実証研究はかならずしも多いとはいえない。ここでは地方政府債務の持続可能性について，持田（2015）で行われている推計結果を紹介することとしたい。

　標準的なアプローチでは，前年度に政府債務残高対 GDP 比が増大したときに，今年度は基礎的財政収支の対 GDP 比を改善するような財政運営を政府が行っており，かつ安定的にそのルールから逸脱することがなければ，政府の行動が財政の健全化を意識したものになっていると判断する。代表的な研究はBohn（1998）である。Bohn（1998）では次の推定式が用いられている。

$$s_{it} = \alpha_i + \beta_1 d_{it} + \alpha_x GVAR_{it} + \alpha_y YVAR_{it} + \varepsilon_{it} \qquad (2)$$

s_{it} は基礎的財政収支の対 GDP 比，d_{it} は前年度末政府債務残高対 GDP 比で，$\beta > 0$ であるならば，政府の政策は異時点間の予算制約式を満たすと考える。$GVAR_{it}$ と $YVAR_{it}$ はそれぞれ政府支出の循環部分，GDP の循環的変動部分である。基礎的財政収支は景気の後退や戦時のように一時的に財政支出が拡大すると，自動的に黒字が縮小し，赤字が拡大する。こうした要因をコントロールするために $GVAR_{it}$ と $YVAR_{it}$ を独立した変数として投入する。もっとも基礎的財政収支が政府債務水準に反応する度合い，すなわちパラメータ β_1 は一定ではなくて政府債務水準に依存すると考えるのが合理的である。ここではこうした非線形の関係を捉えるために，Bohn（1998），土居・中里（2004），藤井（2010）と同じく(2)式に 2 乗項である $(d - \bar{d})^2$ を加える[7]。

なお，Bohn（1998）の手法を用いて財政持続可能性の実証を行う際には，① 公債の中立命題が成立しているか否か，②経済の動学的効率性が満たされているか否かについて議論する必要がある。もしこれらの検証において民間経済主体が財政の持続可能性を満たすように行動していれば，政府がどのような財政運営を行おうとも財政の持続可能性は保たれる。そうした条件が整っていない場合に政府の財政運営が問題になるので，Bohn（1998）の手法を用いて検証することが意味をもつ。日本において公債の中立命題は厳密には成立しておらず，経済の動学的効率性は満たされていたことが確認されているため，民間経済主体が財政の持続可能性を満たすように行動しているとは限らない[8]。

3.2　モデルの拡張

日本の地方財政運営に関しては，地方政府債務に関連するいくつかの財政ルールが存在している。こうした財政ルールが地方公共団体の行動をうながして，基礎的財政収支を改善する効果を捉えるために，次のような諸変数を投入して

---

7)　(2)式に 2 乗項を加える際，Bohn（1998）と同様，$\max(0,\ d_t - d^*)$ という制約をかけた。
8)　公債の中立命題，経済の動学的効率性に関する実証分析については，持田（2015）で展開されているサーベイを参照。

標準的なモデルを拡張した。

　経常収支比率（GR）は財政運営の硬直性を表す指標であり，人件費・扶助費・公債費など経常的支出に充てられた一般財源が経常的に収入される一般財源に占める比率と定義されている。経常収支比率の水準は75〜80％が望ましいとされ，80％を超えると「弾力性を失いつつある」，さらに90％を超えると「財政構造が硬直化」していると診断される。経常収支比率がこの閾値を超えた団体は，財政健全化の行動を起こすと考えられる。

　公債費負担比率（DR）は，公債費の状況から弾力性を測る指標であり，公債費に充てられる財源が一般財源に占める割合と定義されている。15％を超えると「警戒ライン」，20％を超えると「危険ライン」といわれる。危険ラインを超えた地方団体は，弾力性を取り戻すための行動——繰り上げ償還や基金の取り崩し——を起こすと考えられる。

　実質収支比率（NR）は，歳入総額と歳出総額の差額である形式収支から，翌年度への繰越額を差し引いた額が，標準的な財政規模に占める割合をいう。2008年までの地方財政再建促進特別措置法（旧特別措置法）では，実質収支比率が都道府県では−5％，市町村では−20％を超えると地方債の発行なしに自主再建をめざすか，もしくは国の管理下で財政再建団体に転落するかの選択をしなくてはならなかった。実質収支比率が悪化した地方団体は，財政再建団体への転落を避けるために，何らかの行動を起こすと考えられる。

　これらの財政ルールに加えて，われわれは地方財政健全化法による新たな財政指標導入をきっかけにして，構造変化が起こったのか否かを検証する。すなわち説明変数と被説明変数との関係に2007年と2008年の間で構造変化が生じたのか否かを推定するため，ダミー変数 D_t と各説明変数との交差項を基本モデルに加えることにする。これは地方財政健全化法の実施をきっかけにして，基礎的財政収支が債務残高2乗項や経常収支比率などの財政指標により敏感に反応して，改善に向かうと期待されるからである。

　次にデータについて説明しておこう。被説明変数はモデルにあるように各都道府県の基礎的財政収支の対県内総生産比（S_{ti}）である。ここで用いた基礎的財政収支については，総務省「都道府県決算状況調」（以下，「決算状況調」）の歳出項目である「公債費」と「積立金」の合計から歳入項目の「地方債」と

「繰入金」の合計を差し引いた金額を用いた[9]。

　説明変数である地方政府債務については，「決算状況調」に掲載されている地方債の「差し引き現在高」欄のデータを採用した。また政府支出の循環的部分（$GVAR$）については，Barro（1986），あるいは Bohn（1998）と同じように，$GVAR_{it} = (G - G^*)/Y$ によって算出している。G^* は Hodrick-Prescott Filter（以下，HP フィルター）によって抽出した政府支出 G の基調的部分である。政府支出については「決算状況調」の目的別歳出の「歳出総額」を用いた。GDP の循環的変動部分（$YVAR$）については，Barro（1986）や Bohn（1998）あるいは藤井（2010）と同じように　$YVAR_{it} = 1 - Y_{it}/Y_{it}^*$ によって算出した。県内総生産は，「県民経済計算」に掲載されている県内総生産のデータを用いている。Y_{it}^* は HP フィルターによって抽出した基調的部分であることを断っておく。

3.3　推定結果

　各地方公共団体の動学的な行動を捉えるためにパネルデータ推定を行い，基礎的財政収支と債務残高や財政指標との間の関係について考察した。分析の対象となったのは 47 都道府県で，期間は 1985 年から 2011 年までの 27 年間である。推定結果は表 8−2 にまとめてある。時系列データの分析と同じように攪乱項に一階の系列相関を仮定した最尤推定を行った。都道府県固有の 1 階の系列相関を修正するため，$\varepsilon_{it} = \rho_i \varepsilon_{it-1} + \mu_{it}$ を推定することで調整した。不均一分散に頑健な White の標準誤差により，厳しい t 値を用いた仮説検定を行った。プーリング回帰モデルと固定効果モデルとの選択に関しては，F 検定によって定数項ダミーがすべてゼロという帰無仮説が 5%水準で棄却されたため，固定効果モデルで推定した。ここからわかることをまとめよう。

　全都道府県については，政府債務残高／GDP が増大すると，当初は基礎的財政収支が悪化するが，ある点を超えると改善に向かうという非線形の関係が確認できる。すなわち地方政府債務は Bohn（1998）がいう意味で持続可能で

---

9)　地方債には臨時財政対策債を含む。ただし臨時財政対策債を交付税の代替措置と見なすならば，地方債にはカウントしないという取り扱いもありうる。

表8−2　パネル推定結果

被説明変数： 基礎的財政収支／GDP	基本モデル	拡張モデル
政府債務／GDP	− 0.0424 ***	− 0.0615 ***
	(0.0095)	(0.0120)
政府債務／GDP の 2 乗項	1.0045 ***	0.9465 ***
	(0.1269)	(0.1692)
政府支出の循環的部分	− 0.1518 ***	− 0.1434 ***
	(0.0173)	(0.0167)
県内総生産の循環的部分	− 0.0164 ***	− 0.0139 ***
	(0.0053)	(0.0052)
経常収支比率（％）		− 0.0004 ***
		(0.0004)
公債費負担比率（％）		0.001 ***
		(0.0004)
実質収支比率（％）		− 0.0001
		(0.0003)
健全化ダミー×政府債務／GDP		0.0843 ***
		(0.0155)
健全化ダミー×政府債務／GDP の 2 乗項		− 0.7143 ***
		(0.2176)
健全化ダミー×経常収支比率		4.44E−05
		(0.0003)
健全化ダミー×公債費負担比率		− 0.0006 ***
		(0.0001)
健全化ダミー×実質収支比率		− 0.001 **
		(0.0004)
定数項	0.0003	0.0215 ***
	(0.0013)	(0.0023)
観測数	1163	1163

（注）　1　（　）内は不均一分散に頑健な White の標準誤差。
　　　　2　***は 1％，**は 5％，*は 10％有意水準で帰無仮説を棄却したことを
　　　　　　意味する。
　　　　3　健全化ダミーは 2007 年以降を 1，それ以前を 0 とする時点ダミー。
（出所）　持田（2015）表 2。

ある。この結果は先行研究である藤野（2006）および赤松・平賀（2011）のフ
ァクト・ファインディングスとおおむね整合的である。
　　次に財政ルールの有効性に目を転じよう。公債費負担比率が上昇すると財政
の硬直化を防ぐように基礎的財政収支が改善する。だが，期待に反して，経常
収支比率が上昇して財政の弾力性が失われても，基礎的財政収支は改善しない
どころかむしろ悪化している。しかも実質収支比率の良し悪しが地方団体の財

政運営に及ぼす影響をわれわれは注目していたのだが，その係数は統計的にいうならばゼロと有意に異ならない。

　一方で地方財政健全化法の影響をみると，多くの交差項の係数は統計的に有意なので，2007 年と 2008 年との間で構造変化が生じたのは明白である。もっとも，よりくわしくみるならば説明変数の係数とダミー変数をつけた説明変数の係数は実は多くの係数で符号が逆になっている。そのため構造変化後は係数の絶対値そのものが小さくなり，実際にはかぎりなくゼロに近づいている。われわれは地方財政健全化法の実施をきっかけにして，基礎的財政収支が債務残高 2 乗項であるとか経常収支比率などの財政指標により敏感に反応するようになり，改善に向かうと考えてモデルを拡張した。しかしながら，推定結果はわれわれの予想とは異なるものとなった。むしろ地方財政健全化法の実施に踵を接するようにして，債務残高や財政指標の説明力は失われている[10]。

3.4　基礎的財政収支の要因分解

　地方の収入は，地方交付税や補助金といったかたちで安定的に国から得られる項目のウェイトが高いことで「見かけ上」安定しているのだろうか。それとも基礎的財政収支の対県民総生産比の改善は，むしろ地方公共団体による健全化努力——増税と歳出のカット——によって実現したものなのだろうか。基礎的財政収支の対 GDP 比の前年度差をとり，その要因分解を行ったのが図 8-2 (1)・(2) である。

　まず悪化要因からみることにしよう。日本ではとくに地方法人税の比重が大

---

10)　それらの研究は通時的に地方自治体の予算制約が満たされるかどうかを考慮するものであり，持続可能性をどのように達成するかというプロセスを問うものではない。一方，ある財政変数に対して外的なショックが生じて財政バランスが崩れたときに，それを回復すべく，また通時的な予算制約を満たすために行う政策対応は「財政調整」と呼ばれる。この「財政調整」メカニズムを先駆的に解明したのが Buettner and Wildasin（2006）である。日本の地方自治体にこれを初めて適用したのが Bessho and Ogawa（2015）である。Buettner and Wildasin（2006）との違いは，地方自治体による公共支出を，投資的支出と経常的支出に分類している点である。日本の地方自治体はしばしば国の景気対策と整合的に公共投資を行うよう動機づけられてきた。このような日本の特徴を的確に反映させるために，公共支出の中身を分解して，それぞれの政策手段が「財政調整」に対して果たす役割を明らかにしたのが，貢献だと考えられる。

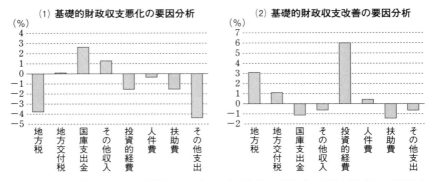

図8-2　基礎的財政収支の要因分解（対GDP比）

(1) **基礎的財政収支悪化の要因分析**

(2) **基礎的財政収支改善の要因分析**

（注）　1　(1)の「悪化局面」は基礎的財政収支の黒字（赤字）が前年度より縮小（拡大）した連続する年度。具体的には1991～95，2002～03，2009～10年度の累計。
　　　　2　(2)の「改善局面」は基礎的財政収支の黒字（赤字）が前年度より拡大（縮小）した連続する年度。具体的には1996～2001，2004～08，2011年度の累計。
　　　　3　歳出項目の寄与は符号を反転。
（出所）　持田（2015）表3。

きく，税収が景気循環に敏感に反応しやすい構造をもっている。他方，地方財政は国の景気対策への協力を要請されたために，投資的経費が急増したことが指摘されている。図8-2(1)はこれを裏付けている。基礎的財政収支は地方税収の減収と投資的経費の急増によって悪化し，それを相殺するかのように国庫支出金が増えている。

　では，基礎的財政収支はいかに改善したのだろうか。図8-2(2)より，投資的経費の削減効果と地方税収の回復が基礎的財政収支の改善の大半を占めていることがわかる。もっとも，このような事実をいかに解釈するかについては慎重にならなくてはならない。歳出カットはまず投資的経費において行われ，やや遅れて人件費についても民間給与準拠の徹底が行われて，ラスパイレス指数も国並みに近づいた。しかし図8-2(1)・(2)にみられるように少子高齢化を反映して，扶助費は一貫して増加しつづけ，とどまるところを知らない。

　それに地方税の回復は国から地方への税源移譲も一役買っているものの，大部分は景気上昇による課税ベースの自然増を反映したものである。その反面で地方公共団体自身による増税，たとえば税率引き上げや独自課税の導入による

効果は量的にはかなり限られている。地方公共団体による歳入・歳出両面にわたる健全化努力——増税と歳出のカット——によって基礎的財政収支が改善したとまではいえない。

　次に，地方の基礎的財政収支は，地方交付税や国庫支出金といったかたちで安定的に国から得られる項目のウェイトが高いことで，黒字化しているのかという問いに戻ろう。国庫支出金はリーマン・ショック後のように地方税の減収のクッションとしての機能を果たしたこともあった（図8-2(2)）。だがこれは例外的な現象であって，国庫支出金は過去20年以上その削減がいわば常態化している。基礎的財政収支の安定に貢献しているとはいえない。地方交付税は，かなり複雑な様相を呈している。アジア通貨危機の影響を受けた時期（1996～2001年）には基礎的財政収支の下支えとして貢献している。かと思えば，2004年の「地財ショック」や「三位一体」改革で地方交付税は大幅に削減された。基礎的財政収支が，政府間財政移転という「安全弁」によって「見かけ上」安定していたとまでいえる客観的な事実はない。

お わ り に

　本章での結論は以下の2点に要約される。①サンプルを通じて一定の固定効果を考慮すると，自治体の財政状況は統計的に有意な影響を与えておらず，ブランド・イメージや評判といった固定効果が対国債スプレッドの決定に大きなウェイトを占めている，②政府債務残高／GDPが増大すると当初は基礎的財政収支が悪化するが，ある点を超えると改善に向かうという非線形の関係が確認できる。

　これらの結論から政策的な含意を導くことは必ずしも容易ではない。本章の締めくくりとして留意すべき点をまとめておきたい。第1に，観察期間全体を通じては固定効果が大きな影響をもっていたが，こうした効果は次第に有意ではなくなってきていると考えられる。国の関与の縮減であるとか地方債資金の市場化が進み，他方においてはIR等の情報公開が活発になっている。地方債IRが行われたのは，山一證券や北海道拓殖銀行が破綻した1998年が最初であ

る。積極的に展開される節目の年となったのは2テーブル方式が始まった2002年であった。少なくとも，IRに積極的ではない地方公共団体に対する金融機関・投資家の目線は厳しくなっている。また，過去に自然災害や金融危機で財政運営が窮地に陥った団体も，投資家の信頼を取り戻している。たとえば，阪神淡路大震災でイメージ・ダウンした地方債への信頼を取り戻した神戸市はその代表例である。

　第2に，日本の地方債政策はいまのところ市場による規律づけは浸透していないが，これ以上市場性を高めてアメリカのような制度に近づけていくことが必ずしも正しいとは限らない。債務調整制度や地方債のデフォルトが制度的に用意されていて，投資家がデフォルトを意識し，それが地方債の利回りに反映して財政規律が働くという仕組みがある国は，実は多くはなく，アメリカぐらいである。しかし，そのアメリカでも地方債発行残高が急激に増加しており，地方政府の財政状況悪化が著しい。これは2008年のカリフォルニア州の財政非常事態宣言や2012年のカリフォルニア州のストックトン市などの3都市，2013年のデトロイト市など近年，連邦破産法第9条に基づく破産申請が相次いでいることからもわかる。このことから，たんにルールのもとで市場規律を働かせて地方債を管理したとしても，必ずしも望ましい側面ばかりではないことが示唆される[11]。

　第3に，今後，地方公共団体が基礎的財政収支を改善することができる余地はあまり大きくはないかもしれない。これまでの地方財政において歳出カットはまず投資的経費において行われ，やや遅れて人件費についても民間給与準拠が徹底され，ラスパイレス指数も国並みに近づいた。しかし少子高齢化を反映して，扶助費は一貫して増加傾向にある。とくにこれまで地方債務水準が高く財政力も弱い地方公共団体は，基礎的財政収支をかなり改善してきたが，長期的な持続可能性は不透明と考えられる。

---

11)　この点についての筆者の考え方は次の通りである。「すでに危機に陥っている地方自治体に，破産制度が『信用ある脅し』として機能し，財政運営に規律を与え，破綻を未然に防ぐことができると期待するのはナイーブな見方である」（持田 2008，223 頁）。

参考文献

赤松礼奈・平賀一希（2011）「都道府県財政の持続可能性について」Discussion Paper Series 2011-02（京都産業大学）

江夏あかね（2011）「地方公共団体セクターにおける3つの『ホショウ』」*Barclays Capital Credit Research*，2011年3月31日付

大山慎介・杉本卓哉・塚本満（2006）「地方債の対国債スプレッドと近年の環境変化」日本銀行ディスカッションペーパーシリーズ，No.06-J-23

田中宏樹（2012）「地方債をめぐる自治体間信用連関——市場公募債パネルデータを用いた実証研究」『証券経済研究』第78号，69〜79頁

土居丈朗・中里透（2004）「公債の持続可能性——国と地方の財政制度に即した分析」井堀利宏編『日本の財政赤字』岩波書店

中里透（2008）「財政収支と債券市場——市場公募債を対象とした分析」『日本経済研究』第58号，1〜16頁

畑農鋭矢・林正義・吉田浩（2015）『財政学をつかむ（新版）』有斐閣

藤井隆雄（2010）「日本の財政の持続可能性について—— H. Bohn の手法による再検証」日本財政学会編『ケインズは甦ったか』財政研究第6巻，日本財政学会，97〜117頁

藤野次雄（2006）「地方自治体の財政運営——財政構造・財政規律と地方債務の持続可能性の観点から」『信金中金月報』3月号，11〜26頁

持田信樹（2008）「地方債制度改革の基本的争点」貝塚啓明編『分権化時代の地方財政』中央経済社

持田信樹（2013）『地方財政論』東京大学出版会

持田信樹（2015）「地方政府債務の持続可能性」日本財政学会編『協働社会における財政』財政研究第11巻，日本財政学会，141〜165頁

Barro, R. J. (1986) "The Behavior of United States Deficits," in R. J. Gordon ed., *The American Business Cycle : Continuity and Change*, University of Chicago Press.

Bessho, S. and H. Ogawa (2015) "Fiscal Adjustment in Japanese Municipalities," *Journal of Comparative Economics*, 43(4), pp.1053-1068.

Bohn, H. (1998) "The Behavior of U.S. Public Debt and Deficits," *The Quarterly Journal of Economics*, 113(3), pp.949-963.

Brueckner, J. K. (2003) "Strategic Interaction among Governments: An Overview of Empirical Studies," *International Regional Science Review*, 26, pp.175-188.

Buettner, T. and D. E. Wildasin (2006) "The Dynamics of Municipal Fiscal Adjustment," *Journal of Public Economics*, 90(6-7), pp.1115-1132.

Landon, S. and C. E. Smith (2000) "Government Debt Spillovers and Credtworthiness in a Federation," *Canadian Journal of Economics*, 33(3), pp.634-661.

Poterba, J. M. and K. S. Rueben (1997) "State Fiscal Institutions and the U.S.Municipal Bond Market,"*NBER Working Paper Series*, (6237).

（持田信樹）

第9章　地方債の経済分析——展望*

は じ め に

　日本では2000年代に入って地方債制度が継続的に改革されてきたこともあり，多数の地方債に関する研究が複数の学術分野で生み出されている。それらの研究成果のすべてをレビューすることには大きな意義があると考えられるが，特定分野の研究者が他分野におよぶ研究の概要を適切に伝えることは困難であろうし，それが可能であっても書籍内のひとつの章に期待される分量内で当該作業を行うことは現実的ではない。したがって本章では，経済学的方法を用いた研究[1]に焦点を絞りながら，日本だけではなく海外の研究も対象にして地方債に関連する研究をレビューする。ここでの主要な目的は，経済学的手法によって地方債にかかる問題がどのように概念化・理論化され，そして，そこから生まれた複数の命題がどのように実証されてきたかを伝えることである。

　本章の議論の構成は以下の通りである。続く第1節では，必ずしも地方債に限らずに公債一般に関する経済分析を紹介する。ここではまず，通常の経済学

---

　* 　本章の草稿に対しては本書の著者の皆様および鈴木崇文（東京大学大学院経済学研究科博士課
程）からコメントをいただいた。記して感謝いたします。
　1) 　ここで「経済学的方法を用いた研究」とは，（制約付き）最適化モデルに基づく理論研究や統
計・計量モデルに基づいた実証研究として広く解釈している。ただし，本章でレビューする研究
には，必ずしも経済学誌に掲載されたものだけではなく，政治学，会計学，公的予算論等の学術
誌に掲載された論文も多く含まれている。

や財政学の教科書が解説しているリカード等価性（1.1）と課税平準化（1.2）を扱い，それらの分析が地方債に適用される場合，どのような含意が得られるかを整理する。つづいて，「公債バイアス」もしくは「赤字バイアス」と呼ばれる政府行動を，選挙（1.3）と政府構造（1.4）の観点から捉えようとする政治経済学的な研究を紹介する。これらの理論分析は中央と地方の双方に適用できるが，実証分析は州や地方レベルのデータを用いた研究が多数存在している。

第2節では，地方債独自の問題として，政府間財政に起因する要因を明示的に考察した研究を概括する。まず，日本でも近年盛んに議論されている地方債務の「救済」問題について若干丁寧な用語解説を行いながら，いくつかの重要な研究を紹介する（2.1）。次に「共有資源問題」を取り上げる（2.2）。この問題は第1節の政治経済学的研究でも議論されるが，ここで採り上げる共有資源問題は前節のそれとは異なる政府間レベルで発生する問題である。その1つの共有資源問題の例が「政府間信用連関」である（2.3）。この共有資源問題は，ある政府の財政状況が他の政府の地方債コストに影響を与えるというかたちで実現し，市場における地方債の評価を歪ませるという問題を引き起こす。最後は地方債をめぐる政府間財政競争である（2.4）。地方債を用いた財政競争に関する研究は多くないが，ここでの議論は規制が存在しない状況での地方債発行に重要な示唆を与えると考えられる。

第2節における議論も第1節の議論と同様に，多くの場合，地方政府が自由に地方債を発行できる状況では地方債の発行額が過大になること，つまり，「公債バイアス」や「赤字バイアス」を示唆する。第3節では，このバイアスを矯正する手段として地方債市場の整備や地方債発行の規制について採り上げる。地方債市場の整備に関しては「格付け」と「情報開示」の影響を検証した研究を（3.1），そして地方債発行の規制に関しては，予算均衡ルールや他の規制方法が与える効果を検証した研究を紹介する（3.2）。そして「おわりに」をもって本章の結びとする。

1 公債の経済理論

　当期のみに限る便益の提供に利用される「赤字公債」と異なり，将来に及ぶ便益を生み出す事業に充てられる「建設公債」の場合，将来世代は負担を負うとともに当該便益も享受できる。したがって，"pay-as-you-use" 原理に従うならば（Wagner 1970），建設事業の費用は公債の発行を通じて将来世代にもその一部を負担させたほうが望ましいという議論になる。しかし，公債発行の決定には将来世代は関与できないから，将来世代が受ける便益とは不釣り合いなほど建設公債の負担が押しつけられる可能性は十分に存在する。つまり，赤字公債か建設公債を問わず，公債発行時点と償還時点の世代が異なれば，発行時点の世代は負担減となり，償還時点の世代は負担増となる可能性が高い（Bowen et al. 1961）。この場合，公債の発行と償還の世代が異なると，公債発行は将来世代から現在世代への移転，つまり，将来世代への負担転嫁を意味する。以下では，そのような公債発行にかかる議論を背景として議論を進めよう。

1.1　リカード等価性と地方債務の資本化

　Barro（1974）は遺産を通じた世代間の移転に注目して，公債の発行と償還が世代を跨いで行われる場合でも，世代間の負担転嫁は行われない可能性を指摘した。この想定のもとでは，課税と公債発行は家計の通時的な予算制約に同様の効果を与えることになり，民間の消費行動に異なった効果を与えない。Buchannan（1976）が指摘したように，この命題はすでに Richardo（1820/1888）によって提供されているため，「リカード等価性」（Ricardian equivalence）と呼ばれる[2]。よく知られているように，リカード等価性が厳密に成立するために

---

2)　この命題の要点は次のリカードの説明によって理解できる（Richardo 1820/1888）。「永遠に年額 50 ポンドの税金を支払い続けることと，［金利が 5％である場合］現在 1000 ポンドの税金を一括して支払うことが同じ負担であると信じさせるのはおそらく難しい。というのも普通は，いずれこの年額 50 ポンドは彼自身ではなく彼の子どもたちが支払うことになると考えるからである。しかし，彼が子どもたちに，この永久に続く年額 50 ポンドの支払い義務とともに自分の財産も遺すことを考えよう。この場合，この永続的な支払い義務とともに 2 万ポンドを遺すことと，こ

は特定の条件が必要になる[3]。そうであっても，この命題は，現在の公的債務
は必ず将来誰かが負担する必要があるという自明な事実と，たとえ死ぬまで公
債償還がなくても，消費者に遺産動機がある場合，遺産の変動を通じて公債の
発行と償還（税負担増）がリンクする可能性を指摘していると理解すれば事足
りるであろう。実際，現在の公債発行が，将来の自らの負担，もしくは，自分
の子どもたちの負担になると気づいているならば，人々は公債の発行について
慎重になる可能性はある。

　リカード等価性は暗黙的に国債を前提としている。一方で，この命題は地方
債には成立しないかもしれない。というのも，住民が自由に居住地を移動でき
る場合，地方債を発行した地方政府が償還のために増税（もしくは歳出減）する
前に他の地方に移動することで，地方債による負担増を逃れることができるか
らである。日本の研究ではこの現象は「食い逃げ」と呼ばれているが[4]，それ
によって，地方債の場合は国債の場合と比べて，公債発行と税負担増加のリン
クが弱まると考えられる。

　しかし，Daly（1969）は地方債務が不動産価格に反映する程度（資本化の程度）
に応じてリカード等価性が成立することを示唆している[5]。地方債務を反映し
て不動産価格が下落すると，不動産所有者は不動産価値の下落というかたちの
負担を強いられる。一方，当該地域に移住して新たに不動産を購入する者は，
将来の償還による負担は増えるにしても，現在の安価な不動産価格によって補
塡される（さもなくば，移動しない）。つまり，現行の地方債務は将来の不動産
所有者ではなく，現在の不動産所有者だけにおよぶことになる。

　もちろん，実際に地方政府の負債が不動産価格に与える影響を確認するに
は実証研究の結果をみる必要がある。当該研究には，アメリカの市職員年金
債務を用いた研究（Epple and Schipper 1981；Leeds 1985；MacKay 2014），スイスの

の義務なしで1万9000ポンドを遺すことにどんな違いがあるのだろうか」。
3）　実際，リカードもこの等価性を現実的とは考えていなかったようだ。リカード等価性やバロー
　の議論については畑農ほか（2015，unit 28）および畑農（2009）がくわしい。
4）　筆者が知る「食い逃げ」という表現を用いる最も古い教科書は野口（1982）である。なお，野
　口（1982，85〜93頁）は国債と地方債の相違に関してかなりの分量を割いて解説を行っている。
5）　このDalyの命題を，理論モデルを用いて形式的に証明したのがAkai（1994）やHatfield（2010）
　である。そこでは，地方政府が固定資産税（property taxes）を用いて税収を得ている場合，固
　定資産に資本化が起こる程度に応じてリカード等価性が成立することが示されている。

チューリッヒ地区における地方債務を用いた研究（Stadelmman and Eichenberger 2014），および，ドイツのノルトライン゠ヴェストファーレン州における都市境界を利用した研究（Micheli 2016）がある。そして Leeds（1985）を除いたすべての研究が，地方債務は不動産価格を下落させるという結論に至っている。

1.2 課税平準化と財政移転

　課税が歪みを生じさせる（厚生損失を生む）とリカード等価性は成立しない。この場合，課税平準化の理論から追加的な公債の役割を見いだすことができる。政府歳出が一時的に変化する場合，政府の選択は，①均衡予算を達成すべく一時的変化に対して税率を変更するか，②税率はそのままに足りない部分を公債発行により調達するか，である。課税平準化の理論は，課税による限界的な厚生損失が税収に関して逓増する場合，①よりも②が厚生損失を抑えることができると議論する（Barro 1987）[6]。つまり，公債発行は通時的に最適な税率を達成するための手段として概念化される。

　地方債の場合，このような平準化を行う能力は住民や企業の地域間移動によって制限される（Benjamin and Kochin 1982）。たとえば，外生的な影響で予想以上の歳入が必要とされる場合を考えよう。それを地方税の増税で賄う場合は，負担の増加により住民や企業の他地域への流出を引き起こす可能性がある。その一方で，地方債で賄う場合，短期的には域外流出は発生しないかもしれないが，中長期的には利払や償還のための増税が必要となるから，いずれ域外流出が発生する。加えて，地方債務が既述のように資本化すれば，短期的にも地方債を発行した時点で移動が起こる可能性がある。いずれにせよ，地方の課税標準の地域間移動によって１人当たり負担が変化し，当初の歳出変動が必要とする対応とは異なった財政上の調整が必要となる。

　上記のような地域間移動がない場合でも，地方政府は中央政府が定める制度・制約によって十分な平準化を行うことができない場合もある。第３節で議論するように，多くの国で地方債発行は規制されているからだ。そのような規

6）　課税平準化に関する簡単な説明については，たとえば，林ほか（2010）の第 12 章などを参照。

制のひとつに「均衡予算ルール」（BBR）がある。たとえば，Strazicich（1996；1997）はアメリカとカナダの州データから課税平準化仮説を検証しているが，BBRをもたないカナダの州データを用いた推定では課税平準化仮説は棄却されず，BBRをもつアメリカの州データを用いた推定では課税平準化仮説が棄却されることを示している。またスウェーデンの基礎自治体を対象にしたPersson（2016）の分析も，BBRの導入前後のデータを比較することで同様の結果を示している。

　中央による課税平準化への制限が存在する一方で，多くの国では中央から地方への財政移転制度がある。この財政移転によって，地方歳出の外生的変動から必要とされる地方税率の変化を抑制すること（課税平準化の達成）は可能かもしれない。たとえば，アメリカの基礎自治体データを用いたBuettner and Wildasin（2006）は，財政収支の不均衡の大部分は財政移転によって解消されていること，そして，同様の分析をドイツの基礎自治体データで行ったBuettner（2009）は，アメリカ以上の財政移転の調整効果が存在することを示している。同様の結果は日本のデータからも確認されている（Bessho and Ogawa 2015）。つまり，規制による課税平準化の阻害は財政移転によって緩和されうるから，この緩和の程度に応じて，課税平準化のための地方債発行は必要ないとも議論できよう。

1.3　政治経済モデル——選挙と公債発行

　実際の政治過程を意識して公債発行を再考すると，政府は，既述のように国（住）民の厚生を最大化するために公債を発行するのではなく，権力の座にとどまるために公債を利用している可能性も考えられる。その場合，公債を発行できるのは現職の政策決定者であるから，彼らは公債を含む利用可能な全手段を利用して現職にとどまろうとするだろう。たとえば，選挙を有利に戦うために公債発行によって増税なしに歳出を増やす（Buchanan and Wagner 1978）かもしれない。もちろん，公債発行が将来の増税や歳出減につながると有権者が認識すれば，最終的には政治家・政党は落選・得票減というかたちでその責任を問われる。しかし，現職は任期後のことは気にしないかもしれないし，ドイツ

のデータを用いた実証分析（Heinemann and Hennighausen 2012）が示すように，有権者自身も近視眼的であるかもしれない。

　選挙による予算循環（electoral budget cycles）の理論研究においては，現職が選挙で負ける確率が高い場合，次期政権を制約するために公債を過大に発行する可能性が示されている（Alesina and Tabellini 1990）。とくに Persson and Svensson（1989）は，現職が右派である場合のみ公債を過大に発行し，次期政権（＝左派）の行動を抑制する場合があると議論している。予算循環の実証研究は，選挙時には増税なしで歳出が増加する（＝公債が発行される）ことを指摘している（Frey 1978；Alesina et al. 1992）。その一方で，既述のように地方債発行は何らかのかたちで規制されている場合が多いため，地方政府の予算循環は中央政府のそれとは異なった様態を示すかもしれない。しかし，特定の国における地方データを用いた実証分析の多くは，中央政府の分析と同様に，何からのかたちで選挙前の歳出増（公債増）を示している（Blais and Nadeau 1992；Pettersson-Lidbom 2001；Veiga and Veiga 2007；Goeminne and Smolders 2010；Sedmihradská et al. 2011；Cioffi et al. 2012；Mačkić 2014；Sjahrir et al. 2013；Labonne 2016）。

1.4　政治経済モデル——政府構造と公債発行

　政治過程に着目する，いまひとつの命題は「弱い政府の仮説」（weak government hypothesis）である（Roubini and Sachs 1989）。この政府の「弱さ」の原因としては「寸断」（fragmentation）と「分断」（division）の 2 つが指摘されている。政府が複数の政党からなる連立政権であったり，政権交代の頻度が高かったりする[7]場合，政府は「寸断されている」（fragmented）という。一方，行政府を司る政党と立法府の多数派政党が異なる（2 院制の場合は上下院の多数派政党が異なる場合も含む）場合，政府は「分断されている」（divided）という[8]。そして，この

7）　政権交代の頻度が上がると財政赤字の規模が小さくなると議論する実証研究（Skilling and Zeckhauser 2002；Reingewertz 2015）もある。

8）　ここでは McCubbins（1991）に基づく，Alt and Lowry（1994）や Poterba（1994）の用法に従っている。なお，Roubini and Sachs（1989）や Alesina and Drazen（1991）は「divided government」を，McCubbins（1991）らの意味だけではなく，連立政権（coalition）も含む概念として使用しているようである。

弱い政府の仮説は，政府が寸断されたり，分断されたりすると，財政赤字の水準が高くなる，つまり，公債発行が増えると議論する。

　両者の結論は同じであるが，それらの理論的背景は若干異なる。まず，寸断された政府（fragmented government）による公債バイアスは，理論的には「共有資源（コモン・プール）問題」（common pool problem）の一例として説明される（von Hagen and Harden 1995；Velasco 2000）。後述するように共有資源問題はさまざまな文脈に適用できるが，寸断された政府の問題は，行政府，歳出官庁，ロビー・利益団体，連立政権を構成する政党等，利害を異にする複数の意思決定主体が，公債償還の原資となる将来の税収を「共有」することから発生する。この共有によりこれら競合する複数の意思決定主体の間に負の外部性が生じ，結果として公債の発行水準が過大となる。この命題を実証した研究には，国際データを用いた国家財政レベルの分析（Roubini and Sachs 1989）や，国内の地域データを用いた地方財政レベルの分析（Ashworth et al. 2005）が存在し，その多くが当該命題を支持している。日本を対象にした実証分析も，都道府県データを用いた田村（2006）や市データを用いた近藤・宮本（2010）があり，この場合双方とも同様の結果を得ている。

　一方の，分断された政府（divided government）による公債バイアスは，共有資源問題ではなく，互いに拮抗する政党が司る部門間の対立によって歳出減や増税が遅れる結果として捉えられる。Alt and Lowery（1994）はアメリカの上下制議会院と2大政党制を前提にして，部門を司る党が，①行政府と立法府両院で同一の場合，②行政府と立法府は異なるが，立法府内（両院）では同一の場合，および③行政府と一方の議院で同一である場合を考察し，予期できない歳入減少への対応が，おおよそ，③→②→①の順番で遅れると議論している。この現象を説明する理論モデルとしては，Alesina and Drazen（1991）による消耗戦（war of attrition）モデルや Tsebelis（1995）による拒否権モデルがある。この仮説は議院内閣制には適用できないため，実証分析はアメリカを対象に行われている。そして，州データを利用した Alt and Lowry（1994）や Poterba（1994）の分析では，仮説通り州政府の「分断」は歳入変化に対する調整を遅らせ，州債務の累積を促進する傾向にあることを示している。

2 政府間財政と地方債務

本節では，政府間財政に起因する地方債独自の問題を扱う研究を概括する。

2.1 政府間財政と「救済」

時に中央政府は，地方債務を「保証」する場合がある。この「保証」は全債務を対象にする必要もないし，制度として明示される必要もない。またそれは，中央と地方のインセンティブ構造から示唆されるという意味で「暗黙的」かもしれない。いずれの場合も，地方政府が中央政府による保証を通じた救済（bailout）を期待すると，過大に地方債を発行してしまう可能性がある。しばしば「柔らかい予算制約」（soft budget）とも呼ばれるこの現象は（Qian and Roland 1998；Rodden and Eskeland 2003），「サマリア人のジレンマ」（Samaritan's dilemma）（Buchannan 1975），および，「モラル・ハザード」（moral hazard）という 2 つの概念を用いて説明される場合が多い。

サマリア人のジレンマにおける「サマリア人」とは，一般的には苦境にある人々の状況が改善することを望む利他主義者を表している[9]。この議論が中央政府と地方政府の関係に適用される場合，中央政府が地方政府のことを慮る利他主義者となる。したがって中央政府は，地方政府が健全財政を貫くことを最善と考えるが，いったん財政危機に陥った地方政府に対しては，そのまま放置せず，財政的に救済することを次善とする。ここで中央政府の行動に対して不確実性が存在しない場合，地方政府は財政危機に陥ると中央政府が必ず救済してくれることを理解することになる。一方でこの地方政府は，必要に応じて増税しながら健全財政を維持するよりも，放漫財政（増税なしに地方債務を累積すること）を続けて財政危機時に救済してもらうほうが望ましいと考えている。それゆえ，地方政府が中央政府が必ず救済してくれると信じているかぎり，地

---

[9] 新約聖書のルカ福音書にある，追いはぎにあったユダヤ人を助けたサマリア人のことを指している。

方債を過度に発行することになる。

　したがって，地方政府に健全財政を貫かせるには，財政危機が起こっても中央政府は救済しないと地方政府に信じさせる（＝事前に救済しないことへ「コミットできる」）必要がある。しかし，危機時に救済しないことは，中央政府の「利他的な」選好に反する。かといって，救済しないことへコミットできなければ（＝地方政府を救済すると地方政府が信じれば），地方政府は放漫財政に陥る。これが，中央政府（＝サマリア人）の「ジレンマ」である。また上記の議論では，中央政府による救済が初めから明示されているわけではない（明示的な保証ではない）ことも留意したい。むしろこの地方債に対する保証は，中央政府が最終的に救済すると地方政府が〈期待〉し，危機時に中央政府が実際に救済してしまうという意味で「暗黙的」である。また上記の議論からわかるように，サマリア人のジレンマは必ずしも情報の非対称性を前提にしていない。

　一方，「モラル・ハザード」は「隠された行動」（hidden action）という言葉を用いて定義されるように，情報の非対称性を前提とする[10]。ここでは中央政府の利他的な選好を前提とする必要はないため，中央政府は事前に設定した特定の救済ルールにコミットすることは可能かもしれない。しかし，そのようなルールを設計・実施するためには，地方財政危機が，地方の責任に帰すことができる内生的な要因によるものか，地方の責任ではない外生的な要因によるものかを中央政府が判別できる必要がある。そして，内生的な財政危機のときは助けず，外生的な財政危機のときにのみ救済するルールを確立すれば，地方政府は自らの責による放漫財政によって財政危機に陥ることはなくなるだろう。

10）　ここでの用法は経済学的な（教科書的な）用法である「モラル・ハザード＝隠された行動の問題」という捉え方にしたがっている。一部では情報の非対称性を前提としない場合でも「モラル・ハザード」という言葉が使われている。たとえば，古くから医療保険の分野では，保険給付によって患者が支払う医療価格（限界費用）が低くなることを通じた医療需要の増加を「モラル・ハザード」と呼んでいたようだ（Pauly 1968, p. 535）。この現象は経済学的には単なる価格効果と考えられるが，近年の医療経済学では，この価格効果としての「モラル・ハザード」を情報の非対称性を前提とした「モラル・ハザード」から区別するために，「事後のモラル・ハザード」（ex post moral hazard）と呼び，後者については「事前のモラル・ハザード」（ex ante moral hazard）と呼んでいるらしい（Culyer 2014, pp. 397-398）。しかしながら保険の経済学では，「事後のモラル・ハザード」という言葉は医療経済学でのように価格効果をさすのではなく，損害がいったん起こった後の被害額に関する情報の非対称性に起因する（教科書的な意味での）「モラル・ハザード」という意味で用いられている（e.g., Puelz and Snow 1997）。

しかし，情報の非対称性によって放漫財政の原因が判別不可能であると，そのようなルールの運用は不可能になる。

　したがって，「どうしても救済が必要」な場合，機械的にすべての財政危機を救済する明示的な債務保証ルールが設けられるかもしれない。この場合，民間の損害保険を購入することで被保険者が損害を防止する努力を怠るようなる（＝モラル・ハザードが発生する）ように，地方政府も財政健全化の努力を怠ること（放漫財政＝公債の過剰発行）になるかもしれない。つまり政府間関係にも「行動が観察できないときは，適切な行動をとるように当事者を動機付けすることが難しくなる」（神取 2014, 405 頁）というモラル・ハザード問題が発生する。

　サマリア人のジレンマでは，中央政府が利他的選好をもつがゆえの救済に対する地方政府の期待（＝暗黙的な保証）が問題となる。一方，モラル・ハザードでは，情報に非対称性が存在するがゆえの不完全なルールによる機械的な救済（＝明示的な保証）が問題になる。ただし後者の場合，「どうしてそのような不完全なルールが存在するのか」，つまり，「どうして『どうしても救済が必要』なのか」という根源的な問いに答えることは難しい。民間保険であれば「それでも保険会社が自身の利益を拡大できるから」と答えることができるかもしれないが，公共部門の問題に関してはそうはいかない。結局，住民便益の増大という厚生上の観点や住民による得票数増大という政治的観点から，「中央政府が何らかのかたちで地方住民を〈慮る〉必要があるからだ」という答えにならざるをえないのではないか。このように考えると，地方債務の救済においては，情報の非対称性（モラル・ハザード）よりも利他主義（サマリア人のジレンマ）を根源的な要因と見なすべきと考えられる。

　救済問題に関する実証分析では，サマリア人のジレンマにおける中央政府からの救済に対して地方政府がもつ期待の役割を重視して，地方政府の「救済期待」が地方債発行や地方債務の水準に与える影響が検証されている。たとえば，スウェーデンの地方データを用いた Pettersson-Lidbom（2010）は救済期待の代理変数として近隣の地方政府が過去に受けた救済措置を用い，そのような救済期待が地方債務を平均して 20％増加させるという結果を推定している。その一方で，スペインの地域データを用いた Lago-Peñas（2005）は他の諸要因とともに地方の財政赤字の決定要因を検証し，救済期待はそれほど重要ではないと

議論している。このような相矛盾する結果には，国によって地方財政制度が異なることも影響していると考えられる。この観点からは，オランダを対象にした Allers（2015）の研究が興味深い。オランダにおいては財政状況が悪化した地方政府は法令にしたがい中央政府に救済を要請でき，悪化の理由によらず財政移転を受け取ることができる。理論的にはこの制度の持続可能性が疑われるところであるが，実際には地方政府の救済事例はほとんど存在せず，救済に費やされた財政移転の規模もそれほど大きくない。また救済後は速やかに財政が健全化され，地方政府が救済の申請を繰り返すことはない。Allers（2015）は，この「通常の予想」に反するオランダの事例は救済に伴う地方政府への厳しいペナルティによって説明できると説明している。これと同様のことは，財政再建（生）団体に認定された旧赤池町や夕張市の事例からわかるように，日本の財政再建（生）制度にも当てはまる部分が大きいと考えられる。

2.2　地方債発行と地方政府間の共有資源問題

前節で説明した「寸断された政府」の問題では政府〈内〉で共通資源問題が発生したが，地方政府〈間〉でも地方債発行に関して共有資源問題が発生する。ここでは政府間財政移転が重要な役割を果たす（たとえば，Weingast et al. 1981）。たとえば，日本の地方交付税のように中央政府が政府間財政移転を通じて地方債の元利償還費の一部を支払う場合，中央政府の財源は地方政府の共有資源と見なすことができる。その中央政府の財源は各地方政府の住民でもある国民全体が支払う国税であるから，ある地方政府が地方債を発行すれば当該移転を通じて他の地方（住民）に自己の地方債費用の一部を押しつけることができる。つまり，地方債発行は財政移転を通じて負の外部性を発生させ，移転によって地方債発行の限界費用は実際の限界費用よりも過小に知覚される。すなわち理論的には，地方債発行額は財政移転によって過大になると示唆される。

このような経常的な移転に加え，既述の中央政府によるアドホックな救済についても同様の議論ができる（Goodspeed 2002）。ここでも地方政府の救済にあてられる中央政府の資金は国民全体の税負担によって調達される共有資産となる。ある地方政府の救済は他の地方の救済にあてられる資金の減少を意味し，

中央政府による救済を通じてある地方政府の地方債費用を他の地方政府に負担させることができる。つまり，ここでも地方債発行は地方政府間に負の外部性を発生させることになる。この考えにしたがって Baskaran（2012）は，地方政府が有する救済期待が高い場合，地方政府の債務間に相互依存関係が発生するという仮説を提示した。そしてドイツの基礎自治体データを用いて検証を行い，地方の財政赤字間に相互依存関係が存在することを示している。

　地方政府が合併する場合でも，地方債発行に関する共有資源問題が発生する。合併前に累積した地方債務が合併後の地方政府によって負担される場合，合併前の住民は合併によって地方債務の一部を合併相手の住民に負わせることが可能となる。つまり合併を通じて，地方債発行のコストの一部が実質的に他地域の財源によって補助されることになる。したがって，合併以前の公債発行は合併しない場合と比べて増加する。この問題に関しては海外の事例を対象とした実証研究（Hinnerich 2009；Jordahl and Liang 2010）に加え，日本を対象とした研究も存在する [11]（Nakazawa 2016；Hirota and Yunoue 2017）。

2.3　政府間信用連関

　政府間における信用連関問題も共有資源問題としても捉えることができる。国の予算（＝共有資源）が一定であるならば，財政危機にある地方政府が救済される確率が大きくなると，他の地方政府が救済される確率は小さくなると考えられる。したがって，ある地方政府の信用度が悪化すると当該政府の救済確率は高くなり，その結果，他の地方政府の救済確率が低くなることで，その信用度も悪化する。そして，地方政府の信用度は地方債の利回りに反映されるはずだから，別々の地方政府が発行する地方債利回りは補完関係になる。また同時に，ある地方政府の財政状態が他の地方政府の地方債利回りに影響を与えることも理解できる。このような関係を Landon and Smith（2000）は「公債漏出」（government debt spill-overs）と呼んでいるが，公債漏出が存在すると，地方債の

11）　同時期に発表されたこの 2 つの研究は「効果なし」（Nakazawa 2016），「効果あり」（Hirota and Yunoue 2017）という相異なった結果を示している。

利回りは発行体の信用力を適切に表せなくなる。

　公債漏出に関する実証分析は一致した結果を示せてはいない。たとえば，カナダの州データを用いた Landon and Smith（2000）は公債漏出の存在を示しているが，同じくカナダの州データを用いた Landon and Smith（2007）やアメリカの地方データを用いた Capeci（1991）はその存在を示していない。日本に関しては田中（2012）が市場公募債発行団体データを用いて漏出の存在を示している。

　中央政府の予算が共有資源ならば，中央政府自体の財政状況が悪くなると，中央政府から地方政府への垂直的な信用連関が発生するとも考えられる。既述の Landon and Smith（2000；2007）は垂直的な信用漏出も推定しており，スイスの州データを用いた Feld et al.（2017）による最近の研究と同様に，中央政府の財政状況の悪化が地方債・州債の利回りを上昇させることを示している。

　このような垂直的な信用連関は，異なった層の地方政府による課税ベースの共有からも発生する（Greer 2015）。つまり，ある層の地方政府の財政悪化は他の層の地方政府の信用力を減少させる。地方政府の財政再建の過程では住民負担の大幅な増加や公共サービスの劇的な低下によって多くの住民や企業が流出し，その結果，課税ベースが縮減すると考えられる。ここで当該課税ベースを共有する他の層の地方政府の税収も減少するから，財政悪化を懸念して後者の信用が毀損される（利回りが上昇する）可能性がある。つまり，ある層の地方政府の財政悪化は他の層の地方政府による地方債利回りの上昇につながるかもしれない。Greer（2015）は，課税ベースを共有するアメリカの基礎自治体と郡のデータを用いて，この垂直的な信用連関が存在することを示している。同様に鈴木（2018）も，住民税の課税ベースを共有する市町村と都道府県のデータを用いて，日本における垂直的信用連関の存在を示唆している。

2.4　政府間財政競争

　地方債発行をめぐる外部性は財政競争（fiscal competition）の文脈からも議論することができる。財政競争とは，地方政府による政策変数間の相互依存関係を指す言葉である（Wildasin 1988）が，この政策変数が「税」である場合は課

税競争（tax competition），「歳出」である場合は歳出競争（expenditure competition）と呼ばれる。ここで考えるのは「債務競争」（debt competition）である。財政競争の3つの原因（Brueckner 2003）にしたがって債務競争の様態を特徴づけると，以下のようになるだろう。

第1は「資源流動」（resource flow）である [12]。たとえば地方 A が増税し地方 B よりも税率が高くなれば，より低い税負担を求めて個人や企業が A から B へ移動するかもしれない。地方政府は地方債発行により現在の税率を低く抑えることができる。したがって，将来増税や歳出減が必要となるにしても，地方政府は地方債発行によって将来の割引率が高い個人や企業を引きつけることができるかもしれない。この場合，流出元の課税ベースは減少するから，ある地方の公債発行を原因として他の地方の予算制約（およびその予算に影響を与える税率や公債発行額）が変化する。その結果，たとえば，人口の地域間移動を前提とした Bruce（1995）では，地方債務水準が過大になることが示されており，同様に Schultz and Sjöström（2001）でも地方公共財の供給水準が過小になる可能性とともに，地方債務が過大になる可能性が示唆されている。その一方で，資本の流動のみを前提とした Jensen and Toma（1991）は，公債発行を通じて資本への課税競争を緩和できると議論している。

第2は「便益漏出」（benefit spillover）である。ここでは主に，地方公共サービスの便益が他地域の住民の厚生に直接影響を与える場合が想定される。地方 A が自己地域の住民に配慮して決定した政策が，地方 B の住民の厚生にも直接影響を与えるのならば，それは自己地域の住民の厚生を考慮する地方 B の政策にも影響を与えると考えられる。地方債発行を通じて同様の便益漏出が起こることは十分に考えられる。たとえば，地方 A が地方債を用いて地域インフラを充実させ，このインフラの便益が地方 B に漏出する場合，地方 B はこの漏出にただ乗りし，自分たちのインフラ整備を鈍化させる（＝地方債発行を減少させる）かもしれない。

---

12)　とくに資源流動による外部性が負であるならば，資源流動に基づく問題も既述の共有資源問題の一形態として捉えることができる。たとえば，地方サービスを増加させて他地域から課税ベースを呼び込むことができれば，国内にある課税ベースすべてが共有資源となる。

第3は「ヤードスティック競争」（yardstick competition）である（Besley and Case 1995）。他の地方政府のパフォーマンスを「尺度＝ヤードスティック」としながら，住民が自分たちの首長を評価すると想定しよう。この評価に基づいて住民が次期選挙における投票先を決定するならば，再選をめざす首長は，他の地方政府による政策を参照しながら政策を決定することになろう。したがって，このような評価の1つの基準として地方債残高が利用されるのであれば，首長は他地域における地方債残高を参照しながら自己地域の地方債発行額（地方債残高）を決定することになろう。すなわち，異なる地方政府の債務間に相互依存関係が生まれることになる。

　地方債発行額や地方債務間の相互依存関係に関する実証分析は多くはない。ドイツにおける基礎自治体データを用いた Borck et al.（2015）は，地方債残高間に正の相互依存関係を推定している。また地方債務ではなく財政赤字を対象としているものの，スペインにおけるデータを利用した Molina-Parra and Martínez-López（2018）も，同様に正の関係を得ている [13]。これら2つはヤードスティック競争に基づいた相互依存関係を前提としているが，既述のように Baskaran（2012）は，救済期待から生じる共有資源問題により地方債の相互依存関係が生まれる可能性を提示し，ドイツの地方データを用いて地方債発行においてヤードスティック競争は存在しないことを示している。その根拠として，ヤードスティック競争の理論分析からは選挙時や保守政権時に相互依存関係が強くなると考えられるが，実証分析からはそのような効果は認められない点をあげている。しかし，ヤードスティック競争は必ずしも選挙を前提としないため（Hayashi and Yamamoto 2017），この主張は留意して理解する必要がある。

3　地方債の市場整備と発行規制

　前節までの議論からは，地方債発行には複数の問題が存在すること，そして，そのために中央政府による何らかの統制なしに地方債市場が理想通りに機能す

13）　同研究は連邦政府からの垂直的な効果も考慮し，同じく正の効果を推定している。

ることは難しいことが示唆される[14]。実際，多くの国における地方債制度においては，中央政府は何らかのかたちで地方債市場に統制を加えている。

3.1　市場整備――格付けと情報開示

　地方債発行を「統制」する最も直裁的な方法は，地方政府をして債券市場から自由に資金調達をさせることかもしれない。財政が悪化すれば借り手リスクの上昇により地方債費用は高騰するし，場合によっては資金調達が不可能になる。したがって，地方政府が債券市場から安価に資金を調達するためにはつねに財政状況に配慮し，そのためには自らを律する必要がある。この，いわゆる「市場規律」が機能するためには，当然，特定の条件を満たす必要がある（Lane 1993）。とりわけ，地方債リスクを正確に反映して価格付けを行うために，貸し手が借り手（地方政府）の債務状況や返済能力について適切な情報を有することが重要になる。この意味で，地方政府の「格付け」が適切に行われれば，適切な地方債市場の運営が可能になるかもしれない。

　格付けの効果については，市場化が進んでいる米国地方債（municipal bonds）を対象にした民間機関による格付けを利用した研究がある。ここで重要な点は，民間機関による格付けが，地方政府の財政状況に関連する（容易に入手できる）複数の変数が提供する以上の情報を提供できるかという点である。1990 年代初頭の研究（Liu and Seyyed 1991）は「できる」との結果を示している。しかし，その後の研究は否定的な結果を示しており，①格付けの有無は地方債の発行コストに影響を与えない（Rivers and Yates 1997；Allen et al. 2009），②格付けは地方政府の財政状況に関する重要な制度変更を反映できない（Ingram and Copeland 1982），③格付け企業ごとに格付けが与える効果が異なる（Stallmann et al. 2012），④格付けは地方債の保険プレミアムほどリスクを的確に表していない（Liu 2012）などの結果が報告されている。したがって，これらの結果が適切であるならば，格付けの機能を手放しで評価することは難しいだろう。

---

14)　もちろん第 1 節でみたように，問題のいくつかは地方債独自のものではなく中央政府が発行する公債にも当てはまる。

日本においても市場公募債を対象にした格付けの研究がある。中里（2008）は，2つの格付け会社の指標を利用して格付けが対国債スプレッドに与える影響を検証している。ここではAA格付けを基準にAA＋とAA−の効果をみているが，一方の指標ではそれらの効果は期待通りに推定されているのに対し，他方の指標ではAA＋の効果は有意ではなかった。一方で石川（2007）は，この2つの指標に加え，双方を合成した指標を用いて推定を行い，ほぼ期待通りの結果を示している。ただし，中里（2008）や石川（2007）の推定では，一部のモデルで一部の財政指標の効果が有意に推定されている。Liu（2012）が指摘しているように，利回りを説明する回帰分析で，格付け指標に条件づけたうえで，財政リスクを表す他の指標が影響を与えるのならば，当該格付けは地方債リスクを評価するに重要な情報を含んでいないと推測できる。つまり，日本においても格付けは完全でないと考えられる。

　また格付け自体が完全であったとしても，すべての地方政府が格付けされるとは限らないから，公債を発行するすべての地方政府の財政・財務情報を開示・提供することも地方債市場を有効に働かせるための手段となりうる。たとえば，米国地方債データを利用した一連の研究では，古くから公債価格は開示情報の幅や質の増加に反応することを示している（たとえば，Reck and Wilson 2006）。たとえば，Fairchild and Koch（1998）は市町村に対する州による情報開示義務の有無が金利コストに与える影響を検証し，開示義務がある州では地方債の金利が平均して14bp低いことを示している。日本でも2007年に「地方公共団体の財政の健全化に関する法律」（健全化法）が成立し，2008年決算から4つの「健全化判断比率」が各地方公共団体に対して算定されるようになった。これらの指標は，地方財政の悪化や再建の必要性を早期に発見するために，地方財政の情報を適切に提供することを意図したものである。また，地方債制度も2006年に許可制度から協議制度に変わり，さらに2011年に協議制度から届出制度へと変化している。菅原（2013）は健全化法の効果に関して実証分析を行っているが，これらの制度変更が地方債市場に与えた影響を検証するさらなる実証分析が待たれるところである。

3.2 地方債の規制

　地方債市場の環境整備が進んだとしても，地方債のリスクを正確に反映した価格付けが不可能であるならば，市場規律だけでは問題は解決できない可能性がある。すでに概観したように，地方債務に対する経常的な財政補助，アドホックな救済の可能性，そして信用漏出などが存在する場合は，市場で決定する地方債価格が歪み，過剰な地方債務の蓄積が進んでしまうおそれもある。したがって，地方債の発行が何らかのかたちで規制されることが望ましい場合も存在するであろう。実際のところ，多くの国において地方債発行はさまざまなかたちの規制を受けている。Ter-Minassian and Craig（1997）は，そのような規制を，①市場規律＝市場整備（market discipline），②行政による規制（administrative constraints），③ルールに基づいた統制（rule-based controls），および④政府間協約（cooperative arrangements）の4つに区分し，複数の国における規制の現状を説明しているが，追加的な議論については Ter-Minassian（2007）や土居ほか（2005）に譲り，以下では地方債規制の効果に関する実証分析を概観することにしよう。

国内データを用いた分析

　国別の実証分析に関しては，州によって異なる制度をもつアメリカを対象にした研究が多い。アメリカの州政府による市町村債に対する典型的な規制方法には，債務が一定の限度を超えると発行を禁止する方法（上限設定）と発行ごとに住民の投票により是非を問う方法（住民投票）がある。州が異なると上限設定の方法（課税ベースの一定割合等）や上限値そのものが異なり，住民投票においては過半数以上の賛成投票数を必要とする場合がある。これらの効果を検証した研究は複数あるが，たとえば，人口1万人以上の約2000の市町村データを用いた Farnham（1985）は，債務削減に対し住民投票は効果がない一方で，上限設定は効果を有することを示している。また Dove（2016）は，1893年恐慌における実際のデフォルト・データを用いて興味深い分析を行っている。そこでは，上限設定を①課税ベースに基づく方法と②それ以外に分け，さらに③上限を超えると追加規定がある場合と，④法令によって州が基礎自治体を救済

できない場合も考慮し、デフォルト確率が①と③で減少し、②と④で増加したことを示している。

　加えて、アメリカの州政府は州憲法や州法を通じて BBR を課している。このルールが州債を含む州の財政活動に与える影響については決定的な合意はないようだ。たとえば、Abrams and Dougan（1986）は州歳出に対する有意な効果を認めていない。また一方で州債務に対する効果については、Endersby and Towle（1997）が債務を〈増加させる〉という結果を得ている。このような結果は、BBR には赤字を可能とするさまざまな抜け穴が存在し（Granof 1984）、その実質的な制約の強さが州によって異なるためであろう。この点を鑑み、Hou and Smith（2010）や Smith and Hou（2013）は BBR を細分化して州歳出への効果を分析し、一部の BBR の形態のみが効果をもつことを示している。

　アメリカ以外でも、国内地方データを用いた研究は欧州諸国を中心としていくつか存在する。とくに EU 加盟国では「安定・成長協定」に関連して、国内の地方債務を統制するための規制が設けられている。実際の規制は国によって異なるが、スペインおよびイタリアにおける当該規制の効果を検証した研究（Cabasés et al. 2007；Monacelli et al. 2016）では、双方とも当該規制は地方債務の統制に役立ったという結論を得ている。

　EU 非加盟国に関しては、ノルウェーとスイスを対象とした研究がある。ノルウェーでは、BBR を破った基礎自治体は中央政府によって厳しい管理下に置かれる。Hopland（2013）はこの制度の効果を検証し、管理下に置かれた地方政府は管理から逃れるために債務を縮小することを示している。また Burret and Feld（2018）は、スイスの州政府に対する債務抑制（debt brake）ルールの効果を検証し、当該ルールは債務減少と財政調整を迅速化させる一方で、ルールが適用されない会計へ資金を移動させ、実質的に歳出を増加させることを示している。

国際データを用いた分析

　上記の国別の実証分析はおおよそ地方債規制は何らかの効果をもち、多くの場合、地方債務を抑制することを示唆している。その一方で、国際データを用いた初期の同様の研究では〈予想される結果〉は頑健には示されていなかった。

たとえば，von Hagen and Eichengreen（1996）は，地方債を規制している国は地方債務が多いという「意外な」結果を得ている。また Fornasari et al.（2000）は，財政赤字（したがって地方債発行）に対する地方債規制の効果は推定パターンを変えると符号が異なることを示している。これらの研究では地方債規制の〈ある・なし〉だけを示すダミー変数が利用されている点に留意したい。しかし既述のように地方債規制の方法は複数存在するから，その方法によってその効果も異なることは十分に考えられる。

後に続く研究では，この課題に対し2つの方法がとられている。ひとつは，複数の規制方法の相対的な強さを加味して「規制の強さ」を表す総合指標を作成・利用する方法である。たとえば，Rodden（2002）は国別の規制の強さを1から5の数値で表す指標[15]を用いている。この研究は地方が中央から受け取る財政移転の大きさ（垂直的財政不均衡）が規制の効果に与える影響も考慮し，その大きさに応じて地方債規制の効果が変化することを示している。また，Foremny（2014）は異なる総合指標[16]を利用し，国家制度の違い（連邦か単一か）を考慮しながら地方債規制の効果を検証している。その結果，財政赤字減少に対する規制の効果は（EU内の）連邦国家では有意ではないが，単一国家では有意になることが示されている。最後に，Kotia and Lledó（2016）は欧州委員会によるデータから作成した5分野別[17]の指標を利用して推定を行い，ほとんどの場合[18]，5分野とも規制は地方政府のプライマリー・バランスを増加させる一方で，垂直的財政不均衡はそれらの効果を減少させることを示している。

いまひとつは，複数の規制方法ごとにダミー変数を用いる方法である。Singh and Plekhanov（2005）は，既述の Ter-Minassian and Craig（1997）による4区分①〜④のうち，③に基づいた統制を③-a 中央によるルールと③-b 自己によるルールに分け，それに②と④を加えた全4つの規制方法を表すダミー変数を用いて検討している。③-b には効果は認められなかったが，他の3つの方法

---

15) Inter-American Development Bank（1997）によるものである。
16) この指標は European Commission（2009）の指標と同様の作成手法に従っている。
17) 法的基礎（statutory base），情報監視と執行（monitoring and enforcement），不遵守（non-compliance），報道（media visibility），および柔軟性（flexibility）からなる。
18) 例外は内生性を考慮しない級内推定の場合で「不遵守」が有意ではない。

の効果は，垂直的財政不均衡や中央・連邦政府の財政余剰の度合いによって影響を受けることが示されている。その一方で，Martinez-Vazquez and Vulovic (2016) は元の 4 区分に③-a と③-b，および「債権市場における資金調達の禁止」を加えた 6 区分を考慮しているが，プライマリー・バランスへの影響については有意かつ頑健な結果は得られていない。この結果は，他の研究が OECD 諸国か EU 諸国を対象にしているのに対し，発展途上国をも含む 57 の国々を対象にしていることに起因するのかもしれない。

おわりに

　本章では，経済学的方法を用いた研究に焦点を絞りながら，地方債に関連する先行研究を，日本だけではなく海外の研究も対象にして整理・紹介した。ここでの主な目的は，地方債にかかる問題が経済学的手法によってどのように概念化・理論化され，また，そこから生まれた複数の命題が数量的な分析手法によってどのように検証されてきたかを伝えることであった。結果として，紹介した研究の大部分は海外の研究となり，実証分析でさえ日本を対象とした研究は圧倒的に少ないことがわかった。地方債制度は国によって異なる部分が大きく，それゆえ他国の経験が有益である場合も多い。さらに，日本は独自の地方債改革を展開してきた国であり，その分析を可能とする質の高い地方財政データを容易に入手できる数少ない国でもある。これらを鑑みると，日本を対象にした研究成果を海外に対して十分に発信できていない現状は残念なことである。日本における今後の研究に求められることの 1 つは，国の特殊性を超えた枠組みを用いて日本における地方債の経験・課題を捉え直し，他国にとっても経済学的に意義のある「研究上の問い」をみつけ，かつ，それに答えることに取り組み続けることであろう。

参考文献
石川達哉（2007）「市場公募地方債の流通利回りと信用リスク」『ニッセイ基礎研究所・経済調査レポート』No.2007-01

神取道宏（2014）『ミクロ経済学の力』日本評論社

近藤春生・宮本拓郎（2010）「都市の財政運営と政治経済学——『政府の分極化仮説』と財政赤字の関係に着目した実証分析」『公共選択の研究』第 55 号，5〜19 頁

菅原宏太（2013）「地方財政健全化法の施行と地方公共団体の健全化行動——関西の市町村データによる考察」『会計検査研究』第 47 号，39〜54 頁

鈴木崇文（2018）「自治体間の課税ベースの重複が市場公募地方債の応募者利回りに与える影響」日本地方財政学会第 26 回大会（甲南大学）報告論文

田中宏樹（2012）「地方債をめぐる自治体間信用連関——市場公募債パネルデータを用いた実証分析」『証券経済研究』第 78 号，69〜79 頁

田村健一（2006）「地方財政悪化の政治経済学的分析」『早稲田政治公法研究』第 83 号，1〜28 頁

土居丈朗・林伴子・鈴木伸幸（2005）「地方債と地方財政規律——諸外国の教訓」ESRI Discussion Paper Series No. 155，内閣府社会経済総合研究所

中里透（2008）「財政収支と債券市場——市場公募地方債を対象とした分析」『日本経済研究』第 58 号，1〜16 頁

野口悠紀雄（1982）『公共経済学』日本評論社

畑農鋭矢（2009）『財政赤字と財政運営の経済分析——持続可能性と国民負担の視点』有斐閣

畑農鋭矢・林正義・吉田浩（2015）『財政学をつかむ（新版）』有斐閣

林正義・小川光・別所俊一郎（2010）『公共経済学』有斐閣

Abrams, B. and W. Dougan (1986) "The Effects of Constitutional Restraints on Government Spending," *Public Choice*, 49(2), pp.101-106.

Akai, N. (1994) "Ricardian Equivalence for Local Government Bonds: Budget Constraint Approach,"*Economics Letters*, 44(1-2), pp.191-195.

Alesina, A. and A. Drazen (1991) "Why are Stabilizations Delayed?" *American Economic Review*, 81(5), pp.1170-1188.

Alesina, A. and G. Tabellini (1990) "A Positive Theory of Fiscal Deficits and Government Debt,"*Review of Economic Studies*, 57(3), pp.403-414.

Alesina, A., G. Cohen and N. Roubini (1992) "Macroeconomic Policies and Election in OECD Democracies," *Economics & Politics*, 4, pp.1-30.

Allen, A. C. and D. M. Dudney (2008) "The Impact of Rating Agency Reputation on Local Government Bond Yields," *Journal of Financial Services Research*, 33(1), pp.57-76.

Allen, A. C., G. Sanders and D. M. Dudney (2009) "Should More Local Governments Purchase a Bond Rating?" *Review of Quantitative Finance and Accounting*, 32(4), pp.421-438.

Allers, M. A. (2015) "The Dutch Local Government Bailout Puzzle," *Public Administration*, 93(2), pp.451-470.

Alt, J. E. and R. C. Lowry (1994) "Divided Government, Fiscal Institutions and Budget Deficits: Evidence from the States," *American Political Science Review*, 88(4), pp.811-828.

Ashworth, J., B. Geys and B. Heyndels (2005) "Government Weakness and Local Public Debt

Development in Flemish Municipalities," *International Tax and Public Finance*, 12(4), pp.395–422.

Barro, R. J. (1974) "Are Government Bonds Net Wealth?" *Journal of Political Economy*, 80(6), pp.1095–1117.

Barro, R. J. (1987) "On the Determination of Public Debt," *Journal of Political Economy*, 87(5), pp.940–971.

Baskaran, T. (2012) "Soft Budget Constraints and Strategic Interactions in Subnational Borrowing: Evidence from the German States, 1975–2005," *Journal of Urban Economics*, 71, pp.114–127.

Benjamin, D. K. and L. A. Kochin (1982) "A Proposition on Windfalls and Taxes When Some but not All Resources are Mobile," *Economic Inquiry*, 20(3), pp.393–404.

Besley, T. J. and A. C. Case (1995) "Incumbent Behavior: Vote Seeking, Tax Setting and Yardstick Competition," *American Economic Review*, 85(1), pp.25–45.

Bessho, S. and H. Ogawa (2015) "Fiscal Adjustment in Japanese Municipalities," *Journal of Comparative Economics*, 43(4), pp.1053–1068.

Blais, A. and R. Nadeau (1992) "The Electoral Budget Cycles," *Public Choice*, 74(4), pp.389–403.

Borck, R., F. M. Fossen, R. Freier and T. Martina (2015) "Race to the Debt Trap? Spatial Econometric Evidence on Debt in German Municipalities," *Regional Science and Urban Economics*, 53, pp.20–37.

Bordignon, M. and G. Turati (2009) "Bailing out Expectations and Public Health Expenditure," *Journal of Health Economics*, 28(2), pp.305–321.

Bowen, W. G., R. G. Davis and D. H. Kopf (1961) "The Public Debt: A Burden on Future Generations?" *American Economic Review*, 50(4), pp.701–706.

Bruce, N. (1995) "A Fiscal Federation Analysis of Debt Policies by Sovereign Regional Governments," *Canadian Journal of Economics*, 28(s1), pp.195–206.

Brueckner, J. K. (2003) "Strategic Interaction among Governments: An Overview of Empirical Studies," *International Regional Science Review*, 26(2), pp.175–188.

Buchanan, J. M. (1975) "The Samaritan's Dilemma," in E. S. Phelps ed., *Altruism, Morality and Economic Theory*, Russel Sage.

Buchanan, J. M. (1976) "Barro on the Ricardian Equivalence Theorem," *Journal of Political Economy*, 84(2), pp.337–342.

Buchanan, J. M. and R. E. Wagner eds. (1978) *Fiscal Responsibility in Constitutional Democracy*, Kluwer Academic Publishers.

Buettner, T. (2009) "The Contribution of Equalization Transfers to Fiscal Adjustment: Empirical Results for German Municipalities and a US-German Comparison," *Journal of Comparative Economics*, 37(3), pp.417–431.

Buettner, T. and D. E. Wildasin (2006) "The Dynamics of Municipal Fiscal Adjustment," *Journal of Public Economics*, 90 (6–7), pp.1115–1132.

Burret, H. T. and L. P. Feld (2018) "(Un-)intended Effects of Fiscal Rules," *European Journal of Political Economy*, 52, pp.166–191.

Cabasés, F., P. Pascual and J. Vallés (2007) "The Effectiveness of Institutional Borrowing Restrictions: Empirical Evidence from Spanish Municipalities," *Public Choice*, 131(3-4), pp.293-313.

Capeci, J. (1991) "Credit Risk, Credit Ratings, and Municipal Bond Yields: A Panel Study," *National Tax Journal*, 44(4), pp.41-56.

Cioffi, M., G. Messina and P. Tommasino (2012) "Parties, Institutions and Political Budget Cycles at the Municipal Level," *Temi di Discussione*, Economic Working Papers 885, Bank of Italy, Economic Research and International Relations Area.

Coe, C. K. (2007) "Preventing Local Government Fiscal Crises: The North Carolina Approach," *Public Budgeting & Finance*, 27(3), pp.39-49.

Culyer, A. J. ed. (2014) *The Dictionary of Health Economics*, 3rd ed., Edward Elgar.

Daly, G. G. (1969) "The Burden of the Debt and Future Generations in Local Finance," *Southern Economic Journal*, 36(1), pp.44-51.

Dove, J. A. (2016) "Do Fiscal Constraints Prevent Default? Historical Evidence from U. S. Municipalities," *Economics of Governance*, 17(2), pp.185-209.

Endersby, J. W. and M. J. Towle (1997) "Effects of Constitutional and Political Controls on State Expenditures," *Publius*, 27(1), pp.83-98.

Epple, D. and K. Schipper (1981) "Municipal Pension Funding: A Theory and Some Evidence," *Public Choice*, 37(1), pp.141-178.

European Commission (2009) "Fiscal Rules, Independent Institutions and Medium-term Budgetary Frameworks," *Public Finances in EMU 2009*, pp.87-99.

Fairchild, L. M. and T. W. Koch (1998) "The Impact of State Disclosure Requirements on Municipal Yields," *National Tax Journal*, 51(4), pp.733-753.

Farnham, P. G. (1985) "Re-examining Local Debt Limits: A Disaggregated Analysis," *Southern Economic Journal*, 51(4), pp.1186-1201.

Feld, L. P., A. Kalb, M. D. Moessinger and S. Osterloh (2017) "Sovereign Bond Market Reactions to No-bailout Clauses and Fiscal Rules: The Swiss Experience," *Journal of International Money and Finance*, 70, pp.319-343.

Foremny, D. (2014) "Sub-national Deficits in European Countries: The Impact of Fiscal Rules and Tax Autonomy," *European Journal of Political Economy*, 34, pp.86-110.

Fornasari, F., S. B. Webb and H. Zou (2000) "The Macroeconomic Impact of Decentralized Spending and Deficits: International Evidence," *Annals of Economics and Finance*, 1(2), pp.403-433.

Frey, B. S. (1978) "Politico-economic Models and Cycles," *Journal of Public Economics*, 9(2), pp.203-220.

Goeminne, S. and C. Smolders (2010) "Strategic Use of Debt in Flemish Municipalities," *The B. E. Journal of Economic Analysis & Policy (Topics)*, 10(1), Article 58.

Goodspeed, T. J.(2002)"Bailouts in a Federation,"*International Tax and Public Finance*, 9(4), pp.409-421.

Granof, M. H. (1984) "A Fundamental Flaw of Debt Limitation for State and Local Government," *Journal of Accounting and Public Policy*, 3(4), pp.293-310.

Greer, R. A. (2015) "Overlapping Local Government Debt and the Fiscal Common," *Public Finance Review*, 43(6), pp.762–785.

Hatfield, J. W. (2010) "Ricardian Equivalence for Local Government Bonds: A Utility Maximization Approach," *Economics Letters*, 107(2), pp.148–151.

Hayashi, M. and W. Yamamoto (2017) "Information Sharing, Neighborhood Demarcation, and Yardstick Competition: An Empirical Analysis of Intergovernmental Expenditure Interaction in Japan," *International Tax and Public Finance*, 24(1), pp.134–163.

Heinemann, F. and T. Hennighausen (2012) "Understanding Public Debt Preferences," *FinanzArchiv*, 68(4), pp.406–430.

Hinnerich, B. T. (2009) "Do Merging Local Governments Free Ride on Their Counterparts when Facing Boundary Reform?" *Journal of Public Economics*, 93(5–6), pp.721–728.

Hirota, H. and H. Yunoue (2017) "Evaluation of the Fiscal Effect on Municipal Mergers: Quasi-experimental Evidence from Japanese Municipal Data," *Regional Science and Urban Economics*, 66, pp.132–149.

Hopland, A. O. (2013) "Central Government Control and Fiscal Adjustment: Norwegian Evidence," *Economics of Governance*, 14(2), pp.185–203.

Hou, Y. and D. L. Smith (2010) "Do State Balanced Budget Requirements Matter? Testing Two Explanatory Frameworks," *Public Choice*, 145(1–2), pp.57–79.

Ingram, R. W. and R. M. Copeland (1982) "State Mandated Accounting, Auditing and Finance Practices and Municipal Bond Ratings," *Public Budgeting & Finance*, 2(1), pp.19–29.

Inter-American Development Bank (1997) *Latin America after a Decade of Reforms: Economic and Social Progress in Latin America: 1997 Report*, Inter-American Development Bank.

Jensen, R. and E. F. Toma (1991) "Debt in a Model of Tax Competition," *Regional Science and Urban Economics*, 21(3), pp.371–392.

Jordahl, H. and C.-Y. Liang (2010) "Merged Municipalities, Higher Debt: On Free-riding and the Common Pool Problem in Politics," *Public Choice*, 143(1–2), pp.157–172.

Keen, M. (1998) "Vertical Tax Externalities in the Theory of Fiscal Federalism," IMF Staff Papers, 45(3), pp.454–485.

Kotia, A. and V. D. Lledó (2016) "Do Subnational Fiscal Rules Foster Fiscal Discipline? New Empirical Evidence from Europe," IMF Working Paper WP/16/84.

Labonne, J. (2016) "Local Political Business Cycles: Evidence from Philippine Municipalities," *Journal of Development Economics*, 121, pp.56–62.

Lago-Peñas, S. (2005) "Evolving Federations and Regional Public Deficits: Testing the Bailout Hypothesis in the Spanish Case," *Environment and Planning C: Government and Policy*, 23(3), pp.437–453.

Landon, S. and C. E. Smith (2000) "Government Debt Spillovers and Creditworthiness in a Federation," *Canadian Journal of Economics*, 33(3), pp.634–661.

Landon, S. and C. E. Smith (2007) "Government Debt Spillovers in a Monetary Union," *North American Journal of Economics and Finance*, 18(2), pp.135–154.

Lane, T. D. (1993) "Market Discipline," IMF Staff Papers, 40, pp.53–88.

Leeds, M. A. (1985) "Property Values and Pension Underfunding in the Local Public Sector,"

Journal of Urban Economics, 18, pp.34–46.

Liu, G. (2012) "Municipal Bond Insurance Premium, Credit Rating, and Underlying Credit Risk," *Public Budgeting & Finance*, 32(1), pp.128–156.

Liu, P. and F. J. Seyyed (1991) "The Impact of Socioeconomic Variables and Credit Ratings on Municipal Bond Risk Premia," *Journal of Business Finance & Accounting*, 18(5), pp.735–746.

MacKay, R. (2014) "Implicit Debt Capitalization in Local Housing Prices: An Example of Unfunded Pension Liabilities," *National Tax Journal*, 67(1), pp. 77–112.

Mačkić, V. (2014) "Political Budget Cycles at the Municipal Level in Croatia," *Financial Theory and Practice*, 38(1), pp.1–35.

Martinez-Vazquez, J. and V. Vulovic (2016) "How Well Do Subnational Borrowing Regulations Work?" International Center for Public Policy, Working Paper 16-01, Andrew Young School of Policy Studies, Georgia State University.

McCubbins, M. (1991) "Party Governance and U. S. Budget Deficits: Divided Government and Fiscal Stalemate," in A. Alesina and G. Carliner eds., *Politics and Economics in the 1980s*, National Bureau of Economic Research and University of Chicago Press.

Micheli, M. (2016) "Local Governments' Indebtedness and its Impact on Real Estate Prices," Ruhr Economic Papers #605, Department of Economics, Ruhr-Universität Bochum (RUB).

Molina-Parra, A. and D. Martínez-López (2018) "Do Federal Deficits Motivate Regional Fiscal (im)balances? Evidence for the Spanish Case," *Journal of Regional Science*, 58(1), pp.224–258.

Monacelli, D., M. G. Pazienza and C. Rapallini (2016) "Municipality Budget Rules and Debt: Is the Italian Regulation Effective?" *Public Budgeting & Finance*, 36(3), pp.114–140.

Nakazawa, K. (2016) "Amalgamation, Free-rider Behavior, and Regulation," *International Tax and Public Finance*, 23(5), pp.812–833.

Nordhaus, W. (1975) "The Political Business Cycles," *Review of Economic Studies*, 42(2), pp.169–190.

Padovano, F. (2014) "Distribution of Transfers and Soft Budget Spending Behaviors: Evidence from Italian Regions," *Public Choice*, 161(1–2), pp.11–29.

Pauly, M. V. (1968) "The Economics of Moral Hazzard: Comment," *American Economic Review*, 58(3), pp. 531–537.

Persson, L. (2016) "Government Consumption Smoothing in a Balanced Budget Regime," *International Tax Public Finance*, 23(2), pp.289–315.

Persson T. and L. Svensson (1989) "Why a Stubborn Conservative would Run a Deficit Policy with Time Inconsistent Preferences," *Quarterly Journal of Economics*, 104(2), pp.325–345.

Pettersson-Lidbom, P. (2001) "An Empirical Investigation of the Strategic Use of Debt," *Journal of Political Economy*, 109(3), pp.570–583.

Pettersson-Lidbom, P. (2010) "Dynamic Commitment and the Soft Budget Constraint: An Empirical Test," *American Economic Journal: Economic Policy*, 2(3), pp.154–179.

Poterba, J. M. (1994) "State Responses to Fiscal Crises: The Effects of Budgetary Institutions and Politics," *Journal of Political Economy*, 102(4), pp.799–821.

Puelz, R. and A. Snow (1997) "Optimal Incentive Contracting with Ex Ante and Ex Post Moral Hazards: Theory and Evidence," *Journal of Risk and Uncertainty*, 14(2), pp. 169–188.

Qian, Y. and G. Roland (1998) "Federalism and the Soft Budget Constraint," *American Economic Review*, 88(5), pp.1143–1162.

Reck, J. L. and E. R. Wilson (2006) "Information Transparency and Pricing in the Municipal Bond Secondary Market," *Journal of Accounting and Public Policy*, 25(1), pp.1–31.

Reingewertz, Y. (2015) "Political Fragmentation and Fiscal Status: Evidence from Municipalities in Israel," *Local Government Studies*, 41(5), pp.774–793.

Ricardo, D. (1820/1888) "Essay on the Funding System," in J. R. McCulloch ed., *The Works of David Ricardo: With a Notice of the Life and Writings of the Author*, John Murray.

Rivers, M. J. and B. M. Yates (1997) "City Size and Geographic Segmentation in the Municipal Bond Market," *Quarterly Review of Economics and Finance*, 37(3), pp.633–645.

Rodden, J. (2002) "The Dilemma of Fiscal Federalism: Grants and Fiscal Performance around the World," *American Journal of Political Science*, 46(3), pp.670–687.

Rodden, J. and G. S. Eskeland (2003) "Lessons and Conclusions," in J. A. Rodden, G. S. Eskeland and J. Litvack eds., *Fiscal Decentralization and the Challenge of Hard Budget Constraints*, MIT Press.

Roubini, N. and J. D. Sachs (1989) "Political and Economic Determinants of Budget Deficits in the Industrial Democracies," *European Economic Review*, 33(5), pp.903–938.

Schultz, C. and T. Sjöström (2001) "Local Public Goods, Debt and Migration," *Journal of Public Economics*, 80(2), pp.313–337.

Sedmihradská, L. and R. Kubík and J. Haas (2011) "Political Business Cycle in Czech Municipalities," *Prague Economic Papers*, 1, pp.59–70.

Singh, R. and A. Plekhanov (2005) "How Should Subnational Government Borrowing be Regulated? Some Cross-Country Empirical Evidence,"IMF Working Paper WP/05/54, International Monetary Fund.

Sjahrir, B. S. and K. Kis-Katos and G. G. Schulze (2013) "Political Business Cycles in Local Indonesia," Discussion Paper Series 23, Department of International Economic Policy, University of Freiburg.

Skilling, D. and R. J. Zeckhauser (2002) "Political Competition and Debt Trajectories in Japan and the OECD," *Japan and the World Economy*, 14(2), pp.121–135.

Smith, D. L. and Y. Hou (2013) "Balanced Budget Requirements and State Spending: A Long-panel Study," *Public Finance & Budgeting*, 33(2), pp.1–18.

Sorribas-Navarro, P. (2011) "Bailouts in a Fiscal Federal System: Evidence from Spain," *European Journal of Political Economy*, 27(1), pp.154–170.

Stadelmann, D. and R. Eichenberger (2014) "Public Debts Capitalize into Property Prices: Empirical Evidence for a New Perspective on Debt Incidence," *International Tax and Public Finance*, 21(3), pp.498–529.

Stallmann, J. I., S. Deller, L. Amiel, S. Deller and C. Maher (2012) "Tax and Expenditure limitations and State Credit Ratings," *Public Finance Review*, 40(5), pp.643–669.

Strazicich, M. C. (1996) "Are State and Provincial Governments Tax Smoothing? Evidence from Panel Data," *Southern Economic Journal*, 62(4), pp.979–988.

Strazicich, M. C. (1997) "Does Tax Smoothing Differ by the Level of Government? Time Series Evidence from Canada and the United States," *Journal of Macroeconomics*, 19(2), pp.305–326.

Ter-Minassian, T. (2007) "Fiscal Rules for Subnational Governments: Can They Promote Fiscal Discipline?" *OECD Journal on Budgeting*, 6(3), pp.1–11.

Ter-Minassian, T. and J. Craig (1997) "Control of Subnational Government Borrowing," in T. Ter-Minassian ed., *Fiscal Federalism in Theory and Practice*, International Monetary Fund.

Tsebelis, G. (1995) "Decision-making in Political Systems: Veto Players in Presidentialism, Parliamentarism, Multicameralism and Multipartyism," *British Journal of Political Science*, 25(3), pp.289–325.

Veiga, L. G. and F. J. Veiga (2007) "Political Business Cycles at the Municipal Level," *Public Choice*, 131(1–2), pp.45–64.

Velasco, A. (2000) "Debts and Deficits with Fragmented Fiscal Policymaking," *Journal of Public Economics*, 76(1), pp.105–125.

von Hagen, J. and B. Eichengreen (1996) "Federalism, Fiscal Restraints, and European Monetary Union," *American Economic Review*, 86(2), pp.134–138.

von Hagen, J. and I. Harden (1995) "Budget Processes and Commitment to Fiscal Discipline," *European Economic Review*, 39(3–4), pp.771–779.

Wagner, R. E. (1970) "Optimality in Local Debt Limitation," *National Tax Journal*, 23(3), pp.297–305.

Weingast, B., K. Shepsle and C. Johnsen (1981) "The Political Economy of Benefits and Costs: A Neoclassical Approach to Distributive Politics," *Journal of Political Economy*, 89(4), pp.642–664.

Wildasin, D. E. (1988) "Nash Equilibria in Models of Fiscal Competition," *Journal of Public Economics*, 35(2), pp.229–240.

（林正義）

資 料 編

地方債の動態的実証分析──アンケート調査

1 目　的

　日本における地方債に関して公的資金の縮減と民間資金の拡大が進み，また金融市場環境が変化の兆しを見せる中，地方公共団体がひきつづき低利で安定的な資金調達を行うためには調達方法や起債運営などに様々な創意工夫が求められると考えられる。このような背景のもと本アンケートでは，地方公共団体と金融機関等がどのように地方債市場の現状や課題を認識・評価し，いかに対処しようとしているかについての基礎データを得ようとするものである。

2　調 査 項 目

上記の目的意識から下記の項目について行った。
地方公共団体向け調査　　(1)　資金の優先度
　　　　　　　　　　　　　(2)　市場公募債（個別債）
　　　　　　　　　　　　　(3)　銀行等引受債
　　　　　　　　　　　　　(4)　住民参加型市場公募地方債
　　　　　　　　　　　　　(5)　一時借入金
　　　　　　　　　　　　　(6)　指定金融機関との関係
金融機関向け調査　　　　 (1)　市場公募債（個別債）
　　　　　　　　　　　　　(2)　銀行等引受債
　　　　　　　　　　　　　(3)　指定金融機関

3　調査実施状況

(1)　実施時期　　平成 27 年 10 月〜11 月
(2)　実施対象　　地方公共団体：全都道府県・特別区・市町村（1,807 団体）
　　　　　　　　　金融機関等：都市銀行，地方銀行，第二地方銀行，信託銀行，信用金庫，信用
　　　　　　　　　　　　　　　組合，労働金庫，農協，大手証券会社，大手生命保険会社（1,293
　　　　　　　　　　　　　　　機関）
(3)　実施方法　　郵送による質問紙法，回答は郵送と ASP 調査システムの併用，記名回答
(4)　回収状況　　地方公共団体：1,456 団体（回収率 80.6％）
　　　　　　　　　金融機関等：481 機関（回収率 37.2％）

4 地方公共団体向けアンケート結果

◆ 回答者の属性

団体の種別	団体	割合（%）
都道府県	44	3.0
政令市	18	1.2
一般市・特別区（東京23区）	701	48.1
町村	693	47.6
合計	1,456	100.0

1 資金の優先度

質問1 起債するにあたり，調達する資金の種類についておたずねします。次の資金のうち，優先的に利用する資金はどれですか。順に4つまで，番号でお答えください。

(上段は団体数，下段のかっこ内は割合)

選択肢	第1位	第2位	第3位	第4位
(1) 公的資金 （財政融資資金）	956 (66.3%)	287 (20.4%)	115 (8.5%)	54 (5.2%)
(2) 公的資金 （地方公共団体金融機構資金）	180 (12.5%)	874 (62.1%)	234 (17.3%)	66 (6.4%)
(3) 民間等資金 （市場公募資金）	15 (1.0%)	8 (0.6%)	40 (3.0%)	56 (5.4%)
(4) 民間等資金 （銀行・その他金融機関）	186 (12.9%)	165 (11.7%)	599 (44.4%)	396 (38.2%)
(5) 民間等資金 （市町村共済組合等）	70 (4.9%)	70 (5.0%)	341 (25.3%)	435 (41.9%)
(6) 起債していない	5 (0.3%)	0 (0.0%)	0 (0.0%)	12 (1.2%)
(7) その他	31 (2.1%)	3 (0.2%)	20 (1.5%)	18 (1.7%)
合計	1,443 (100.0%)	1,407 (100.0%)	1,349 (100.0%)	1,037 (100.0%)

　　※「(7) その他」に関する自由記述例：①県貸付金。②住民参加型公募地方債。③市町村振興協会。④交付税の措置率が高いものを優先的に借り入れし，その中で利率が低い資金を選択する。⑤優先度は特にない。⑥起債メニューによって資金区分が異なるため，一概に順位付けはできないが，調達コストを重視している。

2 市場公募債（個別債）

質問2-1 引受・借入先の選定で重視している点は何ですか。下記から最も該当するものを

1 つお選びください。
(1) 調達コストを重視（金利・利回り等）　　　　　　　　　　　144 団体（10.1%）
(2) 資金調達の安定性と調達コストをバランスさせること　　　　72 団体　（5.0%）
(3) 資金調達の安定性を重視　　　　　　　　　　　　　　　　　24 団体　（1.7%）
(4) 市場公募債の発行実績はない　　　　　　　　　　　　　 1,175 団体（82.2%）
(5) その他（具体的にご記入ください）　　　　　　　　　　　　15 団体　（1.0%）
　　　※その他に関する自由記述例：①実績がなく，現在のところ，今後も予定がない。②指定金融機関を 23 区で決めている。

質問 2-2　市場公募債（個別債）の金利軽減の手段として有効だと思われるものはどれですか。下記から該当するものをお選びください。（複数回答可）
(1) 個別 IR の実施　　　　　　　　　　　　　　　　　　　　　34 団体（14.0%）
(2) 海外 IR の実施　　　　　　　　　　　　　　　　　　　　　 3 団体　（1.2%）
(3) 格付の取得　　　　　　　　　　　　　　　　　　　　　　　24 団体　（9.9%）
(4) 償還年限の多様化（中期債，長期債，超長期債の発行）　　　62 団体（25.6%）
(5) 償還年限の統一（5 年や 10 年といった投資家ニーズの高い年数に揃える）
　　　　　　　　　　　　　　　　　　　　　　　　　　　　　　42 団体（17.4%）
(6) 起債額の調整（端数の調整，ロット拡大等）　　　　　　　　34 団体（14.0%）
(7) 主幹事方式の採用および企画競争入札等を通じた主幹事の選定
　　　　　　　　　　　　　　　　　　　　　　　　　　　　　　22 団体　（9.1%）
(8) 入札方式の採用　　　　　　　　　　　　　　　　　　　　　75 団体（31.0%）
(9) 特になし　　　　　　　　　　　　　　　　　　　　　　　　83 団体（34.3%）
(10) その他（具体的にご記入ください）　　　　　　　　　　　 10 団体　（4.1%）
　　　※その他に関する自由記述例：①市場公募地方債は，横並び意識が強く，個別に金利軽減を図ることは困難であるが，財政の健全化を進め，償還財源をしっかりと確保していくことが長期的に有効と思われる。②国債の償還月に発行。③定時償還の導入。

質問 2-3　市場公募債（個別債）の安定的な資金調達の手段として有効だと思われるものはどれですか。下記から該当するものをお選びください。（複数回答可）
(1) 個別 IR の実施　　　　　　　　　　　　　　　　　　　　　47 団体（19.6%）
(2) 海外 IR の実施　　　　　　　　　　　　　　　　　　　　　 6 団体　（2.5%）
(3) 格付の取得　　　　　　　　　　　　　　　　　　　　　　　34 団体（14.2%）
(4) 償還年限の多様化（中期債，長期債，超長期債の発行）　　　70 団体（29.2%）
(5) 償還年限の統一（5 年や 10 年といった投資家ニーズの高い年数に揃える）
　　　　　　　　　　　　　　　　　　　　　　　　　　　　　　58 団体（24.2%）
(6) 起債額の調整（端数の調整，ロット拡大等）　　　　　　　　38 団体（15.8%）
(7) シ団引受方式の採用　　　　　　　　　　　　　　　　　　　50 団体（20.8%）
(8) 特になし　　　　　　　　　　　　　　　　　　　　　　　　83 団体（34.6%）
(9) その他（具体的にご記入ください）　　　　　　　　　　　　12 団体　（5.0%）
　　　※その他に関する自由記述例：①各年度，発行を継続していくという PR。②市場公募地方債（2 年債，5 年債，10 年債）の発行にあたっては，発行額の引合い割当額（2

年債は8割，5年，10年債は6割）については，シ団各社に引合い割当額×シ団各社シェア以上の金額を応募するよう定めた引合方式を採用しているが，残額については，引合いで決まった発行条件でシ団各社シェアに従って引受を行っている。そのため，応募額が発行額に未達といった状態を防ぐことができ，安定的な資金調達を行っている。③共同発行。

③ 銀行等引受債

質問3-1　銀行等引受債の引受・借入先の選定頻度を教えてください。下記から最も該当するものを1つお選びください。

(1) 発行の都度，借入先の金融機関を選定している　　　　1,196団体（82.5％）
(2) 年度を通じ，借入先とする金融機関を選定している　　61団体　（4.2％）
(3) 指定金融機関からの借入と決めている（決まっている）　103団体　（7.1％）
(4) 銀行等引受債の発行実績はない　　　　　　　　　　　38団体　（2.6％）
(5) その他（具体的にご記入ください）　　　　　　　　　52団体　（3.6％）

　　　※その他に関する自由記述例：①基本的に指定金融機関を選定している。②財政融資の状況，借入額により選定。③指定金融機関からの借入を基本としているが，当市行政への貢献度に応じ，他機関からの借入を実施する年度もある。④公的資金が借りられない場合に，近隣の銀行から入札等で指定，数年に1度の頻度。⑤指定金融機関を中心としたシンジケート団からの借入としている。

質問3-2　引受・借入先の選定で重視している点は何ですか。下記から最も該当するものを1つお選びください。

(1) 調達コストを重視（金利・利回り等）　　　　　　　　997団体（69.5％）
(2) 資金調達の安定性と調達コストをバランスさせること　163団体（11.6％）
(3) 指定・指定代理・収納代理金融機関であること　　　　138団体　（9.8％）
(4) 指定金融機関であること　　　　　　　　　　　　　　87団体　（6.2％）
(5) その他（具体的にご記入ください）　　　　　　　　　41団体　（2.9％）

　　　※その他に関する自由記述例：①市内に支店を有する金融機関。②調達コストを第一に重視しながら，指定金融機関にも一定の配慮をする。③地方なので地元の金融機関（地銀・信金・農協）全てを指名して入札を行っている。④地元金融機関であること。「公金収納取扱高」が上位であること。⑤指定金融機関の借入枠を設け，枠外分について市内金融機関の見積り合わせにより選定。

質問3-3　銀行等引受債の金利軽減の手段として特に有効だと思われるものはどれですか。下記から該当するものをお選びください。（複数回答可）

(1) 入札や見積り合わせの実施　　　　　　　　　　　　1,262団体（89.8％）
(2) 定時償還・証書形式による起債　　　　　　　　　　106団体　（7.5％）
(3) 定時償還・証券形式による起債　　　　　　　　　　10団体　（0.7％）
(4) 満期一括・証書形式による起債　　　　　　　　　　1団体　（0.1％）
(5) 満期一括・証券形式による起債　　　　　　　　　　5団体　（0.4％）

（6）超長期債の発行　　　　　　　　　　　　　　　　　　　　14 団体　（1.0％）
（7）償還年限や据置期間の短期化（借換債の利用等）　　　　　448 団体（31.9％）
（8）起債の平年化（3 月末，5 月末以外の起債）　　　　　　　 65 団体　（4.6％）
（9）起債額の調整（端数の調整，条件が等しい複数の地方債をまとめる等）
　　　　　　　　　　　　　　　　　　　　　　　　　　　　　139 団体　（9.9％）
（10）固定金利方式の採用　　　　　　　　　　　　　　　　　　 97 団体　（6.9％）
（11）変動金利方式，利率見直し方式の採用　　　　　　　　　 314 団体（22.3％）
（12）特になし　　　　　　　　　　　　　　　　　　　　　　　 44 団体　（3.1％）
（13）その他（具体的にご記入ください）　　　　　　　　　　　 17 団体　（1.2％）
　　　　※その他に関する自由記述例：①平均償還年限を考慮した借入。②入札などに参加す
　　　る金融機関が取り組みやすい商品性，発行時期を検討する。③元金均等償還の採用。④
　　　基金積立等，取引総コストの低減策。⑤引受団との交渉。

**質問 3 - 4　銀行等引受債の安定的な調達の手段として特に有効だと思われるものはどれです
か。下記から該当するものをお選びください。（複数回答可）**
（1）シンジケートローンの採用　　　　　　　　　　　　　　　 66 団体　（4.7％）
（2）指定金融機関からの優先的借入　　　　　　　　　　　　　 496 団体（35.4％）
（3）指定代理・収納代理金融機関からの優先的借入　　　　　　 305 団体（21.7％）
（4）定時償還・証書形式による起債　　　　　　　　　　　　　 233 団体（16.6％）
（5）定時償還・証券形式による起債　　　　　　　　　　　　　 　6 団体　（0.4％）
（6）満期一括・証書形式による起債　　　　　　　　　　　　　 　3 団体　（0.2％）
（7）満期一括・証券形式による起債　　　　　　　　　　　　　 　7 団体　（0.5％）
（8）超長期債の発行　　　　　　　　　　　　　　　　　　　　 19 団体　（1.4％）
（9）償還年限や据置期間の短期化（借換債の利用等）　　　　　 195 団体（13.9％）
（10）起債の平年化（3 月末，5 月末以外の起債）　　　　　　　 85 団体　（6.1％）
（11）起債額の調整（端数の調整，条件が等しい複数の地方債をまとめる等）
　　　　　　　　　　　　　　　　　　　　　　　　　　　　　164 団体（11.7％）
（12）固定金利方式の採用　　　　　　　　　　　　　　　　　 141 団体（10.0％）
（13）変動金利方式，利率見直し方式の採用　　　　　　　　　 165 団体（11.8％）
（14）特になし　　　　　　　　　　　　　　　　　　　　　　 294 団体（21.0％）
（15）その他（具体的にご記入ください）　　　　　　　　　　　 19 団体　（1.4％）
　　　　※その他に関する自由記述例：①例年，入札への参加を呼びかける金融機関との信頼
　　　関係を築くなかで，毎年一定程度の入札金額の確保，ロットの設定に工夫を凝らしてい
　　　る。②過疎地域では，町内に支店等が立地する金融機関が少ないため，今後も支店等を
　　　存続してもらえるように配慮が必要。③銀行等引受債の発行（割当）額を一定程度維持
　　　させる。④貸し手である市内金融機関と日頃より連絡をとり意思疎通を図ることが重要。
　　　⑤シンジケート団などを組成し，複数の金融機関と継続的な調達を明確化し，あわせて
　　　金融機関が継続的に引き受けることができる商品性を検討する。⑥市内に事業所を有す
　　　る金融機関からの経常的・優先的な借入。⑦金融機関から起債の借入を断わられるケー
　　　スは想定していません。

質問3−5　10年物の銀行等引受債のうち定時償還に係る利率は，何を基準に決めていますか。下記から最も該当するものを1つお選びください。

(1) 共同発行市場公募債（発行金利）と同率　　　　　　　　49団体　（3.5%）
(2) 共同公募債（発行金利）＋α　　　　　　　　　　　　　28団体　（2.0%）
(3) 当該団体公募債（発行金利）と同率　　　　　　　　　　9団体　（0.6%）
(4) 類似団体公募債（発行金利）と同率　　　　　　　　　　9団体　（0.6%）
(5) 国債＋α　　　　　　　　　　　　　　　　　　　　　92団体　（6.6%）
(6) 入札　　　　　　　　　　　　　　　　　　　　　　907団体　（65.5%）
(7) 定時償還について平均償還年限（例：10年元利均等の場合6.75）と同一年限の国債や市場公募債をベースに利率を決定　　　　　　　　68団体　（4.9%）
(8) その他（具体的にご記入ください）　　　　　　　　223団体　（16.1%）

　　　※その他に関する自由記述例：①見積合わせ。②公的資金発行金利＋α。③スワップレート＋α。④長期プライムレート＋α。⑤借入直近のTIBOR，LIBORを参考に，適切と思われる利鞘を上乗せしたもの。⑥県が示す参考金利を基に金融機関と個別交渉。

④ 住民参加型市場公募地方債

質問4−1　近年，住民参加型市場公募地方債の発行額が減少していますが，その理由は何だと思いますか。下記から該当するものをお選びください。（複数回答可）

(1) 低金利等により個人投資家の投資意欲が減退しているため　　637団体　（44.9%）
(2) 住民参加債発行にふさわしい事業が減少しているため　　　288団体　（20.3%）
(3) 住民参加債発行にかかわるコストに見合う効果が得られないと想定されるため

　　　　　　　　　　　　　　　　　　　　　　　　　　　750団体　（52.9%）
(4) 住民参加債について金融機関等からの提案が減少しているため　60団体　（4.2%）
(5) その他（具体的にご記入ください）　　　　　　　　124団体　（8.7%）

　　　※その他に関する自由記述例：①発行実績がないため不明。②入札で借入した方が，低金利。手間がかかる。PR効果はあると思うが，低金利で借入したことの方が，住民に説明できる。③住民参加型市場公募を行うノウハウが公共団体に行き渡っていない。④ふるさと納税やクラウドファンディングの普及。⑤行政側の事務の増加，安定的な調達が難しくなること。

質問4−2　住民参加債の購入促進を図るために実施した，または実施を予定している具体策は何ですか。下記から該当するものをお選びください。（複数回答可）

(1) 金利を上乗せし，他の金融商品より優位性をもたせる　　　105団体　（7.4%）
(2) 特産物等商品を住民参加債の購入者全員に，または抽選でプレゼントする

　　　　　　　　　　　　　　　　　　　　　　　　　　　29団体　（2.0%）
(3) 商品の年限設定において見直しを行っている　　　　　　　1団体　（0.1%）
(4) 住民参加債発行の実績はない　　　　　　　　　　　1,234団体　（86.8%）
(5) その他（具体的にご記入ください）　　　　　　　　　77団体　（5.4%）

　　　※その他に関する自由記述例：①県広報誌（新聞紙面）を始めとする県広報媒体への掲載など。②購入条件の緩和（従来，市内に在住・在勤の個人及び市内に事業所等を有

する法人・団体に限り購入可能としていたが，その条件を撤廃した）。③住民の関心や注目が集まるような対象事業を選定した。④売れ残りについては，募集する金融機関が全て引き受けるため，特になし。⑤県や他市町村と共同で発行した。⑥投資家ニーズを踏まえた商品の開発，広報手段の多様化等。

5 一時借入金

質問5-1 過去5年間の一時借入金の借入先として，下記から該当するものをお選びください。（複数回答可）

(1) 指定・指定代理・収納代理金融機関	603団体	（41.7％）
(2) (1) 以外の金融機関	93団体	（6.4％）
(3) 借入の実績はない	769団体	（53.2％）
(5) その他（具体的にご記入ください）	64団体	（4.4％）

　　　　※その他に関する自由記述例：①公営企業会計。②水道事業会計現金の繰替使用。③主に財政調整基金より一時借入。④県。⑤地元にある金融機関と，町外でも貸付意欲のある金融機関で，急の手続の際，町でも当日対応可能な場所にある金融機関。

質問5-2 一時借入金の借り入れ条件はどのように決めていますか。下記から最も該当するものを1つお選びください。

(1) 利率は短期プライムレートが適用されており，借入限度額は借入先金融機関と交渉して決めている	66団体	（9.8％）
(2) 利率，借入限度額ともに借入先金融機関との交渉で決めている	326団体	（48.2％）
(3) 入札等を実施して，最も有利な条件を提示した金融機関から借り入れている	194団体	（28.7％）
(4) その他（具体的にご記入ください）	90団体	（13.3％）

　　　　※その他に関する自由記述例：①金融機関とあらかじめ契約を結んでいる。利率は短期プライムレートの変動に伴い金融機関から通知があれば契約を変更している。②指定金融機関との利率等との交渉を行い，条件が合わない場合は，町内の金融機関に対して，入札を行っている。③TIBORレート＋0.2％。③利率については，TIBORレートに0.5％を上乗せしたものを適用。④借入実行日2営業日前のTIBORの利率を用いる。

質問5-3 平成27年3月における一時借入金の契約金利（月中で契約金利が切り替わった場合には3月1日時点の契約金利）を教えてください。

(1) 0.50％未満	358団体	（60.2％）
(2) 0.50％以上，0.75％未満	85団体	（14.3％）
(3) 0.75％以上，1.00％未満	36団体	（6.1％）
(4) 1.00％以上，1.25％未満	34団体	（5.7％）
(5) 1.25％以上，1.50％未満	57団体	（9.6％）
(6) 1.50％以上，1.75％未満	13団体	（2.2％）
(7) 1.75％以上，2.00％未満	9団体	（1.5％）
(8) 2.00％以上	3団体	（0.5％）

6 指定金融機関との関係

質問6-1 現在，指定金融機関を指定していますか。指定している場合，その名称もお答えください。

(1) 指定している（金融機関名もお答えください）　※金融機関名は省略
1,420 団体（97.5％）
(2) 現在は指定していないが，指定する予定がある　　5 団体　（0.3％）
(3) 指定しておらず，今後も指定する予定はない　　31 団体　（2.1％）

質問6-2 指定金融機関の選定はどのように行っていますか。下記から最も該当するものを1つお選びください。

(1) 過去5年以上，指定金融機関を変更していない　　1,226 団体（87.5％）
(2) 特定の金融機関を対象とした輪番制　　113 団体　（8.1％）
(3) 地域内に本支店を有する金融機関から任意に選定　　40 団体　（2.9％）
(4) 企画競争入札などの競争的な選考により選定　　11 団体　（0.8％）
(5) その他（具体的にご記入ください）　　11 団体　（0.8％）

　　※その他に関する自由記述例：①地域内に1社しか金融機関がない。②村内に金融機関がないため，隣村に支店を有する機関を選定。③市役所内の出張所開設の費用負担が少ない金融機関を選定。④選定委員会にて決定する。⑤これまでの取引実績に応じて選定。

質問6-3 指定金融機関との関係について，下記から最も該当するものを1つお選びください。

(1) 指定金融機関のサービス内容（手数料，金利，派出所の設置等）に満足しており，今後も同じ金融機関を指定金融機関に指定したい
1,146 団体（81.3％）
(2) 指定金融機関のサービス内容（手数料，金利，派出所の設置等）に満足しているが，現在とは異なる金融機関を指定金融機関に指定することを検討している（予定がある）
27 団体　（1.9％）
(3) 指定金融機関のサービス内容（手数料，金利，派出所の設置等）にあまり満足していないが，今後も同じ金融機関を指定金融機関に指定したい　　175 団体（12.4％）
(4) 指定金融機関のサービス内容（手数料，金利，派出所の設置等）にあまり満足していないので，現在とは異なる金融機関を指定金融機関に指定することを検討している（予定がある）
6 団体　（0.4％）
(5) その他（具体的にご記入ください）　　55 団体　（3.9％）

　　※その他に関する自由記述例：①指定金融機関のサービスに満足しているが，2年に1度コンペ方式で指定しているため，今後も継続して指定いくか否かは分からない。②サービス内容について満足しているものではないが，村内にそれに代わる金融機関が無い。③サービス内容への満足度によらず，現在指定金融機関を変更する予定はない。④3年毎の輪番制としているところであるが，諸手数料の無償化を依頼していることもあり，サービス内容の縮小を求められている。本市としては，次回の指定金融機関に対してもサービスの維持について協力を依頼し契約を行いたい。⑤地方のため金融機関が少ない。サービス内容，資金規模を考慮すると選択肢は限定される。近年，指定金融機関

のメリットが薄れてきているため，金融機関も指定に慎重になりつつある。⑥5年毎に
プロポーザル方式にて選定を行っている。⑦毎年度経営状況・決算状況等に危惧される
点などがないことを確認して継続決定している。また，まちづくりに対する協力的，積
極的な姿勢など地域性も勘案し，今後も同じ金融機関を指定する予定である。

5　金融機関向けアンケート結果

◆ 回答者の属性

金融機関の種別	機関数	割合（％）
都銀・信託銀行・その他銀行 （第一・第二地銀ではない銀行）	5	1.0
第一地銀	27	5.6
第二地銀	14	2.9
信金・信組・労金（系統上部を除く）	198	41.2
農協（系統上部を除く）	213	44.3
系統上部（各県の信用農業協同組合連合会・ 　農林中央金庫・信金中央金庫・労働金庫連合会）	7	1.5
証券会社	8	1.7
生損保	3	0.6
その他（アセットマネジメント，投資顧問）	6	1.2
合　計	481	100.0

① 市場公募債（個別債）

質問1-1　過去5年間の市場公募債の投資額はどのように変化しましたか。下記から最も該
　　　　当するものを1つお選びください。

　(1) 増加傾向にある　　　　　　　　　　　　　　　　　116 機関（24.6%）
　(2) あまり変化はない　　　　　　　　　　　　　　　　115 機関（24.4%）
　(3) 減少傾向にある　　　　　　　　　　　　　　　　　103 機関（21.8%）
　(4) 市場公募債は引き受けていない　　　　　　　　　　138 機関（29.2%）

質問1-2　今後5年間の市場公募債に対する投資予定についてうかがいます。下記から最も
　　　　該当するものを1つお選びください。

　(1) 増加させる予定である　　　　　　　　　　　　　　 82 機関（17.4%）
　(2) あまり変化させない　　　　　　　　　　　　　　　207 機関（43.9%）
　(3) 減少させる予定である　　　　　　　　　　　　　　 23 機関（ 4.9%）
　(4) 市場公募債を引き受ける予定はない　　　　　　　　135 機関（28.7%）
　(5) その他（具体的にご記入ください）　　　　　　　　 24 機関（ 5.1%）
　　　　※その他に関する自由記述例：①市況動向と投資判断による。②新発地方債の引受に

つきましては，増加させる予定ですが，セカンダリーについては，状況に応じ，検討の予定。③金利上昇した局面では，増加させる予定である。④現状の低金利が続くようなら，高クーポン債へシフト，金利が上昇トレンドになるようならリスクウエイト（0％）を考え増やす方向。

質問1－3　地方公共団体が市場公募債の金利を軽減する手段として有効だと思われるものはどれですか。下記から該当するものをお選びください。（複数回答可）

(1) 個別 IR の実施 **49 機関（14.8％）**
(2) 海外 IR の実施 **8 機関 （2.4％）**
(3) 格付の取得 **111 機関（33.5％）**
(4) 償還年限の多様化（中期債，長期債，超長期債の発行） **143 機関（43.2％）**
(5) 償還年限の統一（5 年や 10 年といった投資家ニーズの高い年数に揃える）
　　　 60 機関（18.1％）
(6) 起債額の調整（端数の調整，ロット拡大等） **27 機関 （8.2％）**
(7) 主幹事方式の採用および企画競争入札等を通じた主幹事の選定 **36 機関（10.9％）**
(8) 入札方式の採用 **66 機関（19.9％）**
(9) 特になし **61 機関（18.4％）**
(10) その他（具体的にご記入ください） **6 機関 （1.8％）**
　　　※その他に関する自由記述例：①健全化判断指標の改善。多くの発行体はスプレッドがタイトな水準にある為，これ以上金利を軽減する必要はないと思う（投資サイドからは魅力が無い）。②流動性確保（流通スプレッドの低位安定）。③国債対比の流動性が劣ることが，市場公募債における金利水準決定の主要因であり，発行体主導の環境において現時点の金利水準は十分に軽減された水準と判断するためです。

質問1－4　地方公共団体が市場公募債を安定的に調達する手段として有効だと思われるものはどれですか。下記から該当するものをお選びください。（複数回答可）

(1) 個別 IR の実施 **80 機関（24.0％）**
(2) 海外 IR の実施 **7 機関 （2.1％）**
(3) 格付の取得 **119 機関（35.7％）**
(4) 償還年限の多様化（中期債，長期債，超長期債の発行） **172 機関（51.7％）**
(5) 償還年限の統一（5 年や 10 年といった投資家ニーズの高い年数に揃える）
　　　 95 機関（28.5％）
(6) 起債額の調整（端数の調整，ロット拡大等） **38 機関（11.4％）**
(7) シ団引受方式の採用 **77 機関（23.1％）**
(8) 特になし **30 機関 （9.0％）**
(9) その他（具体的にご記入ください） **11 機関 （3.3％）**
　　　※その他に関する自由記述例：①適格担保として日本銀行に差入可能であること。②一時的な需資の変化に左右されず，コンスタントに発行を継続すること。③財政健全化。④流通スプレッドの安定，発行計画の早期開示。

質問1－5　市場公募債へ投資するにあたり，格付けの取得状況を重視しますか。下記から最

も該当するものを 1 つお選びください。

(1) 非常に重視する　　　　　　　　　　　　　　　　　　 19 機関　（5.7%）
(2) 重視する　　　　　　　　　　　　　　　　　　　　 149 機関　（44.7%）
(3) どちらともいえない　　　　　　　　　　　　　　　　 93 機関　（27.9%）
(4) あまり重視しない　　　　　　　　　　　　　　　　　 59 機関　（17.7%）
(5) 全く重視しない　　　　　　　　　　　　　　　　　　 13 機関　（3.9%）

質問 1-6　投資しても良いと考える格付けと利率・利回りの関係について，下記から最も該
当するものを 1 つお選びください。

(1) 高格付け，低利率・低利回りの市場公募債を選好　　　 19 機関　（6.0%）
(2) どちらかと言えば，高格付け，低利率・低利回りの市場公募債を選好
　　　　　　　　　　　　　　　　　　　　　　　　　 183 機関　（57.4%）
(3) どちらかと言えば，低格付け，高利率・高利回りの市場公募債を選好
　　　　　　　　　　　　　　　　　　　　　　　　　　 78 機関　（24.5%）
(4) 低格付け，高利率・高利回りの市場公募債を選好　　　 6 機関　（1.9%）
(5) その他（具体的にご記入ください）　　　　　　　　 33 機関　（10.3%）
　　　※その他に関する自由記述例：①格付け，利率，利回り，いずれも規定により定めて
　　　ある水準がある為，その水準を満たすものでないと投資対象とならない。②A 格以上
　　　は必要であり，その時の市場動向から判断し，スプレッドの厚いものを選好。③高格付
　　　を前提としつつ，クーポンの高い銘柄を選好します。④特定の発行体のみ投資対象とし
　　　ている為，格付と利回りとの関係は考慮していない。⑤格付け対比で適正または割安感
　　　のあるものを選好。

質問 1-7　市場公募債へ投資するにあたり，1 銘柄あたりの発行額を重視しますか。下記か
ら最も該当するものを 1 つお選びください。

(1) 非常に重視する　　　　　　　　　　　　　　　　　　 12 機関　（3.6%）
(2) 重視する　　　　　　　　　　　　　　　　　　　　　 83 機関　（24.9%）
(3) どちらともいえない　　　　　　　　　　　　　　　 146 機関　（43.7%）
(4) あまり重視しない　　　　　　　　　　　　　　　　　 73 機関　（21.9%）
(5) 全く重視しない　　　　　　　　　　　　　　　　　　 20 機関　（6.0%）

質問 1-8　1 銘柄あたりの発行額として，妥当だと考える金額の下限はいくらですか。下記
から最も該当するものを 1 つお選びください。

(1) 0～50 億円程度　　　　　　　　　　　　　　　　　　 64 機関　（20.7%）
(2) 100 億円程度　　　　　　　　　　　　　　　　　　 180 機関　（58.3%）
(3) 200 億円程度　　　　　　　　　　　　　　　　　　　 49 機関　（15.9%）
(4) 300 億円程度　　　　　　　　　　　　　　　　　　　 12 機関　（3.9%）
(5) 400 億円程度　　　　　　　　　　　　　　　　　　　 2 機関　（0.6%）
(6) 400 億円超　　　　　　　　　　　　　　　　　　　　 2 機関　（0.6%）

質問 1-9　1 銘柄あたりの発行額として，妥当だと考える金額の上限はいくらですか。下記

から最も該当するものを1つお選びください。

(1)	0～100億円程度	42機関	（13.6％）
(2)	200億円程度	55機関	（17.9％）
(3)	300億円程度	82機関	（26.6％）
(4)	400億円程度	29機関	（9.4％）
(5)	500億円程度	77機関	（25.0％）
(6)	500億円超	23機関	（7.5％）

質問1-10　市場公募債へ投資するにあたり，償還年限を重視しますか。下記から最も該当するものを1つお選びください。

(1)	非常に重視する	78機関	（23.5％）
(2)	重視する	230機関	（69.3％）
(3)	どちらともいえない	19機関	（5.7％）
(4)	あまり重視しない	4機関	（1.2％）
(5)	全く重視しない	1機関	（0.3％）

質問1-11　市場公募債の償還年限として，どの年数が最も魅力的だと考えますか。下記から最も該当するものを1つお選びください。

(1)	3年	3機関	（0.9％）
(2)	5年	25機関	（7.6％）
(3)	7年	10機関	（3.0％）
(4)	10年	214機関	（64.8％）
(5)	12年	6機関	（1.8％）
(6)	15年	23機関	（7.0％）
(7)	20年	33機関	（10.0％）
(8)	30年以上	2機関	（0.6％）
(9)	その他（具体的にご記入ください）	14機関	（4.2％）

　　　※その他に関する自由記述例：①その時々の市場状況による。②5～10年，金利水準によって選好は変わる。③投資妙味（スプレッド）次第。④ALMに基づいた運用を行っているところ。⑤現在の金利情勢では20年，理想は10年。

② 銀行等引受債

質問2-1　過去5年間の銀行等引受債の引受額はどのように変化しましたか。下記から最も該当するものを1つお選びください。

(1)	増加傾向にある	51機関	（10.9％）
(2)	あまり変化はない	110機関	（23.6％）
(3)	減少傾向にある	67機関	（14.3％）
(4)	銀行等引受債は引き受けていない	232機関	（49.7％）
(5)	その他（具体的にご記入ください）	7機関	（1.5％）

　　　※その他に関する自由記述例：①増加させたいが，3年位落札出来てない。②入札の

ため，近年新規発行を全く落札できない（他行の金利に負ける）。③引受依頼がない。
④引き受けを行っていない。

質問2−2　今後5年間の銀行等引受債に対する引受予定についてうかがいます。下記から最も該当するものを1つお選びください。

- (1) 増加させる予定である　　　　　　　　　　　　　**28 機関　（6.0%）**
- (2) あまり変化させない　　　　　　　　　　　　　　**166 機関　（35.6%）**
- (3) 減少させる予定である　　　　　　　　　　　　　**25 機関　（5.4%）**
- (4) 銀行等引受債を引き受ける予定はない　　　　　　**232 機関　（49.8%）**
- (5) その他（具体的にご記入ください）　　　　　　　**15 機関　（3.2%）**

　　　　※その他に関する自由記述例：①金利が見合えば引受したい。②増加させたいが，金利面で落札出来ない事が予想される。預かり金（要払性預金）があれば，実質金利を考えれば，低金利が提示出来る。③近年は低金利化が著しく，積極的な引受予定は無い。

質問2−3　地方公共団体が銀行等引受債の金利を軽減する手段として特に有効だと思われるものはどれですか。下記から該当するものをお選びください。（複数回答可）

- (1) 入札や見積り合わせの実施　　　　　　　　　　　**101 機関　（43.5%）**
- (2) 定時償還・証書形式による起債　　　　　　　　　**42 機関　（18.1%）**
- (3) 定時償還・証券形式による起債　　　　　　　　　**17 機関　（7.3%）**
- (4) 満期一括・証書形式による起債　　　　　　　　　**12 機関　（5.2%）**
- (5) 満期一括・証券形式による起債　　　　　　　　　**3 機関　（1.3%）**
- (6) 超長期債の発行　　　　　　　　　　　　　　　　**15 機関　（6.5%）**
- (7) 償還年限や据置期間の短期化（借換債の利用等）　**64 機関　（27.6%）**
- (8) 起債の平年化（3月末，5月末以外の起債）　　　**25 機関　（10.8%）**
- (9) 起債額の調整（端数の調整，条件が等しい複数の地方債をまとめる等）

　　　　　　　　　　　　　　　　　　　　　　　　　　16 機関　（6.9%）
- (10) 固定金利方式の採用　　　　　　　　　　　　　　**20 機関　（8.6%）**
- (11) 変動金利方式，利率見直し方式の採用　　　　　　**45 機関　（19.4%）**
- (12) 特になし　　　　　　　　　　　　　　　　　　　**42 機関　（18.1%）**
- (13) その他（具体的にご記入ください）　　　　　　　**5 機関　（2.2%）**

　　　　※その他に関する自由記述例：①現状でも非常に低利と思われる。②相応のロットの確保，債権譲渡を可能とすること，相応の年限の確保（10年）。③指定金融機関制度は公金出納に係るものだが，指定金融機関が銀行等引受債の主な引受金融機関として役割も期待されている。地方公共団体が指定金融機関業務の事務処理に見合った適正な水準のコスト負担をしていないなか，銀行等引受債の金利軽減を先行させて検討するのは違和感がある。地元の経済に深く根ざしている指定金融機関等銀行の立場にも配慮した検討が必要と考える。

質問2−4　地方公共団体が銀行等引受債を安定的に調達する手段として特に有効だと思われるものはどれですか。下記から該当するものをお選びください。（複数回答可）

- (1) シンジケートローンの採用　　　　　　　　　　　**65 機関　（28.0%）**

  (2) 指定金融機関からの優先的借入 　　　　　　　　　　　71 機関 （30.6%）
  (3) 指定代理・収納代理金融機関からの優先的借入 　　　　32 機関 （13.8%）
  (4) 定時償還・証書形式による起債 　　　　　　　　　　　39 機関 （16.8%）
  (5) 定時償還・証券形式による起債 　　　　　　　　　　　 9 機関 （3.9%）
  (6) 満期一括・証書形式による起債 　　　　　　　　　　　13 機関 （5.6%）
  (7) 満期一括・証券形式による起債 　　　　　　　　　　　10 機関 （4.3%）
  (8) 超長期債の発行 　　　　　　　　　　　　　　　　　　22 機関 （9.5%）
  (9) 償還年限や据置期間の短期化（借換債の利用等）　　　28 機関 （12.1%）
  (10) 起債の平年化（3月末，5月末以外の起債）　　　　　36 機関 （15.5%）
  (11) 起債額の調整（端数の調整，条件が等しい複数の地方債をまとめる等）
                                          16 機関 （6.9%）
  (12) 固定金利方式の採用 　　　　　　　　　　　　　　　　12 機関 （5.2%）
  (13) 変動金利方式，利率見直し方式の採用 　　　　　　　　45 機関 （19.4%）
  (14) 特になし 　　　　　　　　　　　　　　　　　　　　　36 機関 （15.5%）
  (15) その他（具体的にご記入ください）　　　　　　　　　 3 機関 （1.3%）
      ※その他に関する自由記述例：①銀行等引受債シ団を活用した随意契約によるもの。
  ②市況に応じた柔軟な年限選択。

質問2-5 　定時償還・証書形式の銀行等引受債の償還年限として，どの年限が魅力的だと考えますか。下記から該当するものをお選びください。（複数回答可）
  (1) 3 年 　　　　　　　　　　　　　　　　　　　　　　　 8 機関 （3.4%）
  (2) 5 年 　　　　　　　　　　　　　　　　　　　　　　　41 機関 （17.6%）
  (3) 7 年 　　　　　　　　　　　　　　　　　　　　　　　29 機関 （12.4%）
  (4) 10 年 　　　　　　　　　　　　　　　　　　　　　　139 機関 （59.7%）
  (5) 12 年 　　　　　　　　　　　　　　　　　　　　　　　 8 機関 （3.4%）
  (6) 15 年 　　　　　　　　　　　　　　　　　　　　　　　36 機関 （15.5%）
  (7) 20 年 　　　　　　　　　　　　　　　　　　　　　　　41 機関 （17.6%）
  (8) 30 年以上 　　　　　　　　　　　　　　　　　　　　　 3 機関 （1.3%）
  (9) 魅力的でない 　　　　　　　　　　　　　　　　　　　19 機関 （8.2%）
  (10) その他（具体的にご記入ください）　　　　　　　　　 5 機関 （2.1%）
      ※その他に関する自由記述例：①金利情勢による。②10年以上については，金利変動リスクが伴うことから魅力的ではないが，10年以下であっても期間に見合った適正な金利獲得がなされる必要がある。③現状の金利水準では，どの年限が魅力的ということはありませんが，金利リスクを考慮すると10年超の案件には取り組みにくいと考えます。

質問2-6 　定時償還・証券形式の銀行等引受債の償還年限として，どの年限が魅力的だと考えますか。下記から該当するものをお選びください。（複数回答可）
  (1) 3 年 　　　　　　　　　　　　　　　　　　　　　　　 6 機関 （2.6%）
  (2) 5 年 　　　　　　　　　　　　　　　　　　　　　　　37 機関 （16.0%）
  (3) 7 年 　　　　　　　　　　　　　　　　　　　　　　　17 機関 （7.4%）

(4) 10 年	114 機関	(49.4%)
(5) 12 年	10 機関	(4.3%)
(6) 15 年	33 機関	(14.3%)
(7) 20 年	40 機関	(17.3%)
(8) 30 年以上	3 機関	(1.3%)
(9) 魅力的でない	41 機関	(17.7%)
(10) その他（具体的にご記入ください）	10 機関	(4.3%)

　　　※その他に関する自由記述例：①取扱いがない。②市場金利・スプレッドの状況により変化するもので年限だけをもって良いとはなりえない。③現状の金利水準では，どの年限が魅力的ということはありませんが，金利リスクを考慮すると10年超の案件には取り組みにくいと考えます。

質問2-7　満期一括・証書形式の銀行等引受債の償還年限として，どの年限が魅力的だと考えますか。下記から該当するものをお選びください。（複数回答可）

(1) 3 年	13 機関	(5.6%)
(2) 5 年	68 機関	(29.3%)
(3) 7 年	28 機関	(12.1%)
(4) 10 年	126 機関	(54.3%)
(5) 12 年	12 機関	(5.2%)
(6) 15 年	18 機関	(7.8%)
(7) 20 年	14 機関	(6.0%)
(8) 30 年以上	2 機関	(0.9%)
(9) 魅力的でない	19 機関	(8.2%)
(10) その他（具体的にご記入ください）	9 機関	(3.9%)

　　　※その他に関する自由記述例：①取り扱いがないため，わからない。②満期一括・証書形式の銀行等引受債の引受を想定していない。③金利情勢による。

質問2-8　満期一括・証券形式の銀行等引受債の償還年限として，どの年限が魅力的だと考えますか。下記から該当するものをお選びください。（複数回答可）

(1) 3 年	11 機関	(4.8%)
(2) 5 年	51 機関	(22.2%)
(3) 7 年	21 機関	(9.1%)
(4) 10 年	121 機関	(52.6%)
(5) 12 年	12 機関	(5.2%)
(6) 15 年	19 機関	(8.3%)
(7) 20 年	14 機関	(6.1%)
(8) 30 年以上	3 機関	(1.3%)
(9) 魅力的でない	37 機関	(16.1%)
(10) その他（具体的にご記入ください）	11 機関	(4.8%)

　　　※その他に関する自由記述例：①取扱いなし。②貸付対象事業の種類や各自治体の公債比率等総合的に判断する必要がある。③市場金利・スプレッドの状況により変化する

もので年限だけをもって良いとはなりえない。

質問2-9　銀行等引受債についての要望はありますか。下記から該当するものをお選びください。（複数回答可）
(1) 銀行等引受債の発行額の抑制　　　　　　　　　　　　　39 機関　（9.3%）
(2) 市場公募団体化　　　　　　　　　　　　　　　　　　　19 機関　（4.5%）
(3) 証書借入に代わり証券発行を増加させること　　　　　　32 機関　（7.6%）
(4) 借入期間の短期化　　　　　　　　　　　　　　　　　　52 機関　（12.4%）
(5) 銀行等引受債の金利設定方式の見直し・金利引上げ　　　222 機関　（53.0%）
(6) 定時償還に代わり満期一括償還方式を増加させること　　28 機関　（6.7%）
(7) その他（具体的にご記入ください）　　　　　　　　　　91 機関　（21.7%）
　　　※その他に関する自由記述例：①特になし（銀行等引受債に関わりはない）。②今後も引き受ける予定はありません。③流動性に難有り，取扱実績なし。④仕組を PR して欲しい。⑤引受最低ロットの引下げ（発行規模により，最低ロットが当庫のリスク許容額を超えるケースがある）。⑥指定金コストに見合う金利設定やシェアを考慮した発行としていただきたい。⑦シンジケート団の確保。

質問2-10　前問で「市場公募団体化が望ましい」を選択された金融機関様にお尋ねします。市場公募化が望ましいと回答された理由は何ですか。下記から該当するものをお選びください。（複数回答可）
(1) 金融庁の指導による地方債引受に係るリスク管理の徹底　　　　　5 機関　（26.3%）
(2) バーゼルⅡのアウトライヤー基準による地方債引受に係るリスク管理の徹底
　　　　　　　　　　　　　　　　　　　　　　　　　　　　　　　8 機関　（42.1%）
(3) バーゼルⅡの内部格付手法の導入による，リスク・ウェイトの算定　5 機関　（26.3%）
(4) 銀行 ALM の強化によるデュレーション管理の徹底　　　　　　　5 機関　（26.3%）
(5) 低金利から中長期的な金利上昇局面による逆ザヤ懸念　　　　　　8 機関　（42.1%）
(6) 地方債引受残高の増加に伴う引受余力の低下　　　　　　　　　　3 機関　（15.8%）
(7) 入札方式・プロポーザル方式の導入に伴う金利の低下　　　　　　1 機関　（5.3%）
(8) 国際会計基準が導入された場合における証書貸付への時価評価の適用　0 機関　（0.0%）
(9) その他（具体的にご記入ください）　　　　　　　　　　　　　　3 機関　（15.8%）
　　　※その他に関する自由記述例：①流動性の観点から公募債が望ましいと考えます。②公募債の方が価格の透明性が高く，安定調達に資すると予想しております。また，流動性の観点からも銀行等引受債よりも公募債のほうが優れていると考えます。③調達手段の多様化。

③ 指定金融機関

質問3-1　現在，指定金融機関に指定されていますか。指定されている場合，指定金融機関に指定している地方公共団体数をお答えください。
(1) 指定されている（40 団体以上）　　　　　　　　　　　　3 機関　（0.6%）
(2) 指定されている（20 団体以上，40 団体未満）　　　　　 12 機関　（2.6%）

（3）指定されている（10団体以上，20団体未満）　　　　　　　14機関　（3.0%）
（4）指定されている（5団体以上，10団体未満）　　　　　　　　27機関　（5.7%）
（5）指定されている（5団体未満）　　　　　　　　　　　　　128機関（27.2%）
（6）指定されていない　　　　　　　　　　　　　　　　　　　286機関（60.9%）

**質問3-2　指定金融機関に指定されることのメリットは何ですか。下記から該当するものを
　　　　　お選びください。（複数回答可）**
（1）地域を代表する金融機関としてアピールできること　　　　105機関（58.0%）
（2）地域に貢献する金融機関としてアピールできること　　　　147機関（81.2%）
（3）地方公共団体の職員との取引拡大が期待できること（住宅ローン等）　55機関（30.4%）
（4）地方公共団体との取引拡大が期待できること　　　　　　　84機関（46.4%）
（5）指定金融機関業務から一定の収益を得られること　　　　　24機関（13.3%）
（6）メリットはない　　　　　　　　　　　　　　　　　　　　5機関　（2.8%）
（7）その他（具体的にご記入ください）　　　　　　　　　　　3機関　（1.7%）
　　　※その他に関する自由記述例：①情報の入手。②当該メリットは地方公共団体の規模，
　　公金業務効率化の進捗度合い，指定金融機関との銀行取引への配慮など個別事情により
　　異なる。

**質問3-3　指定金融機関業務に対するスタンスについてうかがいます。下記から最も該当す
　　　　　るものを1つお選びください。**
（1）当該地方公共団体との取引全体に収益性が期待できなくても，引き続き指定金融機関に
　　指定されることが望ましい　　　　　　　　　　　　　　　71機関（39.2%）
（2）指定金融機関業務の事務処理に見合った適正な水準のコストを負担してもらえなかった
　　としても，それ以外の業務で収益性が期待できるのであれば，引き続き指定金融機関に
　　指定されることが望ましい　　　　　　　　　　　　　　　93機関（51.4%）
（3）指定金融機関業務の事務処理に見合った適正な水準のコストを負担してもらえないので
　　あれば，指定金融機関に指定されなくともよい　　　　　　15機関　（8.3%）
（4）その他（具体的にご記入ください）　　　　　　　　　　　2機関　（1.1%）
　　　※その他に関する自由記述例：①地域性を考慮すれば指定金融機関であり続けたいと
　　思うが，最低事務手数料や最低の収益がなければ厳しい。②「（3）」の考えもあるが，
　　地域の金融機関として「（1）」のスタンスが現状。

**質問3-4　指定金融機関業務に対する収益とコストの関係をどう考えますか。下記から最も
　　　　　該当するものを1つお選びください。**
（1）ほとんどの地方公共団体は指定金融機関業務の事務処理に見合った適正な水準のコスト
　　を負担している　　　　　　　　　　　　　　　　　　　　31機関（17.5%）
（2）多くの地方公共団体は指定金融機関業務の事務処理に見合った適正な水準のコストを負
　　担しているが，一部の地方公共団体は適正な水準のコストを負担していない

　　　　　　　　　　　　　　　　　　　　　　　　　　　　　25機関（14.1%）
（3）指定金融機関業務の事務処理に見合った適正な水準のコストを負担している地方公共団
　　体もあるが，多くの地方公共団体は適正な水準のコストを負担していない

42 機関（23.7%）

（4）ほとんどの地方公共団体は指定金融機関業務の事務処理に見合った適正な水準のコストを負担していない　　　　　　　　　　　　　　　　　　　　　**72 機関（40.7%）**

（5）その他（具体的にご記入ください）　　　　　　　　　　　**7 機関　（4.0%）**

　　　※その他に関する自由記述例：①指定金融機関業務の事務コストの試算が充分にできていないので，回答を控えます。②地方公共団体はコスト負担をしていません。③指定されている数が少ないため，何とも言えない。④指定金融機関としての業務を負担しているのだから，預金・借入金等の入札についても考慮すべき。役務の提供をさせる一方で，金利条件だけで預金先・借入先を決定するのであれば，指定のメリットは全くない。

（石田三成・橋都由加子・天羽正継）

索　引

● アルファベット

BBR　→均衡予算ルール
BVT　→原産地課税の企業価値税
EU　226
HHI　→ハーフィンダール・ハーシュマン
　指数
IR　106–111
　海外——　108
　合同——　107, 108
　個別——　108
　知事——　108
　地方債——　87, 107, 109–111
SARAR　124, 128, 131, 132
SDEM　124, 128, 131
SDM　124, 128, 131
SEM　125, 128, 131
SLM　125, 128, 131
SLX　124, 128, 131

● あ　行

アウトライヤー基準　100
アウトライヤー銀行　100
赤字公債　209
足による投票　6, 13
安定化機能　2
安定・成長協定　226
暗黙の政府保証　123, 217
イールド・カーブ　150
欧州債務危機　113
オーツ（W. E. Oates）　2
　——の地方分権化定理　6

● か　行

隠された行動　216

格付け　72–74, 99, 104, 116, 120, 122,
　137–147, 149–154, 161, 223
　依頼——　138, 139, 142, 143, 145, 147,
　　150, 152
　非依頼——　137, 144, 145, 147
格付機関　75
課税競争　220
課税平準化の理論　211
かんぽ生命　95
起債許可制度　→許可制度
基礎的財政収支の対 GDP 比　196, 201
救済（bailout）　215
　アドホックな——　218
協議制度　27, 28, 35–43, 45, 47–50, 52–
　54, 65, 99
行政による統制　133
共同債　→市場公募（地方）債（共同発行市
　場公募地方債）
共有財源問題　123
共有資源問題　214, 218
許可制度（起債許可制度）　27, 28, 35–
　40, 42, 47, 55, 62, 65, 99
　——の廃止　19
銀行等引受（地方）債　21, 57, 58, 77,
　82–86, 104–106, 158, 159, 162, 165–171,
　173, 175, 176, 178–181
銀行等引受資金　59, 82, 94, 159, 162,
　181, 182
均衡予算ルール（BBR）　212, 226
金利スプレッド　→スプレッド
食い逃げ　210
空間計量経済学　124
空間ラグ項　125, 126, 132
経済の動態的効率性　197
経常収支比率　198, 200
減債基金　39, 75, 78, 105
原産地課税の企業価値税（BVT）　16
建設公債　209

健全化法　→地方公共団体の財政の健全化　　　125, 127, 128, 132, 133, 146, 147, 150–
　に関する法律　　　　　　　　　　　　　153, 158, 160–162, 165, 167, 170, 174,
公営企業金融公庫　　59, 90　　　　　　　224
公債の中立命題　197　　　　　　　　　　共同発行――（共同債）　　58, 69, 75,
公債費負担比率　　198, 200　　　　　　　　77, 85
公債漏出　219　　　　　　　　　　　　　個別発行――（個別債）　　58, 70, 72, 73
公的資金　　31, 159, 160, 171, 173, 176–　　住民参加型――（住民参加債）　　58,
　178, 180, 181　　　　　　　　　　　　　69, 78–81, 85
5 条債　19　　　　　　　　　　　　　　　全国型――　　44, 65, 69, 75, 125
国庫支出金　　30, 33, 203　　　　　　　市場公募資金　　59, 61, 69, 158, 159
固定効果　　194, 203　　　　　　　　　市場公募団体　　106, 115, 123, 124, 133,
　――モデル　199　　　　　　　　　　　　138–140, 143–145, 148, 153, 161
個別債　→市場公募（地方）債（個別発行市　　市場による規律づけ　　204
　場公募地方債）　　　　　　　　　　　市場分断　　159, 163, 164
個別条件交渉方式　　62–65, 85, 108　　　実質公債費比率　　38–42, 46, 52–54, 186
　　　　　　　　　　　　　　　　　　　実質収支比率　　49, 198
● さ　行　　　　　　　　　　　　　　　指定金融機関　　83, 106, 107
　　　　　　　　　　　　　　　　　　　資本化　　10, 11
歳　出　221　　　　　　　　　　　　　住民参加債　→市場公募（地方）債（住民参
　――競争　221　　　　　　　　　　　　加型市場公募地方債）
財政競争　220　　　　　　　　　　　　住民投票　225
財政再建（再生）制度　　218　　　　　　主成分得点　　126, 128, 130, 146–149, 151,
財政再建（再生）団体　　218　　　　　　　152
財政調整　22　　　　　　　　　　　　　純粋公共財　　4
財政投融資改革（財投改革）　　58, 85, 90,　　償　還　　21, 75
　94, 108　　　　　　　　　　　　　　　――年限　　70, 72, 74, 81, 83, 84, 103,
財政融資資金　　31, 58, 89, 90, 93, 94　　　　104, 109
財政連邦主義　　2, 15　　　　　　　　　元利――　　75, 99
財投改革　→財政投融資改革　　　　　　定時――（方式）　　77, 83, 104, 166, 186
再分配政策　4　　　　　　　　　　　　定時――債　84
債務競争　221　　　　　　　　　　　　年賦元金均等――　165
債務不履行　　114, 119　　　　　　　　年賦元利均等――　165
債務保証　120　　　　　　　　　　　　半年賦元金均等――　　165, 167
債務抑制ルール　226　　　　　　　　　半年賦元利均等――　165
最尤法　146　　　　　　　　　　　　　満期一括――（式）　　77, 104, 165, 167,
サマリア人のジレンマ　　215, 217　　　　　186
資源配分機能　4　　　　　　　　　　　証　券　　88, 93, 94
資源流動　221　　　　　　　　　　　　――形式　　84, 88, 91–94
自己資本比率規制　98　　　　　　　　証券会社　　103, 105, 109
市場規律　　133, 223　　　　　　　　　上限設定　225
市場公募（地方）債　　21, 43, 57, 58, 61,　　証　書　　88, 93, 94
　62, 64, 65, 68, 74, 78, 80, 82, 84, 85, 88,　　――形式　84
　90, 94, 102–104, 107, 108, 115, 116, 124,　　消費型付加価値税　　15

情報生産コスト　　138, 148
情報の非対称性　　138, 148, 216
信用金庫　　95-98, 101-105, 110
信用組合　　95-98, 101-105, 110
信用リスク　　188
　　――・プレミアム　　190
信用力　　22, 114, 115, 119, 121, 145, 161,
　　162, 185
信用連関　　219
　　垂直的な――　　220
　　政府間――　　219
垂直的財政不均衡　　227
据置期間　　83
スピルオーバー（便益漏出）　　113-115,
　　122-126, 133, 221
スプレッド（金利スプレッド）　　45, 46,
　　69, 101, 102, 104, 109, 111, 113, 121,
　　124-128, 131-133, 144, 146, 147, 150-
　　154, 159-161, 169, 171, 172, 175-177,
　　179, 180
　　――バイヤー　　101, 102
　　対国債――　　68, 102, 107, 108, 190, 193
寸断（fragmentation）　　213
　　――された政府　　214
政府間協約　　133
政府資金　　57, 58, 60, 85, 87, 108, 112
生命保険会社　　74, 77, 95, 97, 101-103,
　　105, 108-110
絶対値バイヤー　　101, 102
セレクション・バイアス　　145-147, 151,
　　153
総務省　　61, 77, 87, 88, 107

● た　行

対外債務　　3, 9
地方企業課税　　16
地方銀行　　95-98, 101-103, 105, 109, 110
　　第二――　　95, 97, 98, 101-103, 106
地方公営企業等金融機構　　59
地方公共財　　6
地方公共団体金融機構　　59, 90, 94
　　――寄付講座　　69, 73, 77, 80, 82, 107

地方公共団体の財政の健全化に関する法律
　　（健全化法）　　27, 28, 42, 46, 48-55, 198,
　　201, 224
地方交付税　　17, 30, 31, 99, 203, 218
地方債協会　　101, 104, 107-110
地方債計画　　20, 30, 31, 37, 42, 58
地方財政計画　　30, 31, 37, 42, 55, 99
地方財政対策　　30
地方債の発行状況　　115
地方債務の持続可能性　　196
地方税と地方債の「等価性」　　9
地方政府の合併　　219
超過負担　　12
2テーブル方式　　63, 64, 107
ティブー（C. Tiebout）　　6
統一条件交渉方式　　60, 62, 85, 107
都市銀行　　74, 95, 97, 101-103, 109, 110
届出制度　　27, 28, 40-48, 99

● な　行

内国債　　3, 9
農業協同組合　　95-97, 102, 103, 105, 110

● は　行

バーゼルⅠ　　98, 99
バーゼルⅡ　　99
バーゼルⅢ　　100
バーゼル銀行監督委員会　　98, 100
バーゼル合意　　98, 100
発行市場　　68, 69
ハーフィンダール・ハーシュマン指数
　　（HHI）　　163, 172, 173, 176-179
負の所得税　　4
プーリング回帰　　194
分断（division）　　213
　　――された政府　　214
ヘッドライン・リスク　　191
便益漏出　　→スピルオーバー
法人に対する政府の財政援助の制限に関す
　　る法律　　119
補償（compensation）　　188

保証（guarantee）　188
保障（security）　189
　　制度による──　22
ホールドアップ問題　17

● ま　行

民間資金　31, 57, 58, 85, 87, 90, 108, 112
民間等資金　59, 158-160
モラル・ハザード　215-217

● や　行

ヤードスティック競争　13, 222
柔らかい予算制約　215
ゆうちょ銀行　92, 94, 95, 97
夕張ショック　49, 68, 113, 121

予算循環　213
弱い政府の仮説　213

● ら　行

リカード等価性　209
リスク・ウェイト　27, 38, 42, 45, 48, 99
流通市場　62, 68, 85, 101, 107
流動性　76, 101, 102
　　──プレミアム　191
　　──補完　75, 77
利用時支払（pay as you go）の原則　8
臨時財政対策債　22, 29, 30, 33, 35, 189
ルールに基づく規制　133
レーティング・スプリット　142, 145
連帯債務　75, 77
連邦破産法第9条　204

編者紹介

持田　信樹（もちだ　のぶき）
　東京大学大学院経済学研究科教授，経済学研究科長・経済学部長

林　　正義（はやし　まさよし）
　東京大学大学院経済学研究科教授

地方債の経済分析
The Economics of Local Government Bonds

2018 年 12 月 20 日　初版第 1 刷発行

編　者	持　田　信　樹
	林　　　正　義
発行者	江　草　貞　治
発行所	株式会社　有　斐　閣

〔101-0051〕東京都千代田区神田神保町 2-17
電話　(03) 3264-1315〔編集〕
(03) 3265-6811〔営業〕
http://www.yuhikaku.co.jp/

組版・株式会社明昌堂／印刷・萩原印刷株式会社／製本・大口製本印刷株式会社
© 2018, Nobuki Mochida, Masayoshi Hayashi. Printed in Japan
落丁・乱丁本はお取替えいたします。

★定価はカバーに表示してあります。

ISBN 978-4-641-16532-8